饭店可视化管理
操作实务

王心广 ◎ 著

图书在版编目（CIP）数据

饭店可视化管理操作实务/王心广著.—北京：北京大学出版社，2011.10
ISBN 978–7–301–18399–1

I. 饭… II. 王… III. 饭店 – 企业管理 IV. F719.2

中国版本图书馆 CIP 数据核字（2011）第 181243 号

书　　　　名：	饭店可视化管理操作实务
著作责任者：	王心广　著
责 任 编 辑：	梅秋慧
标 准 书 号：	ISBN 978–7–301–18399–1／F・2867
出 版 发 行：	北京大学出版社
地　　　　址：	北京市海淀区成府路 205 号　100871
网　　　　址：	http://www.pup.cn
电　　　　话：	邮购部 62752015　　发行部 62750672
	编辑部 82893506　　出版部 62754962
电 子 邮 箱：	tbcbooks@vip.163.com
印 　刷 　者：	中国电影出版社印刷厂
经 　销 　者：	新华书店
	787 毫米 ×1092 毫米　16 开本　20.5 印张　366 千字
	2011 年 10 月第 1 版第 1 次印刷
定　　　　价：	88.00 元

未经许可，不得以任何方式复制或抄袭本书之部分或全部内容。
版权所有，侵权必究
举报电话：010–62752024　　电子邮箱：fd@pup.pku.edu.cn

目录
Contents

自序　让管理不再退化 ··· VII

第一章
外围可视化管理

第一节　让顾客对你的店面"一见钟情" ·· 2
  1. 门面即企业的磁场 ··· 2
  2. 想找你的时候，就能找到你 ·· 3
  3. 你知道顾客进门前的需求吗 ·· 5

第二节　为顾客营造安全感 ··· 7
  1. 保安形象是企业的门面 ··· 7
  2. 保安岗位职责看板 ··· 8
  3. 保安不仅是形象，更是服务员 ·· 15

第三节　让可视化为企业安全保驾护航 ·· 17
  1. 敞开生命的通道 ·· 17
  2. 保安工作无死角 ·· 23
  3. 没有最好，只有更好 ·· 25

可视化推广指导第一步：餐饮管理需要放开心态 ····························· 27

第二章
迎宾前台可视化管理

第一节	让对方听到你的热情 …………………………………	30
	1. 迎宾前台的服务内容 ……………………………	30
	2. 迎宾部岗位职责看板 ……………………………	31
	3. 你的声音代表企业 ………………………………	34
	4. 每一通电话都需要我们去珍惜 …………………	37
	5. 服务是由团队合作完成的 ………………………	39
第二节	顾客是为了"验证"二字而来 ……………………	41
	1. 精心准备是一种态度 ……………………………	42
	2. 向前多走一步 ……………………………………	46
	3. 看到你真诚的微笑 ………………………………	47
	4. 小小标牌大方便 …………………………………	50
第三节	给顾客一些小小的惊喜 ……………………………	51
	1. 叫出顾客的名字 …………………………………	52
	2. 一块眼镜布暖人心 ………………………………	52
	3. 让人垂涎的菜品介绍 ……………………………	53
	4. 用礼品留住顾客的目光 …………………………	55
第四节	餐饮服务没有下班的时候 …………………………	55
	1. 顾客候餐是对我们最大的鼓励 …………………	55
	2. 送客比迎客更重要 ………………………………	57
	3. 值班就是上班 ……………………………………	62
	4. 完美在不断的完善之中 …………………………	64

可视化推广指导第二步：分清 5S、OEC 和可视化管理 …………… 67

第三章
用餐区域可视化管理

第一节　给顾客营造一个温馨的就餐环境（看到的）…… 72
  1. 餐饮企业最核心的产品不是菜而是人 …… 72
  2. 灯光也可左右顾客的心情 …… 79
  3. 用花草为店面画龙点睛 …… 81
  4. 用开业时的状态来经营 …… 81
  5. 像艺术家那样规划每一张餐桌 …… 83

第二节　服务即沟通（听到的） …… 90
  1. 用音乐送去温馨 …… 90
  2. 送上甜美的祝福语 …… 92
  3. 点菜、上菜有讲究 …… 94
  4. 席间服务应灵活 …… 98
  5. 结账沟通有"板"可依 …… 104
  6. 像送亲戚一样送走我们的贵宾 …… 105

第三节　没有惊喜，等于什么也没做（感受到的） …… 112
  1. 各类型顾客服务预案 …… 112
  2. 个性服务才能记得住 …… 115
  3. 好案例要留下来分享 …… 117
  4. 关键时刻沟通模式 …… 118

第四节　接力棒不能丢 …… 120
  1. 服务员接力工作可视化 …… 121
  2. 传菜部接力工作可视化 …… 125
  3. 洗手间接力工作可视化 …… 128
  4. 收银台接力工作可视化 …… 131
  5. 迎宾部接力工作可视化 …… 137
  6. 管理员协调工作可视化 …… 138

可视化推广指导第三步：明确可视化管理的五大系统 …… 144

第四章 出品区域（厨房）可视化管理

第一节 优良品质需要扎实的基础支持 ·········· 150
    1. 厨师要先搞定自己的卫生 ·········· 150
    2. 开放即约束 ·········· 152
    3. 不干当然不净 ·········· 153
    4. 系统工作从有序开始 ·········· 155
    5. 忙而不乱的小标示 ·········· 163
    6. 三人即为公，制度做保障 ·········· 165

第二节 稳定的出品需要完善的标准保障 ·········· 171
    1. 建立菜品加工标准 ·········· 171
    2. 菜品出品标准对照看板 ·········· 182
    3. 顾客特殊要求需标注明确 ·········· 182
    4. 菜品配套服务要齐全 ·········· 183
    5. 催菜、估清和急推方案 ·········· 184
    6. 出档菜品品质严格把关 ·········· 185
    7. 厨师要树立精品意识 ·········· 187

第三节 操作安全需要可视化措施 ·········· 188
    1. 食品安全，人命关天 ·········· 188
    2. 操作规范则自己安全 ·········· 196
    3. 警钟长鸣，有备无患 ·········· 202

第四节 出品中心当然更是利润中心 ·········· 204
    1. 全员树立成本节约意识 ·········· 204
    2. 控制成本要建立四大标准 ·········· 205
    3. 降低成本要加强三个控制 ·········· 211
    4. 定期分析，用数字指导行动 ·········· 216

可视化推广指导第四步：用好可视化管理的"七定原则" ·········· 218

目录

第五章 后勤部可视化管理

第一节 采购员花钱非消费，而是投资 222
1. 采购员岗位职责看板 222
2. 建立物料选购标准 229
3. 做好预算，稳定出品 233

第二节 库管员工作非看家，而是调配资源 234
1. 库管员岗位职责看板 235
2. 库存物料分类管理 239
3. 库房物料合理存放 243
4. 库房安全问题预防及改善措施 247

第三节 水电工重点非维修，而是维护 248
1. 水电工岗位职责看板 248
2. 工程图纸及维修资料的保存 253

可视化推广指导第五步：明晰可视化管理的九大功能 256

第六章 管家部可视化管理

第一节 保洁更要讲"专业" 258
1. 保洁部岗位职责看板 258
2. 保洁工具要确保保洁效果 262
3. 保洁安全守则 20 点 266

第二节 善待员工，就是善待顾客 267
1. 管住双手，最好解放大脑 267
2. 不组织就不叫组织 272
3. 开放管理，"三心"合一 275

可视化推广指导第六步：牢记可视化推广流程 278

第七章 办公区域可视化管理

第一节 店经理办公室可视化管理 ······ 282
    1. 一切从"修己"开始 ······ 282
    2. 让每个人都明确工作目标 ······ 288

第二节 综合办可视化管理 ······ 298
    1. 财务室工作项目管理 ······ 298
    2. 客户销售经理工作项目 ······ 299
    3. 办公室主任工作项目 ······ 300

可视化推广指导第七步：可视化推广项目自检表 ······ 304

后记 ······ 315

自序

 **让管理不再退化**

在过去的13年里,我从一个对于饭店管理什么都不懂的中专老师"进化"成了一名自认为还不错的饭店管理者、培训者。我给员工培训的主题从原来的技能练习"进化"成了理念的疏导;团队管理的重点也从原来的个人魅力"进化"成了系统管控;我服务的企业也从原来的单店逐渐"进化"成了成型的连锁机构。

创新,总是日新月异。这也是多数企业掌门人认为的真理。他们认为"创新是企业唯一的生存法则"、"改变是企业永远不变的法则"。为了阐明某个观点,我也曾在我的课件中讲过类似的语言。

随着企业成长中的不断创新,团队工作的重点也在随之改变。大家都在围绕着创新项目不断投入自己的精力,努力放大自己的工作业绩。看似企业在不断地前进,不断地收获创新带来的好处,大家也在为"创新业绩"而欢呼雀跃。我们暂且把这种创新叫做企业的"进化"。

一个接一个的"进化成果"相继亮相,员工的激情也空前高涨。突然有一天,因为一个顾客的投诉,我们发现原本不应该发生的失误却让我们输得心服口服,毫无颜面。

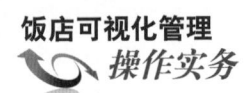

我们开始在成绩面前反思：我们真的进化了吗？

装修越来越豪华，产品越来越丰富，消费形式越来越多样，广告越来越有吸引力……顾客对我们却越来越不屑一顾。你讲你的，我选我的。你可以宣传你的山珍海味，我可以选择我的家常便饭。我可以选择更贵的，也可以选择你认为不如你的。

究其原因，是我们的基础管理退化了。

顾客的需求其实没有你想象的那么超前和富有个性。有一些所谓的创新只是我们希望留住顾客眼球的一种方式罢了。张瑞敏曾经说过，"什么是企业的大事？每天都需要我们做好的事情，就是企业的大事"。犹如"民以食为天"，吃饭问题就是人民的大事。用到饭店管理中，就是做好和顾客息息相关的卫生、口味、安全等基础工作。留住顾客的就是这些需要我们踏踏实实、每餐都要确保的基础和细节。然而，我们那些基础工作都不能做好，却要在所谓的"进化"上下工夫。在引来新顾客的同时，更多的是流失老顾客。无论企业经营多少年，也不会积累太多的人脉。

于是，我在经历了企业"进化"的各个阶段之后反思：要让企业"进化"，首先不能让企业的基础管理"退化"。

几年前，我曾用很长时间帮助企业养成了良好的服务习惯和工作习惯，在几年以后的巡店中，我却找不到"良好"的影子，发现的都是一些基础得不能再基础的问题。卫生做不好，说是这两天没来得及检查；菜品变质了，说是厨房没空调，太热了；洗手间气味太大，说是装修时工程队买的排风扇质量不好，坏了；台布大小不一，皱褶太多，说是这一家清洗公司不负责任；服务礼仪欠缺，说是员工不愿意参加培训，太忙了，早上想多睡一会儿；厨房的地上水迹斑斑，说是水管坏了；不给顾客介绍菜品，说是厨师长没给新菜简介；有的店铺说是连续两年换了5任店长；有的店铺说培训过的老服务员已经没剩下几个了……总之，你要让他汇报，他只会说自己这段时间创新了几个菜品，顾客很喜欢；搞了一个月团购，效果不错；推出了一个很有创意的促销，给企业带来不少利润；等等。殊不知，引来新顾客要比留住老顾客多花好几倍的精力。我们宁可让100人来消费 100 次，也不愿 1 万人来消费 1 次。顾客是用来维护的，只有基础做好了，才有进化的资本。

如何确保这些基础工作的效果呢？

捋清管理的脉络，使其可视化。这也正是《饭店可视化管理操作实务》这本书的意义所在。

《与鲨鱼一起游泳》这本书告诉我们，尽管鲨鱼已经存在了 4 亿年，但不要忘记一个现实：鲨鱼是会变的，不可避免，也无法逃避。如果你跟不上变化，就会突然变成鲨鱼的饵食，别想再与鲨鱼共舞。然而，尽管鲨鱼身上出现了一些新特征，尽管你也要留意鲨鱼的新技巧，但你要担心的主要还是那些不会变化的基本技巧。因为鲨鱼的技巧在过去几百年内丝毫未变。

在这里，我想告诉大家的是，我并不是不善于和不支持"创新"，而是更关注饭店管理和服务顾客的基础。人们总是想通过各种行为语言和穿着打扮来取得他人的关注和认可，却不能充分认识自己的健康问题，这才是最危险、最可怕的。行为语言、穿着打扮都可以创新，但健康是不能被创新的，这就是本质区别。然而健康又是可以通过制订健身计划和体检计划来控制和掌握的。饭店的管理也一样。你怎么能发现暗藏的电线老化和漏电呢？我们无法看到暗藏的电线，但可以通过定期检查了解其使用状态。我们无法知道什么时候会发生火灾，但可以通过安全隐患的排查而尽可能将其杜绝。我们不可能杜绝所有的跑冒滴漏，但可以找出原因，尽可能地减少资源流失。

要想控制得住，就得定规则。"可视化管理"正是将这些看似抽象、不可控的因素，通过管理手段，使其变成一个个能够看得见的工作目标。也只有看得见，员工才易于执行和复制，也才更容易控制效果，从而实现让管理"管得住，理得顺"。

由此可见，"可视化"是一项工具，一项可以使饭店生产更安全，工作效率更高，原材料消耗更小的工具。"可视化"是一套标准，一套可以复制的标准，可以减少苦口婆心说教式培训的标准，可以让新人更快成为骨干的标准。"可视化"是一个载体，一个可以让企业文化在基层生根发芽和创新发展的载体。正像海尔有"OEC"日清系统，通用电气有"六西格玛"，丰田有"5S"现场管理工具一样，"可视化"能够让企业文化深深地植根于企业的每一个角落，让企业在经营创新之时，管理不再退化。

王心广

写于古城长安

第一章

外围可视化管理

当顾客靠近一家好的饭店时,无论是这家店铺外围的招牌、广告牌、导向牌,还是活广告引导员、保安,都会让顾客感受到一种无形的磁场,这就是吸引力。而不注重外围可视化的饭店则无法让顾客感觉到这种磁场。有的饭店虽然也有广告导视标牌,却不成体系,似有似无,无法给顾客以美好的联想,更谈不上饭店的规范管理之道了。

第一节 让顾客对你的店面"一见钟情"

饭店可视化的外围包括店铺招牌、路线引导牌、广告牌、活广告引导员、停车场引导牌、车场停车线、代驾服务牌等。我们把这些可以让顾客识别的标牌叫做"视觉识别系统"①。这些视觉识别系统的应用让顾客一进入饭店500米范围内，就能感受到企业的规范所在，感受到企业的温暖所在，感受到企业的磁场所在，从而吸引消费者成为饭店的忠实顾客。

❶ 门面即企业的磁场

一家"巴西烤肉"的招牌，由于"烤"字掉了"火"而成了"巴西考肉"；一家"泰国渔村"，成了"泰口鱼寸"……仅从这些饭店的招牌上，顾客就可以看出管理者的漫不经心，自然对饭店失去了信心。再则，这样的问题会被顾客当成笑柄来传递，久而久之就会损伤企业的美誉度。

而做得比较好的饭店，一般都比较注重自己的招牌，注重外围导向牌的管理。不仅广告导向牌完好无损，广告牌的设置也很有讲究。顾客一踏入此类饭店的商圈，就被饭店鲜明的视觉识别系统所吸引，进入饭店磁场，产生消费的欲望，增加回头消费的几率。麦当劳和肯德基就最讲究企业视觉识别系统的应用。顾客只要靠近这样的店铺，东南西北，无论从哪个方向，都能一眼看到他们规范的广告招牌。这就是饭店可视化的第一步。

鉴于一线城市选址的难度在不断增加，门头的制作和可视化也就成为开设饭店的头等大事，谁不想让自己店的招牌被顾客看到呢？在北京、上海，我们经常可以看到工作人员在十字路口、岔路口拿着自己企业的活动导视牌给前来就餐的顾客以可视化的提示。

---

① 视觉识别系统又被称为 VI 系统（visual identity system），是 CIS（corporate identity system，企业识别系统）的一个构成部分，是整套 CIS 中 MI（理念识别系统）、BI（行为识别系统）在直观视觉上的体现，是企业品牌形象进行传播的核心组成部分。设计科学、实施有利的视觉识别，是传播企业经营理念、建立企业知名度、塑造企业形象的快速便捷之途。——编者注

门面个性鲜明是第一要素

随着经济的快速发展,人们生活水平不断改善,各种风味、各种主体、各种装饰风格的餐饮店林立,可供人们选择的余地越来越大,市场竞争也就越来越激烈。人们的饮食消费理念也在发生变化,从单纯追求物质享受逐渐转向精神层面上的更高需求。因此,企业VI系统的设计和创造,首先要源于企业思维的创新和定位。有了明确的文化主题,特色鲜明与个性化的VI就成了企业以经营取胜的重要因素。就像图1-1中的"真功夫"快餐一样,鲜明的个性门头,再配以家喻户晓的李小龙形象为logo,让人过目不忘。

图1-1

门面的亮化工作要落实到人

图1-2

要说门面的装修效果和VI设计是开店之前就已经做好的,即使不太满意也很难更改的话,那么维护好现有的门面效果则是饭店经营中不可忽视的工作之一。然而,很多饭店往往都不注重自己门面的维护和管理。霓虹灯坏了不修,招牌字掉了一半也不补,大白天霓虹灯字还亮着,浪费电暂且不说,顾客一看到这种现象,就知道这家店管理混乱。因此,饭店外围的灯光开关、卫生清洁、导视标牌、广告标牌、装饰维护都要定期定人进行管理(见图1-2),确保顾客看到的效果是最佳的。

❷ 想找你的时候,就能找到你

顾客选择饭店就餐的渠道和动机有很多种。然而,顾客有了消费动机后,往往不一定能确定饭店的电话和具体方位，很多人第一时间会想到通过114、12580或者饭统网、大众点评网等途径查询。也有曾经去过某个饭店消费的顾客打算再次去消费，可是仅对饭店的大致方位有印象，只能一路走着看着寻找着，这时就需要饭店附近的广告牌、导视牌起作用了。当然也有些顾客保留了饭店的礼物、订餐卡、打火机、手绢等，而这上面刚好印有饭店的电话和具体位置，这样顾客去就餐就比较方便了。总之，企业引导顾客的渠道也有很多方式，当顾客想起你的时候，就要让顾客很方便地找到你。

员工能否准确说出饭店的地址和订餐电话

许多顾客打电话订餐时都曾遇到过饭店员工描述不清楚自己饭店的位置，结果换了两三个员工通话的现象。这是因为很多饭店位于城市原来城中村的位置，当地人往往习惯以城中村的名字确定方位，而饭店统一的地址却是城市的街道名和门牌号（见图1-3）。很少有顾客能记住门牌号，而员工只知道按照订餐卡或名片上的地址讲给顾客听，顾客当然很难明白了。

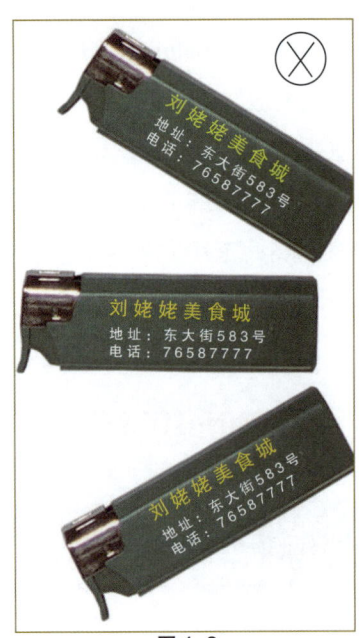

图1-3

顾客能从几个方向看到你的招牌

中国餐饮业的发展是一个不断向麦当劳、肯德基学习的过程。最早时期，大家学习他们的形象设计、洗手间管理，后来学习人家的店铺选址和开店经营模式，再后来学习人家的标准化流程管理、连锁物流配送体系建设……越来越多的中国餐饮企业也能做出像麦当劳和肯德基那样的店铺了。

以广告招牌为例，在繁华的都市里，高楼林立的街道两旁，特别是晚上，城市中最显眼的还是麦当劳的"金色拱门"（见图1-4），有的几公里以外就能看到。这难道不值得我们学习吗？难道不是店铺可视化经营的绝学吗？而你饭店的招牌又能从几个方向被看到呢？

图 1-4a

图 1-4b

③ 你知道顾客进门前的需求吗

经营饭店，我们把顾客分为"忠实顾客"、"零点散客"、"潜在顾客"三个等级。为忠实顾客服务，重在考虑如何将饭店的创新成果让老顾客接受，从而不断产生新意。为零点散客服务重点要考虑如何能用情感沟通和特色推荐，让其成为我们的回头客，成为老顾客。针对潜在顾客则需要更多地考虑顾客进门之前的事情，也就是如何让更多的顾客走进来，而这正是老板要重点考虑的问题。从大的方面讲可以进行形象宣传、发放促销广告等，小的方面则是尽可能做好店铺外围的工作，特别是在当今选址比较困难的扎堆经营区、美食区等。

开车顾客最需要的是什么

开车的顾客需要什么？需要有明确的停车场指引招牌，能够不违章停车，最好能报销停车费（见图1-5a、图1-5b）。如果顾客对饭店比较信任的话，很多顾客也很愿意把爱车交给保安人员"代客泊车"。这是开车人普遍的心态。

随着广大消费者交通意识的不断增强，酒驾的现象越来越少。很多开车的顾客谈酒色变，有不少顾客准备喝酒时也就不开车去饭店了。但是，开车喝酒的现象也是无法避免的。作为饭店来讲，为顾客提供代驾服务，则是给顾客心理上的一种安慰（见图1-5c）。

图 1-5a　停车场指引招牌

图 1-5b　停车位数可视化照片

代驾服务有两种情况：一种情况是为醉酒的顾客代驾，另一种情况是为租车的顾客代驾。目前饭店推出的代驾服务主要是为一些开车来而喝了酒的顾客提供服务。对于顾客来说，这解决了警察检查酒驾的后顾之忧，面对朋友的好客，可以适量喝一些酒水，这也是中国千年文化中不可忽略的人之常情。无论饭店出于哪一种考虑，是想多销售酒水也好，还是真心为那些酒逢知己千杯少的顾客提供服务也罢，最起码说明饭店在为顾客着想，会让顾客感到丝丝温暖。

图 1-5c

"乘车卡"就是一项服务

乘车卡也叫"欢迎卡"（见图1-6），是为打车而来的顾客准备的，在顾客乘出租车到达饭店门口下车后发给顾客。使用此卡主要有三个目的：第一，这是欢迎顾客光临的一种表现形式；第二，上面记录了刚才顾客乘坐的出租车号码和抵达饭店的时间，以供顾客寻找遗失物品或者询问其他事情备用；第三，上面有饭店的准确名字、地址、周边主要单位、简易地图，以及叫车服务的联系方式，极大地方便了顾客。

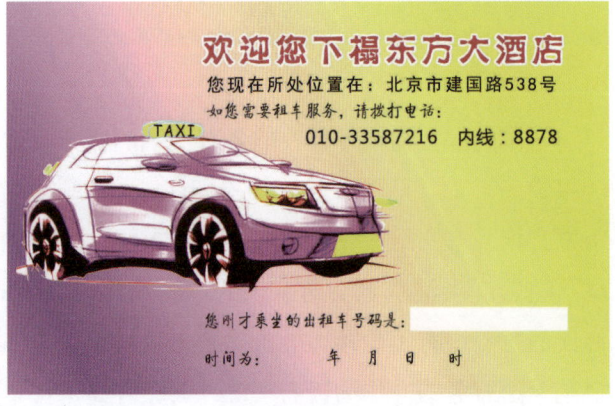

图 1-6

第二节　为顾客营造安全感

❶ 保安形象是企业的门面

商圈的形成，使得很多餐饮业老板愿意扎堆经营，这样可以降低经营风险。但是，扎堆经营，同时也意味着停车场受到竞争或者需要资源共享。因此，作为顾客接触到的饭店的第一个服务人员，保安既要给顾客安全感，还要让顾客感觉到饭店的温馨。保安整齐的着装和鲜明的视觉识别就成了前往饭店的顾客的活广告，而规范的管理则是这一服务得以实现的有效保障。

保安的职业形象是企业文化的一个缩影，透过他们顾客能够直观、具体、形象地感受到企业的文化氛围。高素质的保安给顾客一种认真、积极、主动、有礼貌、责任心强、形象良好、沟通大方、为顾客服务全力以赴、以顾客的利益为核心、以企业的声誉为使命的良好保安形象。所以，良好的保安服务形象是公司的"门面"和"窗户"。具体说来，保安服务主要包括以下项目：

图 1-7

- 身披夜光绶带：容易被司机朋友和就餐顾客看到，方便提供服务；
- 敬礼问候服务：为所有来到停车场以及进入店门的顾客敬礼并送上问候；
- 开门服务：为所有开车到店的顾客提供开车门服务；
- 车检服务：为所有开车的顾客检查车门是否关闭及车身是否有划痕；
- 代驾服务：为开车新手提供代驾代停服务，为醉酒的客人提供代驾送客服务；
- 开水服务：为出租车司机及歇脚的顾客提供开水服务；

- 雨伞服务：下雨天为顾客提供撑伞和借伞服务；
- 车牌遮挡服务：为有需求的顾客提供车牌遮挡服务；
- 留车服务：为把车留在停车场的顾客提供车辆看管服务；
- 车辆登记服务：登记所有进入停车场的车辆牌号、型号、颜色、进场时间及离场时间；
- 出租车登记服务：登记顾客所乘坐出租车的车牌号、颜色及抵达时间；
- 叫车服务：为有需要的顾客提供等叫出租车服务；
- 巡查服务：在停车场内不停地巡查，确保顾客车辆及车内物品安全；
- 店内巡查服务：为顾客就餐时的财产安全提供保障；
- 班前班后特殊服务：为寻物、找人、来访顾客提供服务。

❷ 保安岗位职责看板

简单地讲，保安就是保卫安全的。保卫谁的安全？顾客的财产安全，企业的财产安全，以及这一区域顾客、员工的人身安全等。除此之外，保安还要负责维持饭店外围的秩序。

保安岗位职责

【岗位名称】保安员

【隶属部门】保安部

【直接上级】保安部长

【直接下级】无

【可轮换岗位】传菜员、服务员、迎宾员

【职务说明】在保安部长的带领下做好店铺、车场内部的消防检查、值夜等工作。

【岗位职责】

1. 负责停车场的清洁工作和来店车辆的停放、保卫工作；
2. 负责顾客的迎送工作；
3. 做好店内安全检查工作，确保店内人员财产安全；
4. 熟记常客姓名，征求就餐意见，编写就餐资料，定期上报；

5. 做好安全预防工作，发现险情果断处理，及时汇报；

6. 完成管理人员临时安排的其他工作。

【岗位技能与要求】

1. 车辆指挥全套手势的运用；

2. 消防器材的使用、管理；

3. 消防演习培训；

4. 与顾客礼貌沟通。

【任职条件】

1. 身高在178厘米以上的男性青年，气质良好；

2. 普通话流利，头脑机灵；

3. 品德良好，性格稳定，有强烈的责任心；

4. 退伍军人优先。

保安单车作业流程

保安单车作业流程主要包括以下15项内容：

（1）保安一：向来车指挥行驶方向。

（2）保安二：接车，使用接车手势。

（3）保安二：打手势，指明车辆停放的大体位置。

（4）保安二：距离2米时，敬礼。

（5）保安三：接车，使用接车手势。

（6）保安三：引导，使用单引或双引，如需转弯则要用"转弯"手势。

（7）保安三：示意车位，使用"进车"手势或"卡舵"手势。结合手势大声地告诉司机停放位置及车头、车尾的方向。例如：先生，请把车倒在这个位置，谢谢合作！

（8）保安三：快速移动到车的左尾灯外侧50厘米处，使用"倒车"手势，并大声地喊出"倒、倒……"根据倒车的方向使用"打舵"手势，并大声地喊出"向左打舵"或"向右打舵"。

（9）保安三：如需要让车向左或向右靠一些，则需要使用"靠车"手势，告诉司机：先生，请您向左／右靠一下吧。

（10）保安三：当车倒至与左／右车头齐时，要使用"停车"手势，并大声地喊出"停"。

（11）保安三：如果司机没有关灯，要提醒司机：先生，您的车灯没有关。

（12）保安三：当司机将车停稳后，根据车内顾客的情况，给顾客开车门，并向顾客送上热情的问候：早上好！晚上好！

（13）保安三：当司机离开车时，要迅速检查车门、后备箱是否已锁，以最快的速度环视车一周，如发现车有异常划痕等特殊情况时，需及时提醒司机或顾客：先生，请您稍等，您看一下您的车这里……在确定问题是来时就有的情况下，保安要向司机或顾客说明：不好意思，耽误您的时间了，谢谢您的合作，祝您用餐愉快！

（14）保安三：归位，跨立。

（15）顾客开车走时，保安人员要迅速跑到顾客车前，根据停放情况进行指挥。当需要调整车的方向时，保安人员要先向顾客敬礼；顾客开车可以直走离开停车场时，保安人员也要向顾客敬礼，并使用告别语：感谢光临！很乐意为您服务！

保安设施设备管理

除了服装、帽子、手套、皮带外，保安员所使用的配套工具还有警棍、警灯（手电）、雨伞、对讲机、夜光绶带等（见表1-1）。可视化管理的目的，就是要求保安部的所有设备种类齐全，功能齐备，随时可以拿到，并且能够有效使用。

图1-8

表1-1 保安部配套工具列表

设备	型号	配件	数量	领用人	签字
警棍	2000V	充电器	1支	×××	
手电筒	200M 照距	充电器	1个	×××	
风衣			2套	×××	
……					

保安值班管理制度

设置值班牌（见图1-9）是保安值班看板可视化的内在要求，可保证分工明确，责任到人。此值班牌应该悬挂或粘贴在顾客出入饭店时可以看到的地方，这样既能给顾客一种安全感，在有事的情况下可以随时找到能帮助他的保安，又能提高保安的责任心。

图1-9a　　　　　　　　　　　　图1-9b

阅读链接：保安标准动作详解

1. 队列军训

（1）军姿

动作要领：头要正，颈要直，双眼平视前方，下颚微收，两肩后张，双臂自然下垂，中指贴于裤缝线，大拇指贴于食指第二关节，挺胸、收腹、提臀，两脚跟并拢，两脚尖分开成60°。

用途：用于出操和站岗，是其他动作的基础。

（2）稍息

动作要领：立正时，左腿提臀，左脚迅速回收靠右脚，保持立正姿势。在立正的基础上，左腿提臀，左脚向脚尖方向踢出右脚的2/3。

用途：用于队长讲话或演练出操时稍作休息。

（3）敬礼

动作要领：右手取捷径迅速提起于太阳穴，掌心向下，大拇指夹于食指第一关节，礼毕时，右手臂迅速下砍，保持立正姿势。

用途：用于对顾客或上司的礼貌、礼仪。

（4）跨立

动作要领：在立正的基础上，左脚向左跨出，脚尖约与肩同宽，两脚跟距离一脚，左手夹握右手腕部，手放于内腰带上沿、外腰带下沿。

用途：站岗时的常用姿式。

（5）停止间转法

向左转动作要领：在立正的基础上，以左脚跟为轴，凭借右脚脚掌部的蹬力迅速向左转体90°，上身保持正直，取捷径靠脚。

向右转动作要领：在立正的基础上，以右脚跟为轴，凭借左脚脚掌部的蹬力迅速向右转体90°，上身保持正直，取捷径靠脚。

向后转动作要领：在立正的基础上，以右脚跟为轴，凭借左脚脚掌部的蹬力迅速从右转体180°，上身保持正直，取捷径靠脚。

用途：用于转换方向。

（6）齐步

动作要领：听到"齐步"口令时，身体前倾，"走"口令下达后，左脚向前迈出一步，距离75厘米，右手大拇指夹于食指第二关节，前摆25厘米，同时里合，里合时手臂与纽扣摆齐。最后一步靠脚时，左脚向前迈出40厘米，右脚靠左脚，两臂下砍式放臂。

用途：用于平时近距离内服务。

（7）跑步

动作要领：听到"跑步"口令时，两手成握拳式，迅速夹于两肋；"走"口令下达后，身体向前上方跳起，距地面25厘米，同时左脚迈出75厘米，右臂摆出，摆臂时前不露肘，收臂时后不露手；"立定"下达后，左脚迈出摆右臂，右脚迈出摆左臂，左脚迈出，回拉左臂，右脚靠左脚，同时两臂下擦。

用途：用于远距离内服务。

（8）交接岗

动作要领：交接岗时，接岗者距岗哨1米远时立正，同时岗哨由跨立变为立正，两人同时敬礼，同时立臂，各左跨一步走，距离约75厘米，向前一步走，接岗者向右转，左跨一步走到岗哨，岗哨跑步离岗。

用途：用于上岗时换岗交接班。

(9) 列队变横队与横队变列队

动作要领：一列横队成两列横队时，报数后，双数后退一步，同时右跨一步，其余人按肩隔一拳，自行向右看齐，流水式向前看。两列横队成一列横队时，听到"向右看齐"后，肩隔一臂，双数者左跨一步走，并向前一步走，自行向右看齐，流水式向前看。

用途：用于队形的演练。

2. 摆车手势

(1) 直行

动作要领：手臂向两侧平举，与肩齐平，手心向前，手臂向前斜下折约90°，小臂向前折于第三纽扣与第四纽扣之间，手掌根部离纽扣约10厘米。

用途：用于指挥车辆行驶方向。

(2) 单引

动作要领：在面对车时，立正，右臂小臂抬起与大臂成90°，上折60°，向下放时约145°，连续两次。

用途：在近距离内引导方向。

图 1-10a

图 1-10b

(3) 双引

动作要领：两小臂抬起与大臂成90°，上折60°，向下放时约145°，连续两次。

用途：在远距离情况下引导车辆方向。

(4) 进车

动作要领：手臂上举135°，从腹前成弧形下滑到身体侧面，与身体侧面下垂成45°，向里折与衣扣平齐成25°，放臂下砍。

用途：用于车辆停放位置的引导。

(5) 倒车

动作要领：右小臂上抬与大臂成90°，手掌向前放于腰部，掌背与小臂成90°，向前推时前不露肘，向后收时后不露手，连续5次。第1、3、5次伴有口号。

用途：指挥车辆向后倒。

(6) 打舵

动作要领：右手臂向前抬起与身体成90°，手背与小臂成90°，手掌向前与衣扣平行，以掌心根部为轴向左、右方向画直径约45厘米的圆形，放臂时下砍。

用途：摆正车位。

(7) 接车

动作要领：手臂向上抬起约145°，放臂下砍。

用途：提醒有车辆到来。

(8) 侧引

动作要领：右手臂向右侧方抬起90°，手掌向外，手背与臂成90°，左侧小臂抬起与大臂成90°，手掌向上折60°，下放145°，连续两下，右侧手臂下放，同时左侧手臂下砍。

用途：有车辆出入时，拦阻其他车辆出入。

(9) 转弯

动作要领：左侧手臂向前上抬起，与身体成90°，手臂里合，手掌向外，手背与臂成90°，右侧手臂向体前斜上方抬起，里合与衣扣平行成25°，连续两下。

用途：指挥车辆转弯。

(10) 卡舵

动作要领：两手臂向外前方斜上抬45°，连续两次。

用途：提醒不要动舵或者示意车位。

(11) 夹线

动作要领：左手臂向体前斜抬起成 25°，微里合，右手臂抬起，两手掌上下左右距离各 10 厘米，右臂里折，连续两次，放臂时下砍。

用途：用于引导车辆靠前方摆放整齐。

(12) 靠车

动作要领：一侧手臂向体前斜抬起 25°，里合与衣扣线平行，另一侧手臂抬起 35°，稍里合，跳起，左右约 10 厘米，连续两次。

用途：用于引导车辆左、右摆放整齐。

(13) 停车

动作要领：右臂向上抬起与身体成 90°，手掌向外，手背与臂成 90°，放臂时下砍。

用途：用于提醒车辆停止行驶。

除了手势要标准到位外，保安在摆车时还须谨记以下要领：

- 摆车时两车距离 0.5~0.7 米；
- 后侧保安站在车辆左后方，离车约 0.5 米；
- 前方保安在车辆的右前方；
- 车辆向后倒时，停车口号与倒车口号须喊清；
- 车辆停放后前部对准车位线。

❸ 保安不仅是形象，更是服务员

不少企业的保安由于自我定位不清晰，从而造成角色定位不准确。他们往往把自己当成企业的打手和保镖，在气势上总想压倒顾客。如果没有按照保安的要求停放车辆或者有对企业表示不满的行为时，保安就会对顾客大打出手，给顾客造成"店大欺客"的心理压力。其实，保安人员也是服务人员，其目标是让顾客第一时间感受到企业的温馨服务，为保卫顾客的财产安全而工作。只有这样，企业才能长久。

车辆进场登记表

做好车辆登记服务,是保安人员的一项基本工作。保安人员在填写登记表(见表1-2)时,要保证信息准确,字迹清晰。

表1-2　车辆进场登记表

2010年6月18日				星期五		天气晴		
车牌号	车型	进场时间	车况检查	司机姓氏	车位	登记人	出场时间	登记人
京M12356	黑色帕萨特	18日 10:33	尾部有掉漆现象	赵先生	D区124号	05 小刘		
粤B12356	红色奔驰	18日 18:25	完好	李小姐	A区32号	02 小张	19日 8:11	04 小王
……								

保安服务传递卡

工作传递卡,又称"工作交接卡"(见图1-11)。此卡首先由保安人员填写被接待顾客的车号、车型、车主姓氏或名字、车况检查提醒、停放区域,填写完毕后交与迎宾部。迎宾部收到此卡后要填写顾客的就餐房间、台号、订餐信息、消费类型,以及是否是老顾客,认识谁等,填写完毕后再交给服务员。服务员在服务过程中填写顾客的消费特征、意见建议,以及消费后的优惠级别(贵宾客户、储值客户、协议客户……),并在送客的时候再次反馈给迎宾部。迎宾部征求顾客的消费意见后,填写在卡片的最后一栏,从而完善顾客信息。顾客信息要及时录入信息库,供所有服务人员熟悉,便于在顾客下次消费时投其所好,制造更多惊喜和感动。

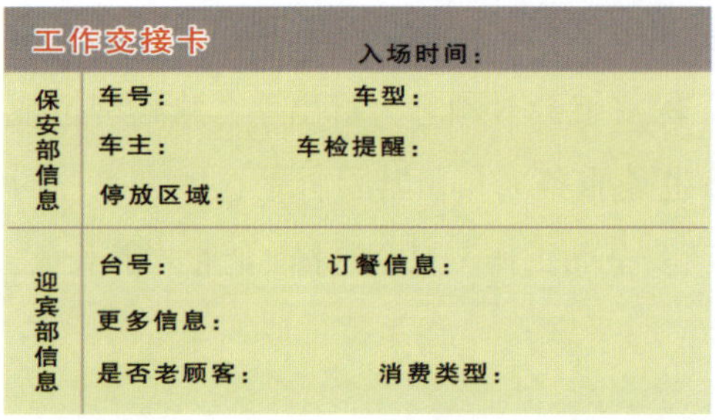

工作交接卡	
保安部信息	入场时间: 车号:　车型: 车主:　车检提醒: 停放区域:
迎宾部信息	台号:　订餐信息: 更多信息: 是否老顾客:　消费类型:

图1-11a

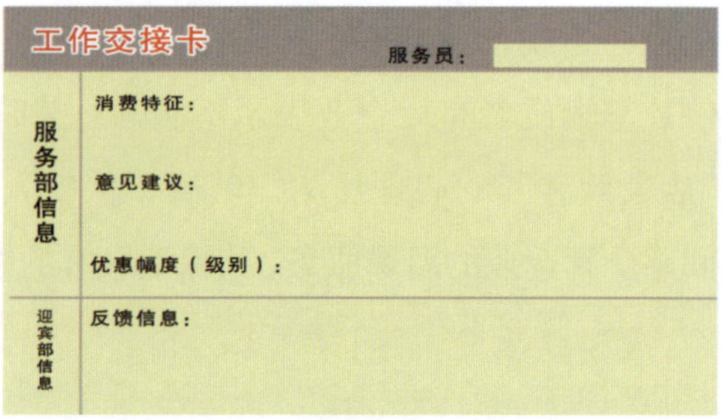

工作交接卡	
服务部信息	服务员: 消费特征: 意见建议: 优惠幅度(级别):
迎宾部信息	反馈信息:

图1-11b

第三节　让可视化为企业安全保驾护航

1 敞开生命的通道

　　饭店服务分为"硬指标"和"软指标"。其中硬指标是服务的基础，主要包括门面装修、设施设备以及安全措施。本章所强调的"硬指标"主要是指保安部对饭店安全的把控和责任。作为保安部的一员，必须对饭店所有出入口、消防通道、电源总开关、水源总开关，以及消防设施的布置位置了如指掌，以便在发生意外时能够以最快的速度采取行动。为了确保每一名保安人员都能够做到，保安部一方面要悬挂饭店消防示意图（见图1-12），另一方面必须要求每一名保安都能够准确默画出此图。

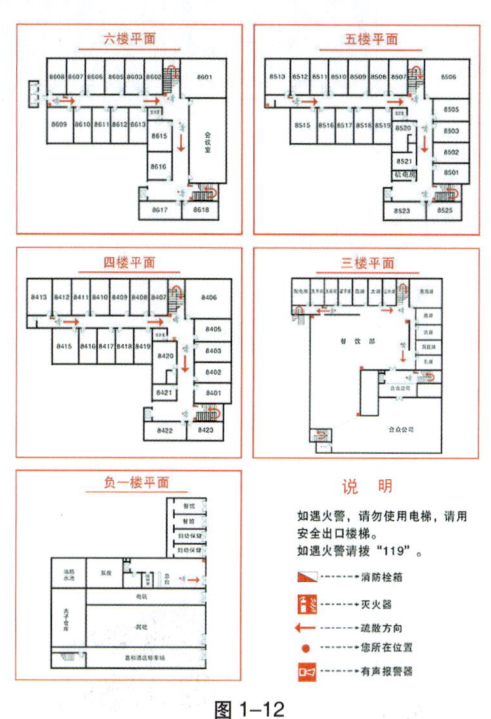

图 1-12

给顾客上一堂消防课

　　饭店除了要求保安掌握消防疏散标识外，还可以在适当的时机为顾客提供培训和讲解。有一次我在一家生意特别好的饭店候餐，这家饭店安排了专业的茶艺师表演茶艺，并让候餐的人品茶。在这里我要说的当然不是茶艺表演了。在茶艺表演十几分钟后，一位管理人员拿着一个消防疏散标识看板给大家讲解消防知识（见图1-13）。大家没有人反感，反而觉得很好，总认为在以后某个时间可能会用得上，就像交通规则一样，多学一点没有什么不好。当然，除了这种现场讲解，店家也可以将疏散标识看板张贴在顾客可以看到的空间，适时教育。

图 1-13

安全责任卡建设

为消防器材、电气设备等有安全隐患或者需要按照要求操作的设备建设责任卡是保安部预防事故发生的工作之一。

责任卡就是要让每一个重点设备责任到人,定期检查、保养,确保关键时刻能够正常发挥作用(见图 1-14)。比如,每个月要对消防栓进行一次放水检查;每年

图 1-14a

图 1-14b

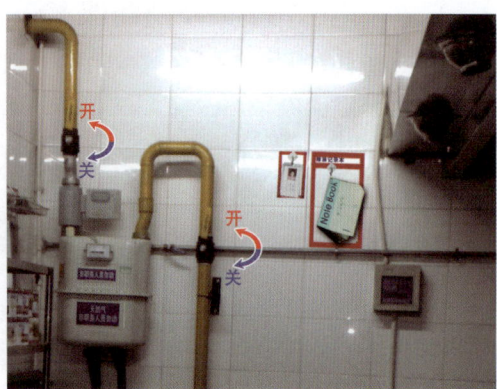

图 1-14c

要对灭火器进行一次原料更换；每天或每周都要检查电气设备、天然气设备是否按规范进行操作等。

启用智能消防系统

随着餐饮业装修装饰逐步高档化，电器设备增多，高层及超高层建筑增加，以及智能建筑技术的发展和成熟，越来越多的新型建筑采用了智能消防系统。

智能消防系统由两部分构成：一部分是火灾自动报警系统，即感知和中枢系统，犹如人的五官和大脑；另一部分是联动灭火系统，即执行系统，就好比是人的四肢。通过智能消防系统，人们能及时发现建筑内的火灾隐患，并采取相应措施，将可能酿成大祸的火灾消灭在阻燃期或初期，防止灾害扩大。

火灾预案要备好

我们无法100%预测事故的发生，但可以做好防范事故发生的一切准备。为此，我们可以定期做一些消防演习，或者邀请消防人员提供专业培训和协助，让所有员工了解事故发生以后的应急措施，这也是保安部必修的课程（见图1-15）。作为一名保安人员，必须对消防演习中的"火情处置、人员疏散、初期火情扑救、消防栓及手提灭火器操作"四个科目了如指掌，并能够熟练操作和讲解。

图1-15a

图1-15b

> **阅读链接：**
> **火灾发生后的处理步骤**

火灾一旦发生，相关人员应该按照如下步骤进行处理：

一、报警和接警

1. 店内如发生火情隐患，第一时间通知店经理。
2. 员工自发进行扑救，一旦发现火势有蔓延的趋势，店经理马上拨打119，说明火情（燃烧情况、地址、报警人及联系方式、周围标志性建筑等）。
3. 安排人员去路口接应消防队。

二、应急系统及应急措施

1. 救灾指挥部

    ① 根据火势通报蔓延情况，果断地撤离被困人员。

    ② 划分安全区。根据店内周围情况确定安全疏散点和集合点，确定安全疏散通道、安全楼梯、安全出口门等逃生出口，明确分工，护送被困人员向安全区转移，在各个环节哨口设立引导员，为被困人员指明方向。

    ③ 在掌握及控制火势的情况下，召集力量救人、转移物资。另外，采取灭火、供水、防堵、排烟等救灾措施。

    ④ 建立通讯网络，确保各部门通讯畅通。

    ⑤ 消防队到达后，及时将指挥权转移给消防队，服从消防队统一指挥。

2. 组长、副组长由店内最高管理人员担任

    ① 根据火灾实际情况，确定扑救的各项措施。

    ② 制定疏散人员的具体方案，并负责各小组协调工作。

    ③ 安抚安全区人员的情绪。

    ④ 联系附近医疗机构，提供医疗救护。

    ⑤ 向消防队汇报火情以及现场情况，协助消防人员灭火。

3. 抢险救灾组

    ① 切断店内输电、燃气系统。

    ② 快速集结营救工具，解救被困人员。

③ 在保证自身安全的情况下对店内重要物资进行抢救。

④ 在消防队来之前尽自己最大的努力进行自救灭火，降低火灾的蔓延速度。

⑤ 消防队到来后，协助消防队员灭火。

⑥ 随时向指挥部汇报火情。

4. 医疗救护组

① 提取规定地点内的急救设施（医药箱、担架等）。

② 对伤员进行简单的急救后扶其撤离至安全地区。

③ 到安全区安抚人员情绪。

④ 将受伤情况严重者送往附近医院，费用先由店内垫付。

⑤ 协助疏散组员，维护疏散秩序。

5. 治安保卫组

① 指挥无关车辆离开现场，接待消防车辆并保证伤员运送通道的畅通。

② 制止无关人员进入火场。

③ 防止外来人员趁火打劫、制造混乱。

④ 维护安全区域内的秩序。

6. 人员疏散组

① 发生火情后将各区域人员疏散到安全区域。

② 按照与火灾地点距离先近后远的原则，组织人员进行有序撤离。

③ 维护撤离秩序，避免踩踏、跌倒等情况发生。

④ 安排人员对各区域进行排查，避免人员遗漏。

7. 通讯联络组

① 负责指挥部与外界信息的交流与沟通。

② 建立通讯网络，使各部门人员迅速正确地接收火灾信息。

三、救火、灭火

1. 在发生重大火情后，马上启动火灾应急预案。
2. 各小组组长马上召集齐各组成员，根据其职责落实工作。
3. 确保消防用水、用电供应不间断，保证灭火器材的供给。
4. 协助消防队进行灭火。
5. 火灾扑灭后，协助消防队调查、分析火灾原因。

四、灾后事宜

1. 灾后人员的清点、安排工作。

2. 填写火灾事故情况报告。

3. 追究发生火灾的原因和责任人。

4. 总结消防意识薄弱的原因，制定防范措施。由防火负责人和安全部门检查、验证整改的结果，对其他各店面进行消防大检查。

5. 总结火灾事件，在全体员工中实行安全事故的教育培训。

五、防范措施

1. 安排专人定期对店内的消防设施进行检修与维护。

图1-16　火灾疏散预案

2. 加大员工安全防范意识的培训和火灾应对措施的演练。

3. 每天检查店内电器设备，做到人走断电，定期对电路进行检查与维护。

4. 严格把控厨房天然气设施的使用规范，定期对天然气管道进行检查与维护。

5. 规范酒精房的管理工作。

6. 每天离岗前对店内每一个区域的安全隐患都要进行检查。

六、各组成员及联系方式（略）

❷ 保安工作无死角

以"安全"为使命的保安工作要延伸到饭店的每一个角落，确保工作无死角。唯有如此才能最大限度地减少安全隐患，提升安全系数。

出入口视频监控系统

要确保餐饮店外围及入口安全，除了安排保安员不定时巡查以外，更为可靠的是安装可视监控设备（见图1-17），它可以弥补人员布岗和巡检的漏洞，让管理更加可视化。

图1-17a

图1-17b

保安岗位检查表

为了保证保安人员工作全面到位,避免因偷懒或其他原因而出现漏检、漏查现象,全面提升饭店安全系数,保安人员要自觉、认真填写《夜班保安安全巡检表》(见表1-3)和《保安岗位状态检查表》(见表1-4)。

表1-3　夜班保安安全巡检表

序号	检查项目		存在问题	巡检人	时间	备注
1	厨房	排风				
		液化气/天然气				
		垃圾桶				
2	配电房洗手间	垃圾桶				
		水				
		排风/灯具				
		悬挂物品				
3	一楼包间	排风/灯具				
		电磁炉				
		门窗				
		空调				
		垃圾桶				
4	二楼包间	排风/灯具				
		电磁炉				
		门窗				
		空调				
		水				
		垃圾桶				
		物品归位				
5	安全隐患	漏电				
6	……	……				

表1-4　保安岗位状态检查表

区域	时间	保安员状态	卫生及安全	防范措施	巡检人
A区					
B区					
C区					
……					

为人力资源站好考勤岗

除了上述工作外，保安部还有一项重要的职责就是监督员工上下班打卡。

现在许多饭店都要求保安监督员工的考勤，防止员工代替打卡或者弄虚作假。员工打卡时，保安要认真核对员工工牌，无工牌或工牌不符者不能打卡，必要时收回工牌交值班经理处理，不允许代人打卡。保安人员每天都要检查打卡机运行情况，发现问题立即报告。

❸ 没有最好，只有更好

出色的工作能力是一个不断追求与超越的过程。为了保质保量地完成工作，保安要建立问题改善看板（见图1-18），及时自查和改正。主管人员也要定期对保安进行培训，不断提高其专业能力和素养：

（1）保安部由店经理直接管理，且每天都要查看保安服务记录；

（2）保安部长每天至少要对保安进行15分钟的职业训练；

（3）店经理要随时

图1-18　保安部问题改善看板

检查保安服装是否整洁，行为是否规范，发现问题立即解决；

（4）保安每人确保有两套换洗服装，15 天理一次发；

（5）保安队伍中至少要有一名退伍军人；

（6）确保保安部每周举行一次不低于 30 分钟的服务理念培训和案例分享讨论。

可视化推广指导第一步：

餐饮管理需要放开心态

现代化管理需要放开心态，特别是充满活力的餐饮行业，一线员工多数是 80 后、90 后的年轻人，公司对他们的工作有什么要求，他们希望有明确的规定；工作做得好与坏，他们希望有明确的评价。什么是可以做的，什么是不可以做的；做什么事情可以受到表彰，做什么事情会受到惩罚；怎么样才可以得到提拔……这些问题企业事先都应该明确说明，否则就无法与这一群新时代的员工进行有效的沟通，也会因此迫使他们离开企业。

员工也是属于市场的，就像顾客一样。

改革开放初期，顾客是感性的，也是冲动的，那时大家的口袋里刚刚有了点儿钱，就大吃大喝，讲究排场。到了 90 年代后期，顾客变得理性了，也现实了，他们消费时会选择实惠的，选择物有所值的。今天，大家的生活越来越好，顾客又变得很感性了，不仅是感性的，而且是感情的。所以这个时期，顾客不仅仅选择价格合理、物有所值的商家，更重要的是哪一家企业真正关心顾客的感受，顾客才会去哪家消费。

员工岂不是如此呢？前些年餐饮店的员工讲究工资，谁家给的工资高就到谁家工作。而现在，餐饮店把一线员工的工资涨到 2000 元仍招不到人。于是大家开始思考，是什么原因让餐饮业员工对 2000 元的工作不屑一顾呢？一方面是人才市场成千上万找不到工作的大学生，另一方面却是 2000 元的工资招聘不到服务员而不知所措的餐饮店。

其实，员工选择企业，正像顾客选择企业一样。作为人流密集、员工流动量大的餐饮行业，企业要做到文化的传承和持续发展，就要有一批稳定的员工团队，而要实现稳定的员工团队，正是开放式管理所能带来的。

然而，偏偏有一些管理者把管理当成了猫鼠游戏，躲来躲去，抓来抓去，让员工觉得好像工作就是给领导干的。还有一些管理者把管理做成太极推手，丝毫不敢承担责任，管理者之间推来推去，有时还会拿员工来当替罪羊。更有人把管理变成了猜谜语，让员工猜领导的意图，猜领导的心思，动不动就让员工"看着办吧"……凡事遮遮掩掩，总怕员工知道，就连发奖金也要互相隐瞒。2003年的"非典"事件，也正是因为政府领导人敢于把每天的疫情通过媒体公布于众，而启动了全国人民的"抗非典"行动，在全国人民的共同努力下，"非典"终于得到了控制。难道这不是开放心态下管理的结果吗？

可视化管理正是一种以"开放式思维"为基础的精细化管理系统。对员工的工作要求，对顾客的服务要求，对奖罚规则等都一一进行了量化，进行了可视化。让员工一看就明白，让管理有章可依，让工作在系统中自行运转，而不是仅仅靠一两个管理者和明星员工。这种开放式的管理，正像博鳌亚洲论坛总监姚望所言："改革推动发展，开放促进成功。"这不仅适用于国家，也适用于每一个人。

餐饮店管理事无巨细。餐饮业"生产与销售同步，销售与服务同步"的特点决定了餐饮店管理是一项综合性较强的、以人为本的管理体系。这种人员流动较大，生产密集型的企业更应该实施"事事有人管，人人都管事"的全员管理体系，更应该实施"人人都参与，环环扣服务；事事说得清，管理有依据"的开放式可视化管理系统。

湖南科技大学博士生导师刘建武教授曾经说过"开放的国家是自信的国家，开放的民族是自信的民族"。同样，开放的管理是科学的管理，开放的管理是可进步的管理。所以，餐饮企业的管理者们，请把自己的心态放开，让企业的中层，让企业的员工加入到管理中来，发挥他们的主动性和创造性。只有这样，餐饮管理在你们的眼中才会变得轻松起来。

第二章

迎宾前台可视化管理

如果说顾客从饭店的门头读到的是一家企业的主张和文化感染力,那么进入饭店后顾客体会到的则应该是亲情般的感染力,也可以称之为"情感感染"或"员工感染"。前台是所有客人抵离饭店的必经之地,前台迎宾员所扮演的角色和发挥的作用恰恰就是通过"高接远送"来传递企业对顾客的欢迎和关注。因此,如何确保顾客走进饭店后的第一感觉与企业所想传递的信息一致化,正是可视化管理对迎宾工作的诠释。

第一节　让对方听到你的热情

我们知道从顾客开始订餐起，就意味着服务已经开始了，所以本章从顾客订餐开始讲起。既然顾客能选择你，就代表你在某些方面能够满足顾客，然而你并不知道顾客真正的满足点是什么，只能全面提升，并突出重点。我们要确保顾客订餐时听到的与走进饭店后看到的信息是完美的，通过听到的和看到的有效结合，给顾客留下一个良好的印象。如果把饭店服务比作一场接力赛，那么保安是接力赛中的第一棒，而迎宾员则是第二棒，直至把顾客顺利地交接给台位服务员，接力棒都不能掉在地上。

❶ 迎宾前台的服务内容

迎宾前台在硬件方面主要包括装饰墙、营业执照、荣誉牌、贵宾须知、新菜品推介牌、促销活动牌、宴会告示牌，以及给顾客提供服务的候餐桌椅、沙发、雨伞、饮水机、报刊架等，这都需要前台工作人员进行有效维护和管理，才能给每一位进店顾客以美感，给顾客以更大的方便。另外，迎宾员还需要对来店消费的顾客进行有效的沟通和回访管理，对办理各种业务的顾客进行接待和引导。总之，只要进店的顾客都应该受到热情规范的接待。可视化管理即将这些工作进行统一和明确，使之更规范，更具体，从而给顾客一种热情、亲切、甜美、积极、主动、灵活、懂礼貌、形象良好、沟通大方，任何时段对进入店内的任何人都能提供"高接远送"服务的良好迎宾员形象（见图2-1）。

通常，迎宾前台要给顾客提供的服务项目主要包括以下几个方面：

- 雨伞租赁服务：天气突变情况下给顾客提供伞具，为顾客回程提供方便。
- 提携、搀扶服务：帮助客人提携物品，搀扶行动不便的客人。
- 赞美服务：通过对顾客的观察，从某方面对顾客进行赞美。
- 候餐演艺服务：候餐过程中为顾客表演节目，丰富候餐服务。

- 提醒服务：送客期间根据顾客情况或气象情况，告诉顾客一些注意事项，体现对顾客的关心。
- 联系顾客：帮助客人寻找在店内用餐的其他顾客。
- 提前服务：掌握老顾客的全面资料，在带客入座时，不用顾客提醒，便将顾客的用餐习惯、爱好等告知服务员，以便餐中更好地为其服务。
- 特殊服务：为提出特殊要求的顾客提供服务，解客人燃眉之急。
- 介绍服务：当客人需要除就餐外的其他信息（交通信息、路况等）时，迎宾员要做详细介绍。
- 寄存服务：顾客携带的大件物品可交由迎宾部保管，顾客用餐完毕离店时提取；老顾客即使不来店就餐也可帮其保存物品。
- 代订服务：为顾客代订蛋糕和鲜花。

图 2-1a　　　　　　　　　　　图 2-1b

❷ 迎宾部岗位职责看板

迎宾员是饭店的门面，是饭店形象的第一窗口，其仪容仪表、礼貌素质和服务水准，都会给客人留下深刻的第一印象。迎宾工作的好坏直接影响着餐厅的气氛，并对整个餐厅的服务质量产生重要的影响。因此，在招聘迎宾部长和迎宾员时，一定要综合多方面的因素，谨慎选择。

迎宾部长岗位职责

【岗位名称】迎宾部长

【隶属部门】迎宾部

【直接上级】店经理

【直接下级】迎宾员

【可轮换岗位】收银部长、行政主管、销售主管、区域主管

【职务说明】带领并指挥迎宾员做好所有来客的接待和服务工作。

【岗位职责】

1. 负责从财务部领取代金券，并安排迎宾员盖章、发放、登记；

2. 安排迎宾员做好餐前卫生及准备工作；

3. 向客人介绍店内各项营销政策和服务设施；

4. 安排好迎宾员的迎送客、带客、值班等工作；

5. 做好顾客信息汇总与回访；

6. 记录访问要事，接受顾客咨询；

迎宾部工作描述

- 仪表与卫生：确保迎宾厅随时保持卫生状态，确保所有迎宾员化妆后上岗。
- 预订与迎宾：每个迎宾员都要掌握预订信息，协调准确领位。《订餐表》
- 候餐与服务：妥善安排候餐顾客，奉送小吃，确保每一个顾客被妥善安排。
- 送客与收尾：创新送客的方式，做好餐后收尾工作。
  ① 当日必须清洗"欢迎光临"地毯；
  ② 迎宾区域所有物品归位整理；
  ③ 整理订餐信息和当日就餐桌数、人数信息；
  ④ 填写《日清表》。
- 老顾客档案：汇总所有订餐信息，以及所有留有名片的老顾客信息。顾客生日、法定节日必须进行信息沟通，其他特殊时间如周年店庆等情况适时沟通。做好沟通记录。《老顾客信息档案》
- 值班与临时接待：每天安排一名迎宾值班，做好值班记录。《值班表》做好所有来电、来访记录，如员工亲朋、职能部门等。
- 赠卡兑换：由值班迎宾员负责清理当日兑换的所有赠卡，向财务部交账。

责任人：

图 2-2a　　　　　　　　　图 2-2b

7. 安排好 VIP 预订的工作；

8. 完成上级交办的其他工作。

【岗位技能】

1. 熟悉接待客户、政府部门流程；

2. 接人待客的礼仪；

3. 饭店六大服务技能；

4. 电脑的基本运用。

【任职条件】

1. 具有中专以上文化程度，以及两年以上迎宾工作经验；

2. 身高在 160 厘米以上，形象气质良好的女青年；

3. 有一定的语言表达能力和沟通技能；

4. 有良好的品质和高度的责任心。

迎宾员岗位职责

【岗位名称】 迎宾员

【隶属部门】 迎宾部

【直接上级】 迎宾部长

【直接下级】 无

【可轮换岗位】 服务员、收银员、领班

【职务说明】 在迎宾主管的带领下，做好所有来客的接待和服务工作。

【岗位职责】

1. 负责迎宾厅、候餐厅、门口等区域清洁工作；

2. 做好带客入位的工作；

3. 熟悉店内所有服务项目及当天营销政策，并能够准确流利地为客人介绍和解答各种疑问；

4. 做好预订信息的记录和传递工作；

5. 记录当班访问要事和需转告的信息，并及时、准确传送；

6. 做好饭店候餐顾客的服务工作；

7. 做好店内邮件及报刊的接收工作，传送及时、准确；

8. 做好每日顾客档案的汇总与回访工作，有特殊要求的给以特别备注；

9. 发放代金券并做好记录、核算（值班人员）；

10. 做好返台登记工作和酒水的收兑登记工作；

11. 完成迎宾部长临时安排的其他工作。

【岗位技能】

1. 熟悉接待客户、政府部门流程；

2. 接人待客的礼仪；

3. 饭店六大服务技能；

4. 电脑的基本运用。

【任职条件】

1. 具有初中以上文化程度；

2. 身高在160厘米以上，气质良好的女青年；

3. 有一定的语言表达能力和沟通能力；

4. 有良好的品质和高度的责任心。

③ 你的声音代表企业

有人称电话服务员是"微笑大使"，她们通过自己的声音在顾客和饭店之间架起亲切友好的桥梁。可见，通话时充分调动一切语言修辞方法是树立饭店良好形象的有效手段。

电话传递热情

迎宾员接电话时不仅强调声音好听，而且要让接听者从中听出企业的经营宗旨。我曾打电话给一家饭店订两个晚上7点的包间。迎宾员接起电话后报店名、问好都很规范，可听到我要订晚上7点的包间时，迎宾员告诉我说："我们生意很好，7点的包间没办法给你订。"我说："我们开会结束可能晚一点，所以希望能留一个返台出来的包间。"迎宾员仍然说："这个没办法，我们生意好，谁来早谁坐。"我带着商量的口气说："因为是领导点名要订的，所以我还是想订下来，哪怕再晚一点也可以。我把电话给你留下，你有包间了，我们就过去。"迎宾员说："好吧，您把电话说一下。"我说完电话号码准备挂断的时候，迎宾员又问了一句是外地号还是本地号。当我告诉她是外地号后,迎宾员好像有点生气了:"哎呀,你怎么不早说是外地的呀,我们这儿打不了外地号,你过一会再打来问吧。"我只能无奈地说"好吧"。

我挂了电话有点不甘心,领导交办的事情,总得完成好啊。我自作主张打给了另一家生意也很好的饭店,当然我也知道生意好的饭店可能都是这样,只是想碰碰运气。接电话的迎宾员和前一个一样热情,听到我们开会要晚一点来,立刻说:"没问题,我会优先给您安排。"我有点好奇地问:"怎么优先啊?"迎宾员说:"7点左右是我们候餐的高峰,一定有很多人候餐,但我会给您插队安排,您一到我马上给您安排一号候餐位。如果您7点半以后来的话,我想那时候我一定能给您安排好包间的。"听了这话我心里很舒服,暖洋洋的。不管去了能不能立刻安排我们就座,我都会选择这一家饭店的。

通过这两个订餐电话,我们可以看出,迎宾员接电话不仅仅需要甜美的声音,更重要的是心态和热烈的欢迎感。像第一个迎宾员,一个电话说了好几次"没办法",顾客就会觉得既然一直说没办法了,潜台词当然就是"你还是别来了,我安排不了你"。作为顾客,也会觉得很没有面子,还是不去了吧。

所以,迎宾员接电话不是一个简单的对话和登记,更重要的是传递企业的热情。

迎宾员接听电话细则

1. 电话铃响三声之内接听电话。
2. 报公司名称、部门名称及节日祝福语:您好,××店很高兴为您服务!
3. 确定来电人身份:顾客、员工家属、行政部门人员、VIP贵宾等。
4. 订餐电话:了解订餐人的详细信息(姓名、人数、时间、电话、就餐形式、特殊交代)。
5. 重复来电要点:相关订餐信息、重要事件内容等。
6. 感谢来电:感谢您的来电,恭候您的光临!
7. 等待对方收线后方可挂断。

注意事项:

1. 接听电话一定要热情,使用标准普通话,发音准确,吐字清晰,语调婉转,音色悦耳。
2. 耐心诚恳,维护企业信誉。

3. 结束时要使用结束语。

4. 同时有另一部电话响起的时候,一定要先将电话接起,告诉客人稍等一下,或者语音提示等会给该客人回过去,切勿等一个电话接完再接另外一部,这样会让客人感觉不受重视,或者直接流失。

5. 如因特殊原因导致电话未接到,第一时间给客人回电并道歉。

6. 通话时间尽量保持在两分钟左右,以免影响后面的来电。

7. 接电话时要微笑,要让对方感觉到你在微笑。

阅读链接:
订餐电话标准模板

嘟嘟……

"您好,这里是××酒店,很高兴为您服务!"

"给我订个房间,8个人的。"

"小姐贵姓?"

"免贵姓李。"

"李小姐能留下您的全名吗?我们这里已经有一位姓李的小姐预订了房间,以免我们带错房间。"(开始收集客户资料)

"李梅。"

"李小姐,您是家庭聚会还是商务聚餐呢?"

"家庭聚会。"

"李小姐,此次聚会有老人和小孩吗?"

"有老人和小孩。"

"好的,我帮您安排在一楼吧,这样老人和孩子行动起来比较方便。您订的房间是106,能坐10位,可以吗?"

"可以。"

"李小姐,您大概几点到呢?"

"6点左右吧。"

"好的,我给您预留到6点半,可以吗?"

"可以。"

"李小姐,需要给您预留车位吗?"

"需要。"

"能说一下您的车型和车牌号吗？"（以上几个问题均为确认对方个性需求，并力图达到感动顾客的目的）

"别克商务，京M××××。"

"好的，李小姐您经常来我们店吗？"（意在询问是否是老顾客）

"去过几次。"

"有您熟悉的服务员，或者您需要点名服务吗？"

"不需要了。"

图2-3 订餐辅助卡

"非常感谢您的预订，待会我会以短信形式将您的预订信息发送到您的手机上，请报一下您的手机号码，好吗？"（丰富客户信息，并让顾客感受到与其他饭店服务水平的差异）

"187××××6666。"

"好的，李小姐还有什么要交代的吗？"

"没有了。"

"好的，李小姐，我是迎宾员小王，很高兴为您服务，××酒店真诚欢迎您的光临，待会见！"

"待会见！"

"拜拜。"

❹ 每一通电话都需要我们去珍惜

每一个打给饭店的电话和每一个到饭店来的顾客都是饭店通过大量的广告、员工热情的服务、厨师精心的加工和后勤完善的设备保障而不懈努力的结果。我们要做好记录并认真接待，确保顾客能留下来成为我们的忠实顾客。顾客的消费行为是从产生需求开始的。当消费需求产生之后，顾客就会从自己的大脑档案中搜寻符合此次消费规格的场所，然后通过一一对比之后才能做出最后的决定。这样的选择是综合性的，当然也是多人选择的结果。选择一旦达成共识，顾客来店消费就是一种验证。整个消费的过程将会在顾客大脑中形成新的印象，同时也成了这一桌顾客在下次消费时，是否还会选择我们的重要参考信息。

用好订餐记录本

很多顾客都有从众心理，大家说哪家饭店好，就去哪家饭店。对于我们来说，只有认真对待每一桌顾客，真切地让他感受到被关注，才有可能留下来，成为我们的回头客。要达到此目的，做好订餐记录（见表2-1）就很有必要了。

在我刚开始做餐饮的那几年，订餐系统还没有被广泛使用，然而我们店的一名迎宾员可以熟记200个顾客的电话。无论是座机还是手机，看到来电显示她接起电话都能很准确地叫出顾客的名字。也正是因为这位迎宾员能够做到这一点，所以很多顾客都愿意来我们店就餐。一进门就能被这位小姑娘叫出名字，感觉很是亲切。

表2-1　订餐电话登记本

房间号/人数	姓氏	联系方式	单位	人数	到达时间	消费类型	特别要求
201–8	王先生	1860282××××	××××	7人	18：30	朋友聚会	留两个车位
101–4	✓	107–6		113–4		119–4	✓
102–4	✓	108–6		114–4	✓	120–4	
103–4		109–6	✓	115–4	✓✓	121–4	
104–4	✓✓	110–6		116–4	✓	122–4	
105–4	✓	111–6		117–4		123–4	
106–4		112–6		118–4		124–4	

订餐系统功能更强大

随着餐饮行业的发展，现在大多数的饭店都用订餐系统（见图2-4）来订餐，可惜订餐系统是"认号不认人"。订餐电话打进来，系统根据预存信息可以弹出相应顾客的资料，迎宾员接电话时就能主动叫出顾客的姓名。但顾客来到店里后，如果迎宾员不用心去做好下一步的工作，即便能叫出顾客的名字，顾客也不会感动，因为顾客知道这是科技的力量，而不是员工的用心所为。再则，知道电话是谁打的了，但一起来了好几个人，你怎么能确定哪一个是订餐的人呢？所以即使饭店使用订餐系统，还是需要员工用心为顾客服务，积极主动地去与顾客进行真心的沟通和交流，方可留住顾客的心。

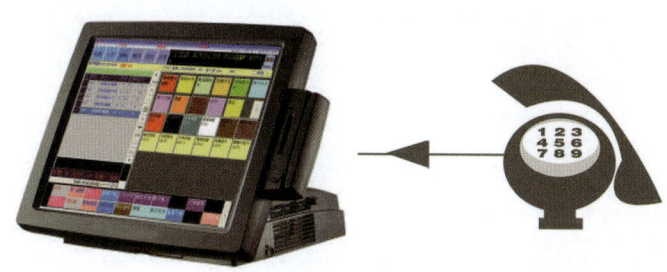

图2-4　订餐系统照片

订餐系统虽然是"认号不认人"，但是能够更好地记录和作顾客分析之用。早期餐饮店使用订餐本来实现这一功能。但在实际的工作中，经营者如果想调取几年以前的订餐信息，或者想对比三年以前的顾客流失率，或者想搞清楚近三个月的新顾客群体……单纯依靠订餐本，不仅难度很大，有时根本就无法完成。而随着现代科技的发展，订餐系统的可视化使这些问题都得到了很好的解决。

❺　服务是由团队合作完成的

前面我们提到饭店服务是一个接力赛，接力赛的胜利需要每一个参与的队员都跑出好的成绩，而且确保每一次接棒都不能出现失误，这样才能顺利完成比赛。

如果说"工作交接卡"信息的完善是保安员、迎宾员和服务员通力合作的结果，下面这两张"顾客以往就餐信息卡"（见表2-2）和"顾客就餐信息完善卡"（见表2-3）

的完成同样离不开团队的支持与配合。不过,"工作交接卡"是针对那些没有预订的顾客进行信息收集之用的,而"顾客以往就餐信息卡"和"顾客就餐信息完善卡"则是针对提前预订的顾客设计的。

表2-2 顾客以往就餐信息卡

			手机开头:1860　　姓氏字母:W	
顾客姓名	王心广		性别	男
单位	一尊实业		职务	经理
电话/手机	186 0292××××		生日	1月2日
车型			车号	陕A00000
同行人士	同事张先生、李小姐			
消费喜好	爱讲笑话,坐带窗户和洗手间的包房,就餐快结束时喜欢换新茶(铁观音)			
饮食喜好	不吃香菜,喜欢吃醋、大闸蟹、香菇锅仔、老豆腐、娃娃菜			
喜欢喝的酒	西凤15年,老白汾			
为其服务过的员工	李东、曹冠妮、班毅			
为其服务过的管理人员	曹海富、杨建			
店内有哪些人认识这位顾客				
回访记录	2010年6月6日电话回访,通话时间2分钟。客人意见:停车场不方便。(回访人:李东)			
	9月29日发短信,祝贺节日快乐。(回访人:曹冠妮)			
	12月10日电话回访,通话时间30秒,正忙,之后发短信。(回访人:班毅)			
	……			

表2-3 顾客就餐信息完善卡

台号		顾客人数		服务员	
是否预订	是 否	预订人		联系方式	
预订人单位			贵宾类别	充值购卡　金卡　协议单位	
消费类别	商务　朋友　同事　异性　朋友　家人				
携带特殊顾客	老人　小孩　孕妇　残疾　聋哑　外国人				
就餐感受	无特殊感受　基本满意　特别满意　有意见　特别不满意				
称赞菜品					
称赞其他					
意见建议					

(续)

有价值谈话		关于环境	
关于同行		关于服务	
关于菜品		……	
惊喜服务			
发生故事			
员工建议			
……			
日 期			

当顾客预订之后，迎宾员会将顾客以往消费的信息打印出来交给台位服务员，服务员根据顾客信息进行准备，尽可能投其所好地为之服务，让顾客觉得这里的服务员都很了解自己的饮食喜好，便于情感沟通。在这个过程中，服务员会根据对顾客新的了解和认识填写"顾客就餐信息完善卡"，并反馈给迎宾部，做进一步的完善和分析。

工作就是这样一步一步来完成的。顾客也是这样一桌一桌、一人一人来感动的，没有捷径可走。

第二节　顾客是为了"验证"二字而来

从上一节内容我们可以看出，在顾客进门之前工作人员就已经做了大量的接待准备工作，然而，顾客并不会过多考虑这些，他们只相信自己看到的。所以顾客进入饭店之后的每一分每一秒，看到的每一件事情，都可能成为顾客选择留下或离开饭店的重要因素，因为顾客是来验证的。

随着美誉度的不断攀升，大家对"海底捞"已经不陌生了。其实，很多顾客去那里并不单纯是为吃饭，很大程度上是去验证的。如果大家到了海底捞没有看到传说中的"飞面"小帅哥，没有看到擦

图 2-5

桌子表演的小姑娘，没有看到大家期望看到的点点滴滴，也许下次就不会再带家人和朋友去那里了。

❶ 精心准备是一种态度

"有备无患"是饭店工作的重要原则。只有充分准备，员工在工作时才能信心十足，充满干劲，赢得顾客好评。

餐前准备必不可少

参加过演讲的人大概都有同感：如果稿子背得很熟，演讲时就能加上点表情和肢体动作；如果稿子本身就不是太熟，到了台上就得使劲想词儿，甚至还会翻白眼、打结巴，表情自然很难看，演讲效果肯定就不理想。

凡事都是相通的，餐饮店的餐前准备工作亦是如此。只有准备好了，接待顾客才会有信心，况且精心准备本身就是对待顾客的一种态度。餐饮店的准备工作包括多个方面，对迎宾员业务技能的系统培训（见表2-4）就是必不可少的一个环节。培训得好，迎宾员接待顾客时就会从容不迫，自信有加。

表2-4 迎宾部餐前、餐中、餐后必做项目检查表

序号	餐前必做检查项目	备注
1	餐前卫生打扫	
2	物品准备	
3	接待来访客户，传达来电	
4	收酒瓶盖	
5	参加部门例会	
6	人员状态调整，分工安排	
7	去财务部领取代金券	
8	营销促销通告	
9	预订信息传达	
10	回访两周前消费过的顾客，以此类推	

(续)

序号	餐中必做检查项目	备注
1	迎客、送客	
2	做好候餐准备与服务	
3	做好餐台巡查	
4	帮助服务部做一些接待、返台事项	
5	做好代金券发放工作	

序号	餐后必做检查项目	备注
1	上客量、返台量统计	
2	客户档案整理及意见收集	
3	餐末卫生检查	
4	代金券的统计，财务部对账	
……		

迎宾部工作细则

1. 值班人员到岗

    ① 迎宾值班人员 8：30 到岗；

    ② 负责接听来访电话，接待来访顾客，做好记录；

    ③ 做好迎宾部基础卫生工作。

2. 餐前必做

    ① 补充代金券；

    ② 统计酒水奖；

    ③ 接收杂志、报刊；

    ④ 迎宾厅设施设备检查；

    ⑤ 迎宾厅物品的可视化检查。

3. 接听来访电话

    ① 订餐电话：记录详细的订餐信息（订餐人姓名、联系方式、就餐人数、

就餐形式、来店时间、记录人、特殊要求等）；

②员工家属来电：做好登记，通知本人下班后回电；

③行政部门来电：第一时间通知店内领导；

④应聘电话：通知应聘者带上身份证等相关证件来店面试；

⑤业务电话：做好记录，留下联系方式或资料，上交店经理。

表2-5　非订餐电话登记本

来电号码	找谁	什么事情	处理状态	电话接听人	来电时间
021-85425781	总经理	推销软件	经理谢绝	刘晓红	10：15
010-67254899	总经理	餐饮协会会议	经理收邮件	王志刚	10：19
13929933677	员工吴勇	家里有事	传达回电	霍加强	12：45
13598752431	人力资源	应聘店长	通知明天见王总	刘晓红	16：20
……					

4. 餐前卫生

①地面：无杂物，无污渍，无水渍；

②墙面：无污渍，墙壁完好；

③桌面：物品摆放整齐，无杂物，无灰尘；

④花草：底座无渣滓，花盆洁净，无黄叶，无烟头，无灰尘；

⑤接待设施：功能完好，无破损，无污渍，无灰尘，按可视化要求归位；

⑥电梯：正常运转，电梯壁光亮无指纹、无污渍，地毯无杂物、无污渍。

5. 餐前物品准备

①不同面额的代金券；

②候餐物品（等候券、候餐凳、候餐水果）；

③客用雨伞、伞套。

6. 接待来访

①员工家属：登记、通知员工；

②政府机关：通知店内领导，期间做好接待工作（泡茶等）；

③销售人员：留下相关资料和联系方式，上交店经理；

④应聘人员：确定其应聘岗位并让其填写应聘表，通知店长前来面试。

7. 营销方案

①确保每一名迎宾员都能流利讲解；

②向来电预订的顾客进行首次推荐；

③向前来订餐和消费的顾客进行首次推荐。

8. 顾客档案统计

①将收集到的客人信息根据其消费水平、日期、姓氏的首字母、打折类型收录在顾客档案中；

②每一位迎宾员及管理人员都应该熟记顾客信息，以便更好地服务。

9. 回访顾客

①对两周前消费的顾客进行回访；

②回访内容为对本店服务、环境、菜品等的意见和建议，新菜品的推荐等；

③回访信息整理、归类、统计，上报给店经理；

④定期撰写顾客信息报告，以便店经理据此调整经营策略。

10. 电脑订餐系统

①整理订餐人员资料，并录入电脑，确保该顾客再次消费时能第一时间调出其个人信息和来店消费的次数、金额、折扣等级等信息；

②所有协议单位、个人和持卡顾客的信息登记及折扣等级整理。

11. 参加培训

①参与店内或公司既定的培训，提高自己的技能和素质；

②参加部门自行组织的案例分析讨论会，互相交流，共同提高。

12. 订餐信息传递

①将各服务区的订餐信息传递给该区的管理人员或包间服务员，以便做好相关准备工作；

②订餐信息有变化时，迎宾员要互相传达，做好信息更新工作；

③店经理及公司管理人员订餐或帮助顾客订餐时，需要通过迎宾部按照正常流程进行，不允许直接通知服务员订餐。

13. 部门例会

①仪容仪表检查；

②特殊事件通知；

③昨日工作总结和积极案例分析；

④今日工作安排。

14. 站位迎宾

①店经理协同所有管理人员一起迎客，以便更好地交流顾客信息；

②有自己认识的顾客一定要介绍给店经理或服务经理；

③店经理、服务经理在接到迎宾员或领班介绍的顾客时，要亲自带领到指定位置，并参与服务。

② 向前多走一步

没有哪一家饭店会说不重视顾客，也没有哪一个经理说自己不关注顾客，可是行动在哪里？看看图 2-6a 和图 2-6b 这两张对比鲜明的图片自然就会明白。图 2-6a 的迎宾员站在迎宾台后面，顾客进门之后，迎宾员毫无表情地说一声"欢迎光临"，意思在于把顾客叫到迎宾台前面来，然后再问"预订了没有"。显然在这里顾客有点巴结饭店的意思，虽然很多顾客也许并不这样想。而图 2-6b 表现的则是迎宾员主动走到外面迎接顾客，并帮助顾客提东西。即使不说"欢迎光临"，顾客都能感受得到饭店的热情。两者的区别就在于向前多走这一步。而不同饭店的服务差异就在于这一个个的细节，如果每个细节都能"向前多走一步"，最后也就有了服务的天壤之别。

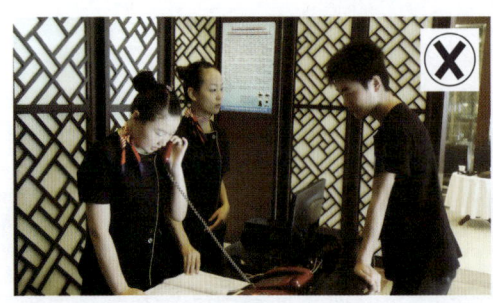

图 2-6a

图 2-6b

③ 看到你真诚的微笑

真诚的、发自内心的微笑，对方是可以感受出来的。相信每一家饭店在开业之前，以及新员工入店之后，都会安排员工仪容仪表的培训课程。然而，在实际工作中，几乎每一家饭店的员工仪容仪表都有问题。究其原因，一方面是管理者要求松懈，另一方面是员工没有养成微笑的习惯。既没有职业化的素养，又没有微笑的动力，完美的仪容仪表从何谈起？

微笑的意愿

让人笑是一项非常困难的工作，这需要来自内心世界的微笑的意愿。也就是说员工愿意不愿意笑才是能不能笑的关键。这也是很多餐饮业老板想不明白的地方。相信图 2-7b 能给你一些启示。老板的意愿是想让顾客开心，顾客的意愿是看到员工开心，员工的意愿是看到经理开心，经理的意愿是看到老板开心。大家的关注点都没有错。然而，要想实现这一目标，必须朝相反的方向做功。老板设法让经理开心，经理才能感染员工开心，员工开心才会给顾客提供开心的服务，顾客开心老板才能开心。

图 2-7a

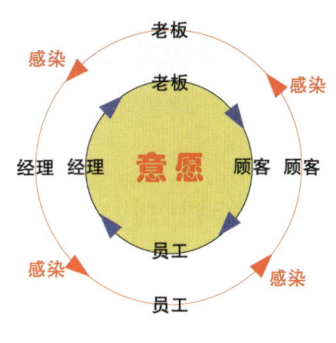

图 2-7b

所以经营饭店就是这样，我们希望看到顾客开开心心用餐，希望给顾客营造温馨的就餐氛围，那从老板开始就必须学会感染下级。每个人都要学会从自己开始，而不是先去要求别人。

可视化仪容仪表看板

设置可视化仪容仪表看板（见图2-8），目的是要给员工一个对比，要装饰在员工通道处，时刻给员工以提醒。慢慢地大家就会养成微笑的习惯，因为微笑是具有感染力的。

图2-8a　　　　　　　　　图2-8b

迎宾员迎客细则

1. 迎客准备：仪容仪表规范，精神面貌调整到最佳状态。
2. 面带微笑，距客1.5~2米时要主动上前问好："您好，欢迎光临××饭店！""××饭店欢迎您光临！""××饭店欢迎您再来！"
3. 询问宾客一行几人，是否有预订，对座位有无特殊要求，等等。
4. 引领入座，途中可以适当地对店内促销活动等加以介绍。
5. 将客人交接给区域服务员，交代相关就餐信息。
6. 归位迎宾部，迎接下一拨客人。

迎宾员在迎客时要注意以下事项:

1. 给客人指位时,右手五指合拢,不得单指指向座位。

2. 在主通道领客,尽量减少让客人在拐角处来回走动。

3. 带客时保持在顾客右前方1米左右的距离。

4. 领客期间为增加气氛,可以拉家常的形式与顾客进行简短的交流,如:"您来过我们店吗?""有熟悉的服务员吗?""觉得我们的菜品和服务怎么样?""我们新推出了一道××菜。"

小红旗业绩看板

有人说天才是赞美出来的。那么,员工也同样需要表扬。

我在企业工作12年了,没有得过一次奖,每年的年会都是我给别人颁奖。也许是职务的原因吧,我从来没有想过自己要拿奖。但是今年我被授予了年度优秀经理奖,这反倒提醒了我,我也是一名打工者。既然是打工,就会被老板评价,虽然做了12年助理的我早已经不把自己和普通员工拿奖放在同一个平台上来看待了,然而拿了奖以后,我还是非常高兴。所以我觉得,员工是需要经常表扬的(见图2-9),这能让他们工作更卖力。

图2-9a

图2-9b

除了表扬和奖励,在迎宾处设立员工微笑展板,对员工也是一种很好的激励,因为顾客看到后自然也会觉得员工可爱。

4 小小标牌大方便

要确保顾客进门后看到的都是美好的事物，那除了员工温馨的微笑和精心的准备之外，饭店硬件和小提示也是必不可少的一部分。如推拉牌（见图2-10）、温馨提示（见图2-11）、洗手间、电梯、房间分布图等（见图2-12、图2-13），关键时刻都能为饭店加分。因为这也是饭店为顾客精心设立的，能从细节处体现出饭店良好的企业文化。

图2-10　推拉牌

图2-11　温馨提示

图2-12　区域引导指示牌

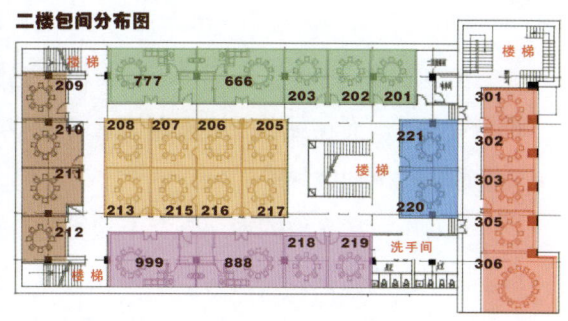

图 2-13　楼层分布图

第三节　给顾客一些小小的惊喜

让我们先看这样一则报道：

2003年6月23日，一架中国南方航空公司最新启用的波音777飞机，免费赴北京迎接第一军医大学首批凯旋的"抗非典"勇士。在从北京返回广州的途中，飞机上的电视开始播放医护人员49天前在广州出征时的影像资料，他们仿佛又回到那些难忘的场景。

突然，乘务员宣布要给这些英雄们送上一份特殊的礼物，整个机舱顿时静了下来。就在这个时候，在经济舱等待已久的亲属和孩子们出现在这些阔别已久的英雄面前，亲人高空惊喜相见，热烈拥抱。孩子们展开亲手制作的吉祥卡，童声朗诵诗歌《我爱你，妈妈》，乘务员即兴献上优美动情的舞蹈，令在场的人们激动不已。

这就是给顾客惊喜的真实写照。在当今激烈的市场竞争环境中，许多公司已经意识到仅仅使顾客满意是不够的，还必须给顾客惊喜。青岛海景花园就是以"给顾客惊喜"成为中国酒店行业的领头企业的。他们有一句非常值得借鉴的经典理念：没有给顾客留下可以传诵的故事，就等于没有服务。我想，这个可以传诵的"故事"，应该就是酒店给顾客的惊喜吧。

① 叫出顾客的名字

在前面我们提到工作是由团队合作来完成的。在迎宾阶段不但需要迎宾员叫出顾客的名字,而且可以通过顾客信息传递卡,让服务员也叫出顾客的名字来。我们来看这样一个迎客片段:

李女士订了8位的餐。李女士和爸爸、妈妈、妹妹、妹夫、女儿6人一起先来到了饭店。负责接待的迎宾员小刘在引客入座的过程中,发现李女士一行只来了6位,就问:"李姐,今天咱订的不是8位吗,是不是还有两位没来呢?"虽然说不上有多大惊喜,但李女士也觉得这位迎宾员很用心。李女士告诉小刘,自己的丈夫和儿子正在来的路上,丈夫姓张,儿子今年10岁。小刘回到迎宾部后,将这个信息传达给了其他的迎宾员。不一会儿,李女士的丈夫张先生和儿子就来了。他们刚进门,迎宾员小王就判断出可能是张先生,忙上前询问:"是张先生吧?和李女士一起的吧?"张先生当然也会觉得这里的迎宾员很用心。

这只是一个小小的迎客片段而已。在每天大量的接待工作中,这样的细节随处可见,就看工作人员用心不用心了。如果想体现出优质服务,除了工作人员要用心之外,前面提到的"顾客以往就餐信息卡"和"顾客就餐信息完善卡"也能起到很大的作用。

② 一块眼镜布暖人心

冬天的时候,由于室内外温差比较大,戴眼镜的顾客进门后做的第一件事情就是拿下眼镜来解决雾气的问题。有的用纸巾擦擦,有的则是先拿下来,等眼镜片上的雾气退去后再戴上。如果服务人员用心的话,这时候给顾客一块眼镜布,顾客一定会觉得很及时,也会有一点小小的惊喜。

这样的"惊喜服务"有很多,有可能发生在饭店的任何时间,任何地点。我们把这种"瞬间服务"也称为"关键时刻"。如果饭店工作人员能够多把握一些这样的关键时刻,顾客的惊喜就越多,留下的回头客自然也会随之上升。

❸ 让人垂涎的菜品介绍

除了热情、主动、积极的迎宾工作人员，饭店的特色菜品也是不可缺少的一项展示。

领位时是最好的销售时机

我们看到很多饭店一进门就排满了特色菜品的展牌（见图2-14），可是由于迎宾员并不做任何介绍，所以顾客只有在等人的时候偶尔才会看看，否则，就一路跟着迎宾员到预订或者指定的台位。迎宾员把顾客带到位置后，也像是完成任务一样转头就走。结果给顾客的感受就是，这些东西与迎宾员无关。

图 2-14a

图 2-14b

我们知道，服务即沟通，离开了沟通，也就没有了服务。其实，做得好的迎宾员，在迎客和引客入座的过程中可以做很多沟通工作。像那些只顾带路的迎宾员，所做的工作只是一趟一趟地从门口走到包间，再走到台位。这样的迎宾员有几个顾客能记住她，又怎么能把满意的感受记在她们头上？

那么,作为迎宾员,如何用短暂的沟通给顾客留下美好的印象呢?结合迎宾处特色菜品的展架给顾客推荐菜品,就是一个不错的沟通话题:

张先生,您好,我们新推出的"牛尾火锅"您有尝过吗?顾客反映很不错。正好这段时间做特价,很划算的。

张先生,您好,您经常来吗?我们最新推出的"烤羊腿"您有尝过吗?

……

顾客就餐结束后,迎宾员还可以主动前去了解顾客有没有尝到所推荐的菜品,然后征求顾客的意见,以此来加深与顾客的沟通。

菜品促销桌卡的用处

促销是企业必不可少的一项工作。哪怕是世界一流知名品牌,在推出新产品,或者清仓即将过时产品时也同样会使用各种手段进行促销。就饭店而言,有销售积分卡和预存卡的促销信息,也有增加人气的节日促销信息,当然更多的是推出特色菜品或者增值打包销售等信息(见图2-15)。在这里有两点要提醒管理者:一是迎

图2-15a

图2-15b

宾员必须对促销信息了如指掌，能够流利地给顾客介绍；二是饭店尽可能不要在促销上给顾客"下套儿"，这是可视化理念的天敌，在伤害到顾客的同时，最终得不偿失的还是饭店自己。

④ 用礼品留住顾客的目光

毋庸置疑，优惠即诱惑，能够促使顾客多消费，也许这就是薄利多销的经营理念吧。赠送礼品同样是一种诱惑（见图 2-16）。我曾看到过一则新闻，是关于责令麦当劳停止使用儿童喜爱的礼品来诱惑儿童购买汉堡包。暂且不论汉堡包是否属于垃圾食品和营养不均衡食品，单就礼品促销的形式而言，麦当劳将儿童礼品通过"视觉吸引"的形式促销是非常成功的。对于饭店而言，礼品促销有时会比单纯的打折或者送代金券好用得多。

图 2-16a

图 2-16b

第四节　餐饮服务没有下班的时候

① 顾客候餐是对我们最大的鼓励

生意越不好的店，员工越疲沓；生意越好的店，员工越机灵。这是很多饭店经营者的切身感受。是的，候餐对饭店和员工都是最大的鼓励。

候餐本来是应该让员工高兴的事情，但是我们却看到有很多员工把顾客候餐当成了给自己增加负担的烦心事。别说开发候餐项目，恨不得让顾客早点走才好。无形之中，顾客就慢慢流失了。这就是没有对员工进行有效引导，没有充分重视迎宾服务的结果。

做好候餐服务

作为饭店，只要营业，就要有营业的样子，任何时间段都不应该有区别。可是我们往往把正餐来的顾客服务得很到位，而稍微晚一点儿，或者候餐的顾客，就无法得到与之前顾客同样的服务。这正是顾客流失的致命原因，因为顾客得不到应有的关注和重视。

再让我们看看肯德基。只要不下班，什么时间店堂内都灯火通明，顾客一看到透亮的橱窗，心情自然也就好了许多。这就是一种经营理念。

其实，候餐期间给顾客进行茶艺表演（见图2-17a），让顾客在美妙的音乐中品茶，时间不知不觉也就过去了。另外还可以上上网（见图2-17b），下下棋等，这正是顾客最看重的感受之一。只要能感受到被人关注和尊重，吃什么已经变得不那么重要了，即使候餐时间长点儿，也会变成一种消费的体验。

图2-17a　候餐茶吧

图2-17b　候餐网吧

候餐服务工作细则

1. 各店根据实际情况安排候餐准备工作。（店内台位剩余N张时）
2. 候餐排号，根据顾客消费人数安排候餐号码（见图2-18）。

3. 客人候餐明确告知对方需要等餐的大致时间，迅速为其取号候餐。

4. 候餐提供：

① 候餐小吃：西瓜籽、葵花籽、西瓜、黄豆等；

② 休闲娱乐品：扑克、象棋、五子棋、杂志等；

③ 候餐椅的摆放：合理摆放候餐椅、候餐桌，方便客人候餐时消遣时间；

④ 娱乐视频播放。

5. 迎宾员叫号领位并巡台，及时沟通空台位。

6. 关注特殊顾客，给予优先安排。

7. 候餐结束后打扫卫生，收撤候餐用品。

8. 统计当日候餐返台情况，总结客人流失原因。

图 2-18

注意事项：

1. 候餐物品准备要充足，避免断档。

2. 候餐过程中，及时耐心安抚顾客焦急的心情，做好解释、协调工作。

3. 喊号清楚，声音洪亮。

4. 巡台及时，第一时间进行返台。

5. 特殊顾客特殊安排，提前和区域协调。

6. 时刻准备为顾客服务。

❷ 送客比迎客更重要

编筐编篓，重在收口。顾客在经过一两个小时的就餐过程后，也许迎客和服务过程中很多印象不深的事情已经忘了，甚至连吃的是什么也已经想不起来了。这时候如果在送客阶段再制造一些"故事"，就会给顾客留下比较深的印象。所以我们说，有时候送客比迎客更重要。

送客不是站在门口简单地说声"欢迎下次光临"或者"欢迎您再来"就能感动顾客的。我曾在《餐饮旺店的秘密——服务细节篇》中讲到玉皇宫酒店送客的案例：经理、主管、领班、服务员和保安一字排开，双手摇动，弯腰目视着车里的每一位顾客，直至看不见顾客为止。最后一刻也不要忘了给顾客创造印象，不要以为这么做有矫情的嫌疑,因为每个人都不会讨厌"被尊重"的感觉。所以,作为经理和主管,可以不迎客,但绝对要送客。

赠券兑换有门道

从管理角度看,饭店发放给顾客的代金券(见图2-19),在顾客就餐时视同现金一样对待。虽然有机构明令禁止商家使用返券等形式给顾客设计陷阱,但仍有很多商家把返券当做是最有效的促销手段,因为这确实可以吸引不少顾客再次前来消费。代金券发放和使用的数量越大,说明饭店留住的老顾客越多,然而随着代金券使用量的增多,问题也自然不断发生。我认识的不少饭店就经常发生代金券套现和贪污行为,甚至有的数量超过数十万元。

吃一堑长一智,很多返券的饭店也就会想出更多的办法来杜绝这种行为的发生。饭店控制代金券套现和贪污最常见的方法有两种:一种方法是经理或者财务等专门人员为每一桌使用代金券的顾客结账,服务人员不接触代金券,当然发券也是由专门人员亲自发放到顾客手里;另一种方法就是把迎宾部作为兑换代金券的部门。顾客就餐完毕后,吧台会出具一张兑换券,顾客出门时再在迎宾部兑换成代金券。

图2-19a

图2-19b

需要注意的是,第二种方法如果操作不当,结果可能会适得其反。有些饭店因为代金券发放不到位,反而让顾客下不来台,甚至有顾客当着员工的面,把送给他的代金券扔了或撕了,很是尴尬。

另外,开具发票也一样。顾客结账后,吧台出具一张兑换券,顾客出门时再兑换成发票。毫无疑问,经过财务部、吧台、迎宾部、服务员四个环节的对账核查,有效地杜绝了一部分代金券套现贪污行为的发生,虽然这给迎宾部门增加了一项工作职能。原来仅靠吧台一个部门收钱、开发票、赠餐券、收餐券,透明度自然很低,只要吧台两个人捣鬼,就可以造成贪污行为的发生。现在多经过一个部门,事情就能多透明一个层次,直至毫无猫腻可言,可视化管理的作用就是这样。

打包盒上做广告

在饭店就餐时,顾客难免会觉得剩下的东西浪费掉很可惜,但是打包又觉得很没有面子。那么,出于为顾客着想,如果想让顾客觉得打包也不丢面子,一个行之有效的方法就是把饭店的打包盒设计得美观好看,提在手里像是礼品盒一样。由此可见,可视化管理不但要从内部管理着手,还需要从顾客的角度考虑。况且打包盒、雨伞、手提袋(见图2-20)等一方面给顾客提供了方便,另一方面又可以起到企业宣传的作用,是一个很好的品牌宣传媒介。

图 2-20

你没想到的订餐卡

送客时,除了给顾客送一些像口香糖、钥匙扣之类的小礼物外,最重要的是不能忘了送给顾客一张订餐卡,以便顾客日后电话订餐。现在几乎所有的饭店都会印制自己的订餐卡,意在让饭店的订餐电话可视化。但是随着网络订餐服务的不断普及,除了一些单位的行政人员会主动收藏适合消费场所的订餐卡外,几乎90%以上的客人不会有意或者专门收藏哪家饭店的订餐卡。为了让顾客记住订餐电话,使用特殊又好记的号码当然是首选了,如66666666、88888888。可是像这样的号码可能需要较大的购买费用,不是所有企业都能承担起的。为此很多连锁饭店采用呼叫中心的方式,N个店铺,统一一个号码,顾客打进来再进行区域店铺的转接和分配,或者直接订餐。还有一些单店采用订餐有奖的形式,尽可能地让顾客收藏订餐卡,使用订餐卡。

为了吸引更多的食客收藏订餐卡,我有以下四点建议:(1)将店铺经理的名片和订餐卡合二为一；（2）将订餐卡和顾客的日常生活需求结合起来，比如把当年的日历印刷在背后，或者把12生肖（见图2-21）、12星座的运程等印在上面，以引起食客的收藏兴趣；（3）制作趣味性订餐卡，如鼓励顾客收集水浒108将肖像，收集四大美人和儿童偶像卡通人物等，当然也可以把谜语、幽默笑话印在上面；（4）订餐卡的设计要具有艺术性，要个性化。总而言之，订餐卡一定要有冲击力，才会更有吸引力。

图 2-21

迎宾员送客细则

1. 看见准备离开的顾客，主动上前送客。
2. 询问是否有代金券发放，如有则领客至迎宾台，帮客人兑换代金券。
3. 送客期间询问顾客对菜品、服务、环境等的评价。
4. 言语送别："如有服务不周，还请您见谅，欢迎您下次光临"、"欢迎您再来"等。

注意事项：

1. 如有特殊顾客（老、弱、病、残）主动上前搀扶，送客至门外，但要注意保护顾客的自尊心。
2. 高接远送，高规格接待，依依不舍地送别，让顾客有亲切感。
3. 注意送客和迎客的位置区别：送客时，客人走在前，迎宾员走在后。
4. 重要客人要由店经理、管理人员、迎宾员列队送客，排列整齐，帮客人开车门，双手送客。

迎宾部餐后服务细则

1. 盘点
① 办公用品：电话、订餐信息本、计算机、订书机等。
② 伞具：根据伞具借用登记表查看伞具数量以及剩余伞具的完好度。

③ 候餐用品：椅子、水果盘、水果盆等。

2. 收市工作

① 参照迎宾部餐前卫生标准打扫。

② 物品按照要求进行归位。

③ 送客完毕后，关闭客用照明，开启工作灯。

④ 统计当日上客数和返台率。

⑤ 编写交接记录。

⑥ 完成当日工作日志。

3. 特殊事件

① 节假日如果出现代金券发送完毕的情况，可以适当调整代金券的兑换日期。

② 顾客寄存物品遗留，上交吧台（见表2-6）。

表2-6　失物招领登记本

来访宾客	就餐台位	就餐时间	失物描述	台位服务员	宾客电话	处理状态	接待管理员
李小姐	302	2011年3月5日午	手机/诺基亚E72白色	张莉	1356688××××	登记/例会询问全体员工	杨主管
刘先生	109	2011年3月8日晚	一串钥匙/6把	赵文刚	1386539××××	登记/例会询问全体员工	杨主管
……							
失物描述	台位	时间	台位服务员	认领宾客	宾客电话	宾客证件	接待管理员
三星手机一部	216	2010年12月1日晚	田志琪	佳丽丽	1383388××××	工作证（单位）	杨主管
手包一个/1800元/钥匙	666	2011年2月8日午	刘晓红				
……							

4. 代金券核算

① 盘点剩余代金券数量，统计红票金额。

② 当晚将核算结果以短信方式发送给财务出纳（为第二天领取代金券做准备）。

5. 顾客意见及建议汇总

送客过程中收集顾客对菜品、服务、环境、操作等方面的意见和建议，重要情况当日汇总，一般情况周总结汇报。

6. 辞行

所有人员下班时需要向管理人员辞行。

③ 值班就是上班

由于餐饮服务的特殊性所致，在收市以后，很多饭店都实行值班轮换制度。对于这一点，管理人员要不断提高值班人员的值班意识，使其认识到值班的重要性。

提高员工的值班意识

值班就是上班。但往往很多员工不把值班当上班对待，总觉得值班就是为少数人服务的，没有必要那么认真。有很多店在值班时间，值班经理不在场，值班人员趴在桌子上睡觉，顾客进门也不知道，还需要顾客大声喊出来"服务员、服务员……"而服务员却迷迷糊糊地问"什么事情啊"。之所以会这样，一方面是因为管理者没有做足值班方面的引导和培训，另一方面则是因为管理者和经营者本身就认为值班不重要。

麦当劳为了争取更多的客源，大多店铺都改为24小时营业了，而我们仍有很多店以"封火了"、"厨师下班了"等各种原因把信赖我们的顾客推到竞争对手那里去了。我个人倒不是提倡所有店铺都要施行24小时营业，但值班管理是一定要重视的。

图 2-22a

图 2-22b

责任明确是值班管理中非常重要的一个原则,可视化值班卡(见图2-22)正是这样一个明确值班经理和区域值班人员责任的好做法。尤其是前台迎宾处值班人员的事项往往比较多,如接待应聘者、推销员、补开发票者、寻找失物者,接听订餐电话,等等。所以前台值班人员必须时刻保持营业时的状态,给每一位进店顾客以良好的形象。

迎宾员接待来访来客细则

1. 确认身份(顾客、行政人员、员工家属、销售人员)、来访目的、是否有预约,做好登记(见表2-7)。

2. 通知受访人或留下资料,上报店经理。

3. 做好让座、递茶的基本礼貌工作。

4. 送上报刊或企业杂志等。

5. 把来访人当成顾客一样,向其推荐店内特色产品。

注意事项:

1. 所有来访一定要登记造册,以备日后查询。

2. 无论来访人是谁,接待一定要热情。

3. 接待来访客人需按照流程进行(见图2-23),且灵活应对。

表2-7 非就餐来客登记本

来访宾客	找谁/联系方式	什么事情	处理状态	接待人	时间
张先生/2人	总经理	推销酒水	经理接待会谈	刘晓红	10:15
区残联/3人/刘先生	1383978×××	残疾员工调查	经理接待	王志刚	10:19
岳霍东/应聘/1人	1354567×××	应聘主管	填写简历/等回电	董加强	12:45
中午就餐客人	负责人	谈加盟事宜	告知总部电话	刘晓红	16:20
……					

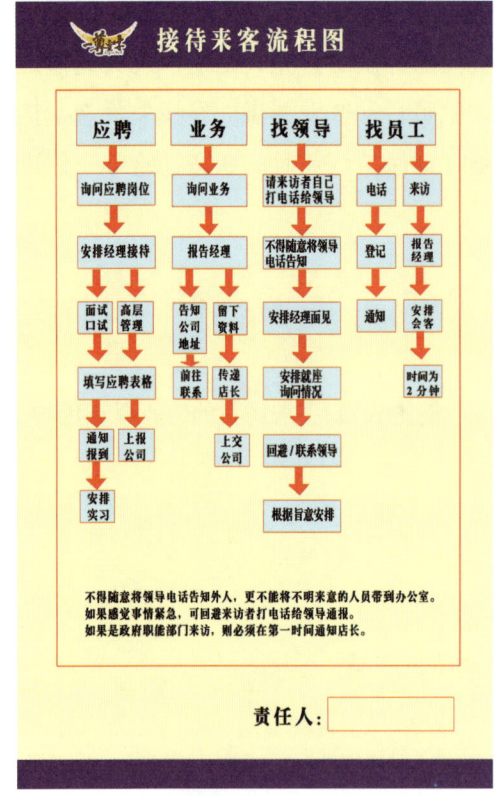

图 2-23a

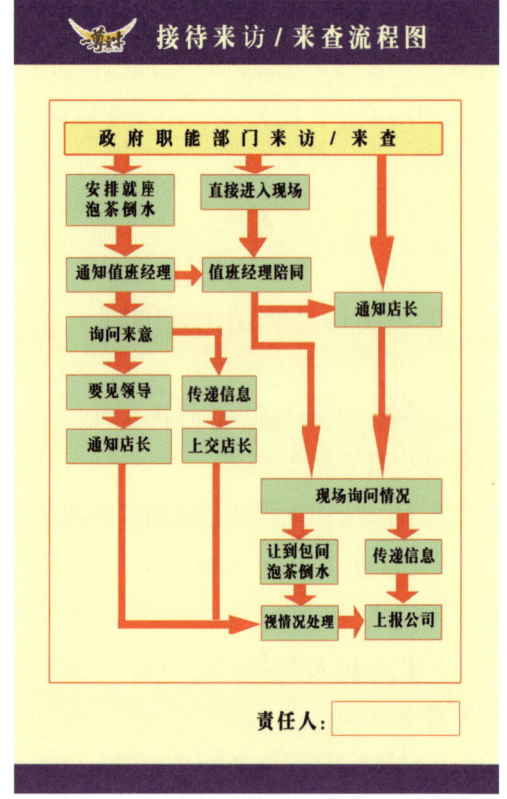

图 2-23b

❹ 完美在不断的完善之中

某城市加油站发生了爆炸,市长在接受媒体采访时说,看一个城市的发展和秩序是否良好,不能仅仅从发不发生事故上判断,还要看事故发生以后的处理能力和应变能力是否能够跟得上。企业的发展也是如此。幻想没有问题是不可能的,关键是对待问题的态度和改善的行动。

具体到迎宾前台,需要改善的问题主要包括员工的精神状态、语言沟通、值班接待、候餐返台管理和顾客意见的收集。如果能在以上这几方面不断改善和升级的话,就应该算是一名合格的迎宾员了。当然,很多饭店的迎宾部还有许多其他的功能,比如帮助顾客兑换餐券和礼品,开具发票,电脑系统订餐,顾客回访,老顾客姓氏及就餐喜好记忆,营销解说,菜品解说,等等,这都是一名前台工作者的必修课。

设立迎宾部问题改善看板（见图2-24）和迎宾工作改善周总结表（见表2-8）的目的就是督促迎宾员定期检查自己是否在进步，是否还存在问题，这样才能不断完善自己，提高前台的服务质量，巩固客我关系。

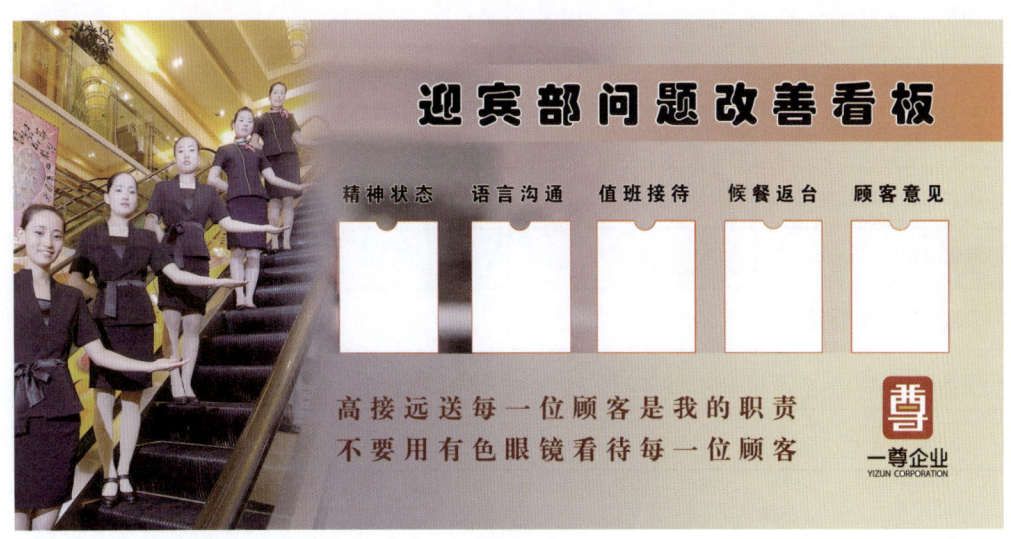

图2-24

为了确保迎宾部的服务质量，管理者可在以下项目上有针对性地加以指导和培训。

（1）店经理要经常对迎宾员进行素质培训（微笑、语言、形象、气质、接听电话、路况介绍、近期新闻、生活常识等）。

（2）丰富员工的业余生活，提倡每个员工都要有一门爱好（歌曲、舞蹈、小品、快板、武术、瑜伽等）。

（3）迎宾部每三天组织一次交流会，分享为顾客提供的特色服务，并奖励表现突出的员工。

（4）对迎宾员的记忆能力进行训练，尽可能记住更多的顾客。

（5）坚持做好顾客用餐喜好的记录与交流工作。

表 2-8　迎宾工作改善周总结表

工作职能	本周主要问题	改善点	项目督导人
精神状态与仪表举止			
订餐与迎客语言			
候餐、返台			
值班与临时接待			
顾客信息采集与整理			
顾客回访			
贵宾卡、储值卡销售			
顾客意见收集			
……			

可视化推广指导第二步：

分清 5S、OEC 和可视化管理

我第一次接触 5S（即常组织、常整顿、常清扫、常规范、常自律的"五常"管理）是在香港的稻香酒楼，稻香酒楼的副总裁张才强介绍酒楼的成功经验时，提到厨房要推行"五常"。其中，张总讲到稻香集团因推行"五常"，一个季度节约了上百万元电费时，我不由得下了一个大大的决心，一定要搞懂什么是"五常"，为更多的企业节约电费。当然，一个季度节约上百万的电费是真是假，我们粗略算一下便知：稻香酒楼仅在香港和广州就有几十家店铺，如果每家店铺一个月节约一万元，整个集团一个月就能节约几十万，那么一个季度节约上百万是完全能实现的。

那么，"五常"到底是怎么帮助企业节约电费的呢？在我香港之行后的 6 个月里，这个问题一直是我努力学习的方向。我开始关注和收集关于 5S 的所有资料，走访了许多曾推行过 5S 的非餐饮行业，如医院和工厂，不断收集能表现 5S 管理系统的蛛丝马迹。

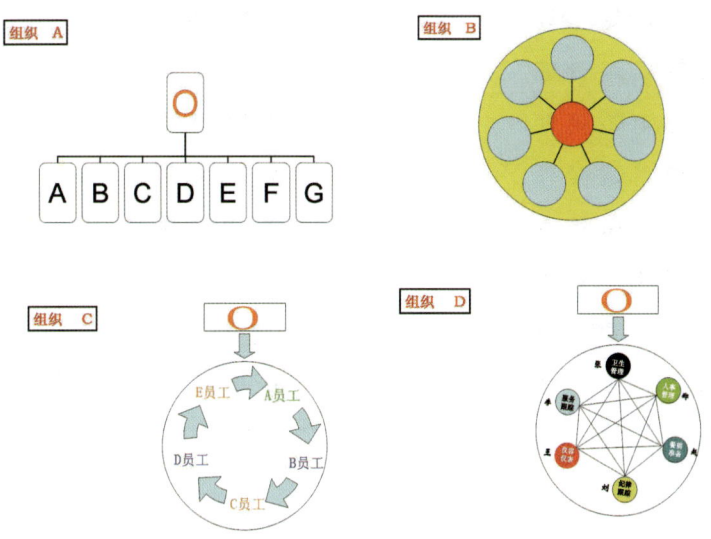

图 2-25　结构变化带来的工作模式变化

在了解 5S 之前，我就对海尔集团推行的"OEC 管理"有所研究：O 代表全方位，E 代表每人、每天、每件事，C 代表控制和清理。我曾将这个 OEC 管理法则引进到我所在的企业，经过反复推敲和变通后，我在企业推出了"横向监督"管理系统。简单地说，就是让管理尽可能实现"事事有人管，人人都管事"的全员参与管理的状态。

原来都是上级为下级布置工作，然后上级检查下级工作完成情况，这样就会出现上下级矛盾重重的现象。而推出横向监督系统以后，管理的结构改变了。上级和每一个下级都能够找到同一个工作目标，管理的死角逐渐减少，原来的冲突化解了，工作效率提高了。员工找到了除自己岗位本职工作以外的另一个工作，而且担任的是项目管理员。员工之间相互管理、相互支持，原本由管理人员一人独自完成的几十项管理工作，现在全部由员工自己来完成，工作现场一派生机，每个人都调动起了工作的热情，真正实现了"事事有人管，人人都管事"的良好效果，至今企业仍在使用。

在此基础上，我将 5S 和 OEC 的诸多特点结合起来做了比较。5S，讲究现场的工作状态，通过"常组织、常整顿、常清扫、常规范、常自律"来让员工养成良好的习惯，让管理工作有序化。因此，5S 更讲究工作现场的效果。

图 2-26

然而，我在近几年的走访和实践中发现，推行 5S 的企业在最初的一段时间内执行得都很不错，但一年以后，这些企业的 5S 管理逐渐流于形式，剩下的只有那些基础的线条和标牌。员工的工作行为又回到了过去，尽管整体的管理感觉是提升了，但想再次回到推行之初的工作状态，是很难的。到底是什么原因导致 5S 管理在一段时间后会回归到最初的状态呢？看看 OEC 的运作路径，我们应该可以找到一些原因。

OEC 的管理思想可以用五句话说明，即总账不漏项、事事有人管、人人都管事、管事凭效果、管人凭考核。也就是说，OEC 管理就是要求所有工作"日事日毕，日清日高"，是保证每个员工责任权利都明确、两书一表（岗位说明书、作业指导书、日清表）都规范的基础管理。因此，OEC 管理是使海尔利润倍增，使全员全过程有效执行的管理工具，是真正使工作目标、过程、激励、考核有效结合的管理体系。

可视化就是在我将 5S 和 OEC 进行反复对比和三年实践中诞生的。可视化既有效地解决了工作现场安全、整洁、节约等问题，又设计出了一套员工相互监督、共同进步的有效执行体系。这不仅解决了员工"会不会做"的问题，又解决了员工"去不去做"的问题。因为可视化一改过去的"你应该做什么"、"你要去做什么"的被动式管理，从管理者的"开放式心态"开始，以"我"为中心，解决"我做什么"和"我怎么做"的问题。

图 2-27a

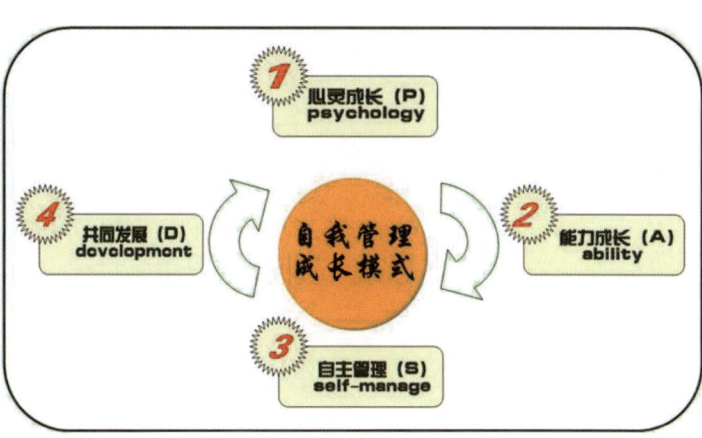

图 2-27b

所以，可视化是一套真正靠员工自主解决问题的综合性工具。那些不愿意同员工打成一片，不愿意放权给员工，不愿意视员工为合作伙伴的管理者，那些只想管理员工双手，而不愿意开发员工大脑的管理者，是实施不好"可视化管理"的。唯有那些希望企业基业长青，相信员工才是企业未来的管理者，才能用好可视化，也才能大有作为。

第三章

用餐区域可视化管理

　　由于用餐阶段时间比较长，需要把握的点也比较多，确保顾客在整个就餐过程中都能保持良好的心态，最终留下比较深刻的印象就是所有服务人员和管理人员共同努力的目标。这一章仍然从顾客看到的、听到的、尝到的、感受到的着手，控制好每一个关键节点，通过员工之间良好的合作，制造更多值得顾客传诵的故事。

第一节　给顾客营造一个温馨的就餐环境（看到的）

用餐区域是顾客停留时间最长的地方，同时也是顾客满意与否最直接表现的地方，因为在这个地方融合了饭店几乎所有部门的劳动成果。

采购的食材好不好，厨师加工的菜品可口与否，清洗的餐具是否干净，服务员摆台是否美观，管理人员协调是否到位，服务语言是否动听，环境维护是否和谐，价格定位是否准确，顾客整体感受是否满意……都能在顾客就餐的过程中表现出来。如果饭店的选址是成功的，那么，控制好这个过程，成功经营一家饭店是没有悬念的。

❶ 餐饮企业最核心的产品不是菜而是人

也许你的饭店顾客天天在排队，你都奇怪从哪来那么多的人；

也许你正在苦恼为什么自己的店环境、菜品、服务都不差，就是客人不来；

也许你还在天天绞尽脑汁搞促销，但是促销一停生意就停；

也许你天天都在培训服务员如何托盘、折花，为服务质量加油；

也许你已经对饭店失去了信心，认为自己该转行了；

也许你想也想不明白，为什么所有的顾客都会认为"海底捞"的服务好；

也许……

不管你现在处在哪一种情况下，也不管你经营什么菜系，只要你认为你做的还是服务行业，那么就不要忘了"人"是你最重要的竞争力（见图3-1），唯有一线员工能让顾客满

图3-1

意,唯有细节才能感动顾客。

人在不同的环境下所起到的作用是不一样的。在前工业化时代,企业以机械为本,虽然机器也是由人来操纵的,但是在那个时代人是机械的一部分。在现代工业时代的流程化作坊企业里,人的身体是人的一部分。在现阶段精神文明高度发展,灵魂为本的时代,人的智慧是灵魂的一部分。在智慧为本的时代,创新和创意是智慧的一部分。

由此我们可以看出,饭店的服务虽然是由服务人员提供的,但要让顾客满意,服务人员必须启动大脑,用心、用智慧、用创意、用灵魂来为顾客服务,才能达到我们想要的效果。同样,我们到底是在"服务"还是在"工作"?这样的经营理念直接影响着员工的激情和顾客的感受。

从"工作"到"服务"的距离究竟有多远呢?

其实那就是"用心服务"。

从"工作"到"服务"的距离就是餐饮人"心"的距离。

用心程度决定着顾客的满意程度,顾客的满意程度决定着企业的发展进度。

"工作"与"服务"的差距在于观念,而支持观念的是理论体系和操作系统。可视化管理正是完成这一理念的操作体系。

可视化仪容仪表检查

爱美之心人皆有之。作为服务人员,仪容仪表应该是自己完全能够做好的,可是为什么天天检查,还有不合格的,还有不注重仪容仪表的?这是因为员工对"美"的理解没有达到统一。

餐饮企业讲究的是"共性美",所以要求员工着装要统一,统一为美。化妆也不是做给管理人员看的,而是对顾客的一种尊重。就像相亲一样,为了尊重对方,自己总要打扮一下吧。因此,要想让员工做好仪容仪表,除了检查外,还要经常以培训的方式做适当引导(见表3–1)。大家统一了对"美"的认识,自然能够注重自身的仪容仪表,管理也能相对简单些。

表 3-1　员工仪容仪表检查表

____年____月____日				检查者：_____	
项目类别		检查内容	是	否	责任人	跟进情况
男员工仪容仪表	头发	头发要梳理整齐，不得遮住耳朵。				
	脸	每天刮胡须，不得留胡须。鼻孔毛要经常修剪，不得露出鼻孔。				
	颈	颈部四周要保持清洁，如若佩戴首饰，不得多于一条项链，首饰不可过分夸张。				
	耳朵	耳朵要保持清洁，不得有污垢。				
	手	不可留长指甲，必须保持手和指甲的清洁。				
	着装	帽子、围裙和裤子每星期最少清洗一次，不得有污垢。头巾、围裙和裤子必须熨烫平整，不得有皱褶。围裙内只能穿长裤，同一城市内的连锁店铺围裙内服装必须统一。打烊后要把头巾、帽子、围裙叠整齐后放到箱子内，以免出现褶皱影响形象。				
	胸牌	胸牌必须佩戴于左胸前。				
	口袋	围裙的口袋内须有记事本、笔、干抹布和开瓶器。				
	鞋	必须穿着规定的工作鞋，并保持鞋的清洁。绝不允许穿拖鞋、凉鞋工作。				
女员工仪容仪表	头发	头发必须保持清洁，梳理整齐，长发需绑起。				
	脸	要化适宜的淡妆，至少要涂唇膏，唇膏颜色不宜夸张，应尽量选用淡色系的。				
	颈	颈部四周要保持清洁，如若佩带首饰，不得多于一条项链，首饰不可过分夸张。				
	耳朵	耳朵要保持清洁，不得有污垢，佩带耳环不得多于一副，耳环不得夸张。				
	手	不可留长指甲，必须保持手和指甲的清洁。如有使用指甲油，必须使用透明色或肉色的。若佩带首饰，不得多于一枚戒指，首饰不可过分夸张。				
	着装	头巾、围裙和裤子每星期最少清洗一次，不得有污垢。头巾、围裙和裤子必须熨烫平整，不得有皱褶。同一城市内的连锁店铺围裙内服装必须统一。打烊后要把头巾、帽子、围裙叠整齐后放到箱子内，以免出现褶皱影响形象。				
	胸牌	胸牌必须佩戴于左胸前。				
	口袋	围裙的口袋内须有记事本、笔、干抹布和开瓶器。				
	鞋	必须穿着规定的工作鞋，并保持鞋的清洁。绝不允许穿拖鞋、凉鞋工作。				

岗位技能培训提纲

在就餐的过程中,顾客对员工的仪容仪表是否整洁、仪态举止是否得体、操作技能是否熟练一览无余。这也直接影响着顾客对饭店的评价。以往的书籍大多强调台面服务的六大技能(托盘、斟酒、摆台、折花、点菜、结账)的培训,其实在现实工作中,需要服务人员掌握的技能不仅仅表现在这六大技能上。比如,有很多"堂烹菜"需要服务人员自己操作;有的包间有音响系统,服务人员要熟练掌握音响系统的调试等。因此,全面加强员工的技能培训是确保饭店得到顾客好评的重要因素之一。

我认为,餐饮企业服务人员的技能要抱着"表演"的心态完成,不能为了图省事儿,而简化或者违规操作。比如开酒是一个很高雅的动作,可有的服务人员开红酒时,把酒瓶夹在两腿中间操作,很不雅观。还有的服务人员为了减少给顾客倒酒的次数,一次性把红酒倒了满杯,像倒啤酒一样。就因为这样一个动作,让顾客觉得饭店很不专业,以后再宴请比较尊贵的客人时,自然也不会考虑这家饭店。

一个违规动作"吓跑"了一桌客人。因此,我们经常说,让没有经过严格培训的员工上岗是饭店最大的成本。这个道理,想必大家现在都应该明白了吧。俗话说:"养兵千日,用兵一时。"经营企业和带兵一样,老板就像将军,员工就像士兵,将军进行作战训练,但是士兵跟不上将军的思路,怎么能打胜仗呢?要想让员工的思路跟上老板的思路,能很好地配合老板的经营战略,必须对员工进行培训(见表3-2)。把企业里的要求和制度经过培训传达给员工,让员工和企业形成共同的价值观,这样在用"兵"的时候,员工才能做出你想要的效果。

表3-2 服务人员技能培训提纲

序号	培训内容	序号	培训内容	序号	培训内容
1	预订包间	9	递菜牌	17	营养搭配
2	接听电话	10	增撤餐具	18	颜色搭配
3	回应顾客询问	11	询问茶水	19	器皿搭配
4	接送卡片	12	斟倒茶水	20	菜品数量搭配
5	迎宾引位	13	接受点菜	21	菜品价位搭配
6	拉椅让座	14	介绍特色菜品	22	介绍主食
7	友好提醒	15	介绍蘸汁酱料	23	介绍酒水
8	拆铺口布	16	荤素搭配	24	收回菜牌

(续)

序号	培训内容	序号	培训内容	序号	培训内容
25	复述菜单	50	添加酒水	75	为不怀好意的顾客服务
26	下单技巧	51	鲍翅参涮食服务	76	为老弱病残顾客服务
27	示瓶	52	添加菜点	77	为情侣顾客服务
28	斟酒	53	营销活动介绍	78	为商务聚餐顾客服务
29	加冰，加温	54	撤空盘	79	为家庭聚餐顾客服务
30	白酒服务	55	换骨碟	80	为候餐顾客服务
31	啤酒服务	56	换烟灰缸	81	为醉酒顾客服务
32	干红干白服务	57	点烟服务	82	为同行顾客服务
33	葡萄酒服务	58	菜品摆放技巧	83	为自己老板服务
34	威士忌服务	59	派发纸巾	84	为政府官员服务
35	开胃酒鸡尾酒服务	60	剥虾剔骨服务	85	为媒体服务
36	即调饮品服务	61	锅仔类安全服务	86	赠送水果
37	花雕酒服务	62	个性服务	87	打包服务
38	存酒服务	63	特殊要求服务	88	埋单服务
39	跟单服务	64	顾客转台	89	赠券、找零、发票服务
40	上菜方法	65	顾客拼台	90	征求意见
41	报菜名	66	套餐服务	91	与顾客交换名片
42	菜品估清	67	为 VIP 顾客服务	92	送客服务
43	退菜服务	68	为过生日顾客服务	93	收尾服务
44	分菜服务	69	团队服务	94	值班服务
45	备菜服务	70	节日服务	95	签单、免单服务
46	菜齐服务	71	为亲戚朋友服务	96	摆台
47	瞬间服务	72	为外宾服务	97	折花
48	巡台服务	73	为挑剔的顾客服务	98	托盘
49	移动茶杯	74	为残疾顾客服务	99	……

◎ 阅读链接：
这些小毛病不能要

美国科学家富兰克林说："养成一个良好的生活习惯，就好比存在银行里一笔钱，会不断收到利息；但如果养成一个坏的习惯，就好比欠了一笔债，要不断付出利息。"

这句话形象地说出了好习惯与坏习惯的区别。作为一名服务人员，在与顾客的交往中，保持良好的习惯是十分必要的。因此，在饭店服务中，服务人员应该努力克服一些不良的习惯。

一、克服手动的习惯

有的员工拿着打火机、圆珠笔会不停地玩耍，而且让其发出"咯哒"、"咯哒"的声音，不知道他是什么感觉，但这会让在旁边工作的同事或者就餐的顾客很烦。而且这种习惯很不利于人际交往，当别人说话时做这样的动作，别人会认为对方不尊重自己；如果管理人员发现员工工作时这样的小动作不断，就应该让员工停止工作，让他去休息，因为这个动作代表着这个员工心不在焉、心中有事。作为一名服务人员必须克服这种不良的习惯。

二、克服抖腿的习惯

有的员工手还算老实，可是腿却不停地抖动，有时随着音乐单腿抖动，有时没有音乐，腿还是在抖。这种动作实在是不雅观，饭店服务员有这样的习惯更要不得，因为服务员工作的时候，几乎总是站着服务，试想，若是在顾客面前老是抖腿，顾客看了不舒服，影响了就餐的心情，对这名服务员的评价就不会高，对这家餐饮店的评价也就不会高。

三、克服自卑的心理状态

一个有自卑心理的员工不能大方自然地与顾客交流，这会严重影响服务质量。作为一名服务人员，要设法克服自卑，正确理解服务员和顾客之间是相互服务的道理。对于存在自卑心理的员工，管理人员要给予特别训练，鼓励他在同事面前多讲话，在培训或者集体活动时，让他领读店训，引导他在同事面前表演自己的特长，最好不要使用批评和讽刺的语言来刺激他，那样他永远也不会克服自卑。

四、克服急躁的性格

还有的员工，太过自信，甚至有点看不起人。这样的员工通常会有如下表现：在给顾客服务时没有耐心，回答顾客的问询时容易不耐烦；容易产生性别歧视，看到男性顾客或者女性顾客会感到不耐烦，严重的还会对顾客翻白眼、自言自语地责怪顾客、向同事说顾客坏话；有时还会产生衣着歧视，看见穿着整洁的顾客就主动服务，看见穿着一般的顾客就减少服务项目，不能一视同仁，平等服务。对待这种员工，管理人

员要耐心地说服教育,告诉他,只要来我们这里消费的顾客都是给我们发工资来了,不管顾客衣着的好坏,不管顾客是男是女,都应该一视同仁。

五、克服偷懒的心态

这样的员工在领导面前和不在领导面前表现得不一样。领导来了,他什么都要做好,卖力表现;领导一走,他便开始偷懒。在他的思想里,他的工作是领导评估的。这种想法是完全错误的,因为顾客才是服务员真正的上级,服务员的工作是由顾客检验的。

顾客进了门,迎宾员已经看见了,但装作没有看见,继续干别的;值班时,趴在桌子上;没有顾客进出门时,懒洋洋地靠在门上、墙上,头歪在一侧……这些错误表现的实质都是没有把顾客放在眼里。这些服务员的眼里只有上司,认为只要上司看不见,就可以偷懒,同事、顾客看到都无所谓。这种行为,对于一家餐饮店来说是最可怕的。服务员没有一个正确的服务态度,而是在应付领导、应付上司,全然不把顾客放在眼里。这种服务意识的后果是严重的。

服务员这种不良的习惯,对管理人员也是一种挑战。要克服服务员的这种毛病,就要求管理人员多与员工沟通,多给员工举办"服务理念"、"顾客对餐饮店意味着什么"等主题讲座。只有当餐饮店的所有员工都克服了偷懒的不良习惯,自觉而主动地为顾客服务,才能赢得顾客的信任,让餐饮店树立良好的声誉。

六、克服同事间的合作障碍

这种不良习惯表现在员工之间互相告状,专找别人的缺点,自我表现欲望强,斤斤计较,没有合作意识。

对于这类员工,管理人员要特别注意,不仅不能轻信该员工的话,而且要批评、制止该员工的这种行为。这种员工之间互相排挤、不信任的行为,对餐饮店内部的人际关系、团队合作有很大害处。对管理人员而言,要多创造一些员工集体活动的机会,让同事之间增加了解和沟通。还可以就此话题多为员工举办讲座或者分小组搞一些智力游戏,举办以小组为单位的各种比赛。让这些活动行之有效的关键是,对表现较差的员工,要进行个别谈话,教育他学会发现同事的优点,学会赞美别人,发现同事的长处,用提醒同事的方法代替告状的行为。

除了要努力克服以上不良习惯外,服务人员的行为"五忌"也要牢记在心。

一忌旁听——这是餐饮服务员的大忌,客人在交谈中,不旁听、不窥视、不插嘴是服务员应具备的职业道德。服务员如与客人有急事相商,也不能贸然打断客人的谈话，最好先采取暂待一旁、以目示意的方法，等客人意识到后，再上前说："对不起，打扰你们谈话了。"然后再把自己想要说的说出来。

二忌盯瞅——在接待一些服饰较奇特的客人时，服务员最忌久视客人，品头论足，因为这些举动容易使客人不快。

三忌窃笑——客人在聚会与谈话中，服务员除了提供应有的服务外，应注意不随意窃笑、不交头接耳、不品评客人的言论，以免引起不应有的摩擦。

四忌口语化——有些服务员缺乏语言技巧，忽视自身素质的培养，在工作中有意无意地伤害了客人或引起某些不愉快的事情发生，如："你要饭吗？"这类征询客人是否点饭菜的语言，使人听起来很不愉快、不舒服。另外，服务员在向客人介绍餐位时，"单间儿"一词也是忌讳的词语，因为"单间儿"在医院指危重病人的房间，在监狱为关押要犯、重犯的房间，所以应用"雅座"、"包间"代替"单间儿"为好。

五忌厌烦——如果个别顾客用"喂"、"哎"等不文明语言招呼服务员时，服务员不能因顾客不礼貌就对其表现冷淡或不耐烦；相反，更应通过主动、热情的服务使客人意识到自己的失礼。如果服务员正在忙碌，可以使用"请您稍等片刻，我马上来"、"好的"、"明白了"等服务用语，而不能使用"知道了"、"嗯"等口语化或者没有礼貌的语言。

② 灯光也可左右顾客的心情

菜品讲究色、香、味、形，其中"色"是增进顾客食欲的前提。"色"又和灯光有着密切的联系。如果灯光不够亮，或者不协调，服务人员的脸色看上去就不会太好看，菜品的颜色也不好看，直接影响了顾客的心情。可见，饭店的灯光与周围装饰一定要相得益彰才可以。当然一些"黑暗主题"饭店或者强调某种个性文化的饭店除外。

一般说来，快餐的灯光要清爽明亮，不然客人不敢进来。定价越昂贵的饭店，灯光氛围越要暗一点（见图3-2），显得更私密一些。针对年轻消费群体的灯光相对变化要多一点、活泼些，才能带动人的脉动。中餐一般会稍微明亮，但也

图3-2

并非绝对,要和饭店设计以及投资者的经营理念一致。好的灯光既符合饭店的定位,又能达到灯光在空间里应该扮演的角色。

灯具开关管理

为了追求视觉上的舒适感,营造宽敞明亮的感觉,饭店的灯光装饰一般都比较多。这样算下来,电费也是一笔不小的开支。为了节约电费,在科技日益发达的今天,很多新开业的店都用上了"LED"节能灯具。据统计,LED灯具可以比普通节能灯节约90%的电耗,可谓是环保低碳节能。可是由于LED灯具一次性投入的成本比较高,绝大多数饭店仍然选择使用聚光射灯和节能灯。也有很多饭店在装修期间就对灯光的安装设计进行准确定位,根据厅面的桌位定灯的位置,一张桌子上一个射灯,公共区域则用节能灯。这样可以省很多电。

尽管如此,在灯光的管理上还是要力求节约。比如,工作灯和营业灯分开设计,营业的时候开营业灯,餐前餐后开工作灯;哪个台位上有客人,就开哪个桌面的灯,平时只开工作照明灯;包间离人,就一定要顺手关灯;等等。

前面我们讲到香港稻香集团一个季度能省去上百万元的电费,这可是近千万元的营业额才能带来的利润啊。

灯光也是一种装饰

现代饭店的装修设计和传统的装修仅从材质上就有很大的区别。现代风格的饭店装修体现在以下四大元素上:一是水泥,就是地面不铺瓷砖和大理石,而是无缝水泥;二是钢筋,即裸露预制板和钢筋,体现最为原始的感觉,更为奔放和自然;三是玻璃,给人一种洁净清爽的感觉;四就是灯光。前三个元素如果没有灯光做点缀,就显得黯然无色,而如果灯光点缀得好,则能营造出非常好的效果(见图3-3)。所以,饭店要给顾客设计良好的视觉效果,就必须对灯光进行有效的管理。否则

图3-3

电费太大不说,还可能给顾客带来感觉上的误差。

③ 用花草为店面画龙点睛

绿色植物的点缀对饭店来说可谓"画龙点睛",是必不可少的一个装饰(见图3-4)。有一次一家新开业的中餐店请我去参观指导。饭店看上去装修很高档,品位也不错,可是我总觉得少了点什么。老总陪着我一个区域一个区域转,我忽然想起来了,就是少了点绿色点缀,感觉特别硬。可能有时候顾客走进一家店也会有这种感觉,虽然不知道问题出在哪里,但就是觉得不舒服,少点什么。这是同样的道理。

图3-4a

图3-4b

也有很多店虽然摆放了绿色植物,但缺乏管理,树叶黄了不修不换,花盆里到处是烟头也没人管。台位上摆放的仿真鲜花已经用了好几年了,也不更换一下,别说温馨,看上去都有点不舒服了。

由此可见,饭店用餐区域的花草、盆景、装饰物等,都需要专人来进行维护和管理。如果没有提前安排并定期检查,这些东西是不可能始终保持美观和有序的。

④ 用开业时的状态来经营

顾客进入大厅,映入眼帘的是精神抖擞的服务人员、摆放整齐的桌椅、娇艳欲滴的盆景、设计漂亮的POP吊旗、温馨明亮的灯光,以及水果台上新鲜丰盛的水果、促销招牌上新推出的特价菜品……这和谐的一切,天衣无缝,似乎就应该这样,整齐有序,光亮如新,就像昨天刚开业似的。

这一切都是服务人员日复一日坚持工作的结果。如果每天都能这样，自然是我们所希望的。然而，工作总是要不断地检查和督导才能维持现状，否则就是逆水行舟，不进则退。"五一"快要到了，天花板上还悬挂着"新年快乐"的吊旗；促销卡上的菜品已不知有多久了，还当新品推荐每天摆在顾客面前……

如果没有管理，没有排出这些项目的更新时间表，那么顾客看到的将不再是和谐，而是觉得自己应该去别处看看了。所以，经营饭店，你什么都不做，好像没错，可是走在别人后面，就是你的错。

POP 吊旗应时更新

吊旗能够起到烘托大厅气氛、引导顾客消费的作用（见图 3-5）。如果是以体现企业文化为主题的吊旗，则以烘托气氛为主，春夏秋冬四季应该有不同的颜色调剂，才能让顾客感觉到有新意。在"三伏"天，大厅里仍然挂着红色的吊旗，顾客会感觉到燥热，不舒服。到了"三九"天，吊旗却是蓝色的，即使暖气开得很高，也会让人觉得很冷。还有就是节假日、国际或国内重大事件期间，店堂里的吊旗也要随时调换。如果吊旗的内容是菜品或者优惠活动，则是以引导顾客为主，一方面悬挂时间不宜过长，另一方面服务人员要配合吊旗主动给顾客介绍活动内容。

图 3-5

所以，吊旗一年之内更换几次，每次都是什么内容等，年初就要制订详细的计划，因为这和饭店的年度经营计划是紧紧联系着的，当然也和利润密切联系着。

展示台给顾客留印象

顾客的需求是多样性的，更是在变化之中的，有时候更需要工作人员引导，或者通过环境布置来转移顾客的目光。否则，顾客的注意力也就散了，看看这个，看看那个，最后什么印象也没有留下。所以，水果、菜品展示台（见图 3-6）就是要引导顾客关注那些更具价值感的消费目标，体现饭店的特色。

既然是展示，就一定要有新意。因此，定期更换展示品和变化陈列方式，经常给老顾客新鲜感，才能体现展示台的价值所在。

图 3-6a

图 3-6b

促销桌卡别一成不变

随着菜谱制作工艺和价格的不断提升，很多饭店在制作菜谱和更换菜谱上都显得格外谨慎。对于新推菜品，饭店一般通过桌卡（见图 3-7）实行一段时间的促销后，再根据顾客的喜好调整菜谱，这样显然比较合理。然而有一些饭店台面上的促销卡更换却实在有点慢。一个季度，甚至半年都是那么两道菜，让顾客感觉不到任何惊喜。服务人员也因为时间太长而懒得再一遍一遍地向顾客介绍。桌卡成了一个多余的物件。每天管理人员还要求服务员摆台时摆放整齐，不知道意义何在？

所以我们讲，每一个出现在顾客面前的东西都是要经过认真设计的。顾客进门看到的，我们要先检查一遍，从顾客的角度来推断效果。我们不应该做那些对顾客没有吸引力，没有意义的事情，而对顾客有意义的事情，我们一定要提前预演，确保服务到位。

图 3-7

5 像艺术家那样规划每一张餐桌

毫不夸张地说，中国的餐饮业是饭局文化支撑起来的。每天华灯初上的时候，也就是饭局演绎的高潮。一个个大大小小的饭局里面,上演着社会的千姿百态。在中国,饭局似乎被赋予了更多的功能,已成为不可缺少的社交工具之一。饭局不是万能的,可没有饭局是万万不行的。生活对于有些人来说就是从一个会所到另一个会所,从一个饭局到另一个饭局的不断转场。

而从饭店的角度讲,则要搭建好这个平台,让局中的人尽情发挥,不要让其扫兴。作为一名餐饮人,一定要深知其中的奥秘,才能让客人不厌其烦地一次次光顾。因为,饭局有时不在于吃什么饭,而在于局;不在于花多少钱,而在于给了请客人多大的面子;不在于菜品多丰盛,但一定要有一个主题。

要很好地把握这一规则,首先应从客人的视觉享受开始布置。

摆台也有讲究

摆台不仅是简单的功能需求,更是传达饭店经营理念的载体。顾客走到餐台前要有一种豁然开朗的感觉,特别是已经预订了餐位的顾客,以及有特殊需求的顾客。比如,以爱情为主题的摆台(见图3-8),会让蜜月中的爱人心花怒放;谢师宴既能让老师感觉到无限的荣耀,又能让宴请老师的学生和家长很好地表达自己的心意。还有会议宴、庆功宴、聚会宴、谈判宴、家庭宴、生日宴等等。只要稍加留心,饭店就能通过餐桌摆台表达出对顾客的尊重和关注。

图3-8

服务人员在进行常规摆台时也要经常创新。比如餐具的搭配,餐椅的搭配,折花的搭配,等等,都要显示出庄重和尊贵,让顾客感受到一种不一样的就餐氛围。

台布合适平整是最基本的要求

门口候餐的客人非常多。台位上的客人刚走,迎宾员就领来了候餐的客人。服务员急急忙忙收拾台面,并从备餐柜里拿来了台布,铺上去,太小,实在难看;又撤下来,着急之下胡乱折了折放在餐柜里,重新拿了一条,铺上去,大了,拖地了;拿了一条合适的,上面有几个破洞(见图3-9a)。唉……客人也急,服务员也急。

客人只能无奈地说，就这样吧，将就将就吧，干净就行。服务员也不想再换了，更何况，再换也不敢保证能拿到合适的，就这样凑合用吧……

服务员摆台时经常会遇到台布大小不合适的问题。解决这个问题的最好方法就是通过可视化系统将台布分类管理，按照台布的尺寸分别放置（见图3-9b）。这样服务员在选择台布时就能做到"有的放矢"。

图 3-9a

图 3-9b

餐前检查必不可少

餐前检查是饭店准备工作中最重要的一环。虽然大多数员工都能够按照基本要求完成准备工作，但是，如果不坚持餐前检查，很多细节工作就可能大打折扣。比如玻璃杯裂了个小缝（见图3-10），服务人员没发现或者嫌麻烦就凑合着用了，顾客就有可能因此而划破嘴唇。所以说，如果不坚持检查，或者检查不细致，服务人员就会心存侥幸，偷懒磨滑。一而再，再而三，工作中的纰漏就会越来越多。

服务人员可以对照下面的《服务部餐前检查表》（见表3-3a）和《服务部餐前餐中餐后必做》（见表3-3b）逐项检查，可有效避免漏项等情况。

图 3-10

表 3-3a　服务部餐前检查表

项目	序号	检查内容	检查结果	
			午	晚
环境卫生	1	墙裙、扶手、门、窗干净、无污渍		
	2	各类设备干净、无污渍，可正常使用，灯具无损坏		
	3	地面、餐桌与工作柜下干净整洁，无杂物、无死角		
	4	装饰品与各类提示牌摆放在指定位置，表面干净		
	5	绿色植物无枯萎、黄叶，花盆清洁无杂物，放置规范，垫盘内无污水		
	6	厅内空气清新，室温适宜，光亮适度		
	7	音乐播放适合就餐气氛		
餐桌餐具	8	桌面台布与转盘干净、无污渍		
	9	桌面餐具及相关物品齐全、干净、无破损		
	10	桌面餐具摆放规范，烟盅内加少许水		
	11	桌椅、BB凳、沙发表面干净、无杂物，摆放整齐美观		
	12	桌椅无晃动，四周干净、无油渍		
工作柜	13	工作柜内按要求准备好餐用物品与餐具		
	14	柜内各类杯子干净无指纹，整齐摆放在指定位置		
	15	工作柜上另备洁净白毛巾一条、干净托盘若干		
	16	工作柜内无私人物品		
	17	工作柜侧边远离过道的一侧放置加满开水的水壶××个		
	18	台布、席巾叠放整齐，分类摆放		
工作间过道	19	工作间准备扫帚一把、撮地一个、拖桶一个、干湿拖把各一个		
	20	准备足够的垃圾袋，以及一个饮料回收桶、一个啤酒箱		
	21	垃圾桶和垃圾袋内无垃圾，并且摆放在规定位置		
	22	收台车一个，收台框干净，按要求摆放在餐车上面		
	23	过道通畅，无阻碍物		
	24	灭火器按规定位置摆放，干净、无尘		
	25	热水器正常运作，表面无尘、干净		
	26	洗手间干净、无异味，各类物品齐全，无乱摆乱放现象		

(续)

项目	序号	检查内容	检查结果	
			午	晚
仪容仪表	27	头：女盘发，无凌乱；男寸发，后不留发脚		
	28	面：女生化淡妆；男无胡须、鬓发		
	29	手：无留长指甲、无涂有色指甲油、无戴饰品，手部干净清洁		
	30	着装：无皱褶、无破损，纽扣齐全，干净无异味，佩戴工牌		
	31	袋：个人工作用具齐全，袋内无其他物品		
	32	鞋袜：穿黑色鞋，低跟，鞋面干净无污垢；袜：肉色、无破损		

表 3-3b 服务部餐前餐中餐后必做

序号	餐前必做	
1	餐前卫生准备	
2	设施设备检查	
3	物品补充	
4	备锅、备料	
5	人员状态调整、分工安排及工作重点要求	
6	估清、促销通告	
7	做好特殊预订的准备工作	
序号	餐中必做	
1	分工协作、服务顾客	
2	餐中卫生、餐中服务及餐中纪律	
3	沟通、询问，收集顾客意见、建议	
4	站位、迎客、送客	
5	餐中巡查，排查安全隐患	
6	每人收集一个顾客的信息	
序号	餐后必做	
1	餐末卫生打扫	
2	顾客意见及建议汇总	
3	顾客意见、建议、投诉问题总结	
4	值班交接，向管理人员辞行	

菜单定位要准确

菜单是什么？菜单是把饭店经营理念传递给顾客的一个载体，是饭店参与市场竞争的砝码（见图3-11）。菜单一旦成型并开始使用，就意味着这家饭店已经"定位"。"定位"即"定价"，定位定乾坤。饭店能不能活过半年，就看菜单定位准不准。当然，一年或两年以上的饭店同样存在着二次定位和定位调整的问题。

中餐店的菜单一般分为早餐菜单、午餐菜单、晚餐菜单、宴会菜单、团队菜单、冷餐菜单、自助菜单、甜品菜单、宵夜菜单，特种菜单如儿童菜单、家庭菜单、国际菜单、酒水饮料单，有的还有新品特推或厨师长推荐菜单等。据统计，每家饭店最少也有五种菜单。这么多菜单如何管理，是饭店经营中非常重要的一个项目。具体说来，菜单管理主要分为三个方面。

图3-11

一是菜单的设计和制作。西安某连锁饭店，在前几年一直使用比较高档的菜谱，从去年开始，高档菜谱被换成了单页菜单，连包间都不再使用菜谱了。究其原因，原来这家连锁企业的店铺装修都不是太高档，顾客都敢进去，生意一直不错。可是从去年开始所有店铺都提升了装修档次，档次提了，价格却不敢提，也不敢用高档菜谱了，生怕把顾客吓跑。结果许多老顾客反映很不好，埋怨他们怎么越做越倒退。结果这家饭店只得又把高档菜谱重新拿出来使用。由此可见，菜单的设计和制作一定要符合饭店的定位。

二是菜单本身的维护和管理。菜单制作的成本越来越高，有些高级菜单一本的成本就能达到2000元，损坏和丢失都让人心疼。所以，有的饭店使用活页菜谱就比较划算。山东有些地区的饭店没有菜谱，全部是菜品展示。顾客到展区点完菜，再上包间。饭店什么菜估清也不需要贴

图3-12

通知，顾客看着样品点，有什么点什么，而且感觉真实，也是一个不错的经营模式。随着电子科技的发展，现在很多饭店使用电子菜谱（见图 3-12），不仅可以随时调整菜品，还可以直接发送至服务器，到厨房分档打印，省去了开单和下单流程，很是方便。

三是菜单中菜品销售和价格的调整。新品推介，销售排行末尾淘汰，季节菜品追加，估清菜品下架，菜品毛利排行……这些在菜谱中都要有所反映。菜谱只有及时调整才能适应激烈的市场竞争。可以说，一个经营者如果不关注菜谱，对菜谱没有研究，那他将不是一个合格的管理者。

综上所述，作为饭店管理者，对每个季度的重要节日都要熟记于心，提前做好前厅各种用品的准备和更新工作。这既有利于营造节日的气氛，又能让顾客有耳目一新的感觉，对饭店的评价自然会越来越高。具体更新计划可参见表 3-4。

表 3-4　前厅用品更新计划表

时间节点	POP	促销卡	菜单	台布	赠品	……
一季度	1月1日　元旦 2月14日　情人节 3月8日　国际妇女节 3月12日　中国植树节 3月15日　国际消费者权益日					
二季度	4月1日　愚人节 4月22日　世界地球日 5月1日　国际劳动节 5月4日　中国青年节 5月31日　世界无烟日 6月1日　国际儿童节					
三季度	农历七夕节 8月1日　解放军建军节 9月10日　中国教师节 农历中秋节					
四季度	10月1日　国庆节 10月15日　世界农村妇女日 12月25日　圣诞节					

第二节 服务即沟通（听到的）

上一节内容是从顾客走进饭店后看到的方方面面进行可视化管理与控制，目的就在于给顾客一种视觉上的享受。本节则从顾客听到的说起。在顾客就餐的整个过程中，服务人员除了要为顾客表演那些必做的服务技能外，还要通过语言和表情与顾客沟通，介绍菜品、敬酒、埋单、送客等一系列环节，自始至终都要通过察言观色与语言引导来完成。离开了沟通，服务便无从谈起，这也是饭店服务的主要篇章。员工与顾客面对面的沟通技巧和内容，直接影响着顾客的感受，也影响着饭店的口碑。

可视化管理正是将顾客就餐过程中的重要环节，通过明确要求、规范语言来加以约束，以求实现最终的服务目标。

1 用音乐送去温馨

利用音乐改善环境，渲染和增强品牌形象是很多饭店常用的方法之一。较好地应用背景音乐，将音乐的功能与饭店的功能、客户心理紧密结合，能够帮助饭店提升品位，提高服务质量，塑造品牌价值。

背景音乐要适用

饭店播放背景音乐不是为了欣赏，而是为了创造一种氛围：选用合适的背景音乐，可以营造完美的就餐情调，创造愉悦的用餐气氛。

比如：员工初上班时，选择轻快的音乐，以调动工作人员的士气；值班和休息时间可以选择抒情、轻柔的音乐，以放松员工的紧张状态；营业开始时，可固定放同一首曲子，以起到提醒的作用；营业中忌放流行歌曲，最好以轻音乐为主，在更换曲子的同时，也应保留一首优美的曲子作为饭店主曲，音量应适中，切忌时大时小，并需由专人负责。在人多时可选用一些节奏平稳的音乐，平息客人急躁的心理，音量适中，以覆盖人多造成的噪音；人少时可放些比较欢快的音乐，增添热烈的气氛，中途可播放柔美些的音乐。具体播放流程可参考图3-13。

中餐店一般选择欢快、轻松、有中国特色的音乐。

西餐店可选择西洋乐，如爵士、电影原声音乐等。

特色饭店，要根据饭店特点选择不同的背景音乐。

酒吧、咖啡厅是客人闲聊、交际的场所，宜选择悠扬、平缓、浪漫的纯音乐，如钢琴、大提琴、小提琴、萨克斯等演奏的乐曲，营造出一种优雅、高贵的格调。

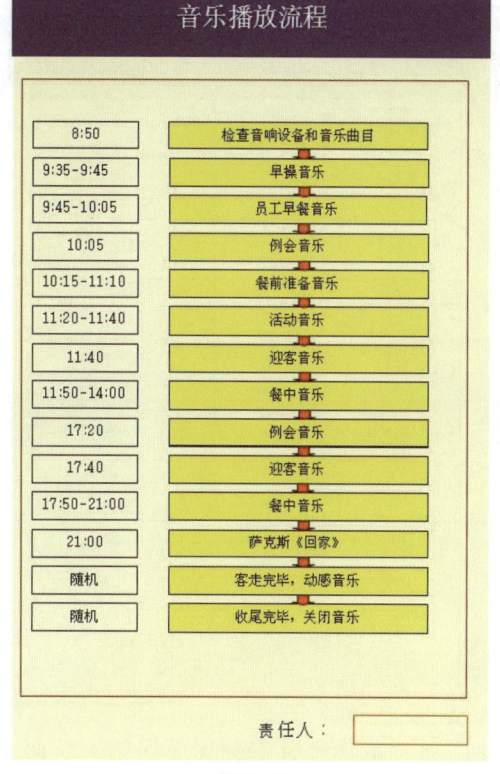

图3-13

反之，如果餐饮音乐没有专人管理，或者没有和经营理念相结合，音乐就可能是按照某一员工个人喜好而播放的。有时还会因为播放的音乐不适宜而遭到顾客的反感。

别让噪音破坏美感

与动听的背景音乐不协调的是饭店的噪音。其中有员工拉着嗓子交流的声音，有餐具碰撞的声音，有个别顾客猜拳的声音，有服务人员拉椅子的声音，等等。这样的声音不但会破坏饭店的就餐情调，而且有时会让顾客觉得这个环境不适合交流，如果仅仅为了吃口饭，还是换个地方吧。我们前面讲过，现在的饭店不仅仅是吃饭的地方。顾客相约吃什么，也没有太实际的意义，更重要的是，找个环境说说话，增进友谊，联络感情，这才是吃饭的真正意义所在。

因此，管理人员一定要注意控制噪音。比如班后会上，让员工之间进行噪音分析和评估（见表3-5）。几次下来，噪音就会得到有效的控制。

表 3-5　区域噪音评估表

区域	噪音一控制：顾客交流声音	噪音二控制：工作操作声音	噪音三控制：员工交流声音	噪音四控制：音乐无序播放	噪音五控制：外围杂音传入
A1					
A2					
B1					
B2					
C1					
C2					
……					

❷ 送上甜美的祝福语

迎宾员把顾客引领到厅房后，一般会给服务人员做交接，将顾客介绍给服务人员。待顾客坐稳后，或在第一项服务完毕后，如斟上第一杯茶，或者在顾客点菜之前，服务人员要向顾客做自我介绍。这也可以理解为服务顾客的开场白，意在让顾客感受服务员的专一服务，增强对服务的认知。平时到饭店吃饭，如果服务人员没有特别的介绍仪式，当顾客需要服务时，最先喊出的是"服务员"三个字。而如果自我介绍做得到位，顾客有需要时，可能就会直接称呼服务人员的名字或者"小刘"、"小王"等。另外在做开场白介绍的时候，最好先搞清楚今天这一桌顾客的消费动机和主要人物的姓氏，并送上真诚的祝福，这样更容易与顾客产生共鸣。

祝福语也要分场合

不同的消费类型，服务人员要配以不同的祝福语，且要灵活运用。比如，家庭聚会和商务聚会的祝福语一定要有所区别（见表 3-6）。还有公务聚会、朋友聚会、生日聚会、同学聚会、师生聚会等，服务人员在祝福语上也要区别对待。

同时，只有进行充分的准备和完善的组织训练，才能确保此项服务的有效性，不可过于随意。

第三章 用餐区域可视化管理

表 3-6a　家庭聚餐祝福语模板

家庭模板：上第一道菜时
这是咱点的吉祥凤爪。不好意思，叔叔阿姨，小刘要打扰大家一下了。今天李姐在我们海鲜城预订包间全家聚会，我首先代表我们老总，向大家对我们海鲜城的信任表示感谢。（鞠躬）祝叔叔阿姨身体健康，祝小帅哥学习进步，祝李姐越来越漂亮，两位大哥祝你们事业腾达。小刘会随时为大家服务，做得不对的地方，叔叔阿姨一定要批评指正，这样我才能不断进步。祝大家用餐愉快，每天都有好心情！

表 3-6b　商务聚餐祝福语模板

商务模板：凉菜上齐时
需要搞清楚的信息：谁组织的这场饭局？主题是什么？客主双方最重要的人是谁？谁是最受尊重的人？分别怎么称呼？
咱点的凉菜已经上齐了。各位老总打扰一下，大家今天能选择我们海鲜城，首先我代表我们老总对大家的到来，表示诚挚的感谢。（鞠躬）同时祝福张总和李总合作愉快，祝林老身体健康，笑口常开，祝各位工作顺利，生意兴隆。（配以手势）"品质制胜"是我们海鲜城的使命，希望今天的宴会能给大家锦上添花。我是大家的服务员小刘，也是各位大哥、大姐的小妹，有什么做得不好的地方，各位大哥大姐一定要告诉我，我真心地感谢大家。祝大家用餐愉快！

服务信息备忘卡

在服务顾客的过程中，服务人员叫错客人姓氏的情况并不少见。尤其是在商务聚餐和公务聚餐中，客人都比较重视自己的身份和地位，服务人员一旦叫错对方姓氏，可能直接导致客源的流失。

但是，要求服务人员第一时间就熟记客人的姓氏也不是一件容易事，尤其是在客人比较多的情况下。这时候，"服务信息备忘卡"（见图 3-14）就能派上用场了。服务人员搞清楚客人的姓氏之后，只要按照客人就座的位置对应着记录下来，上述错误就能轻松避免了。

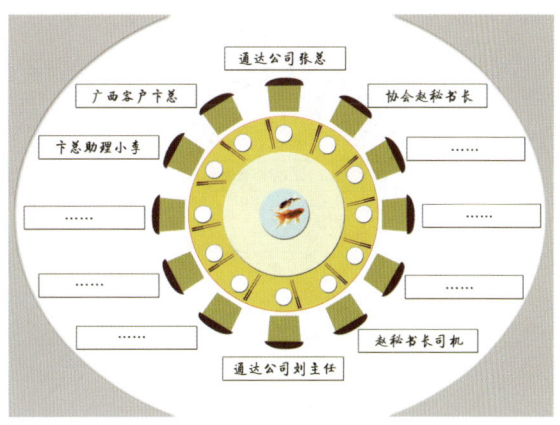

图 3-14　服务信息备忘卡

3 点菜、上菜有讲究

服务人员在这个服务环节中一定要掌握好点菜、下单、上菜的基本流程（见图3-15）、节奏等，有效提升服务质量。

点菜流程及注意事项

在点菜过程中，服务人员要根据顾客不同身份做到相应的礼仪规避和投其所好：其一，应该规避顾客宗教上的饮食禁忌。如，穆斯林通常不吃猪肉，并且不喝酒。其二，出于健康的原因，针对身体不适的顾客予以特殊关注。如心脏或脑血管方面有疾病的顾客、有中风后遗症的客人不适合吃狗肉，肝炎病人忌吃羊肉和甲鱼，过于肥胖或高血压、高胆固醇患者要少喝鸡汤等。其三，要注意不同地区顾客的饮食偏好。如湖南人普遍喜欢吃辛辣食物，少吃甜食；英国人和美国人通常不吃宠物、稀有动物，以及动物的内脏、头部和脚爪。另外，宴请外宾时，尽量少推荐生硬需啃食的菜肴，他们在用餐中不太会将咬到嘴中的食物再吐出来，这也需要顾及到。

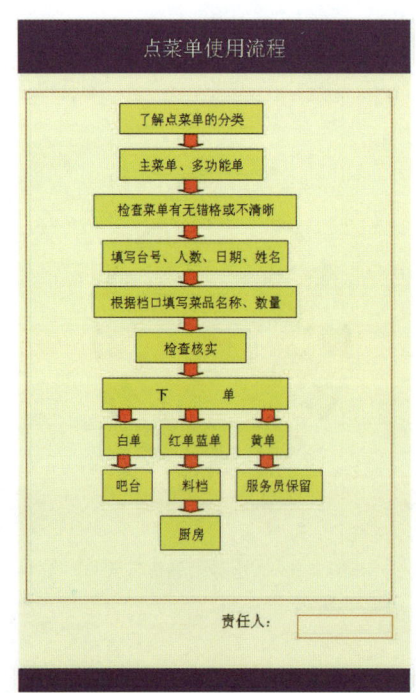

图3-15a

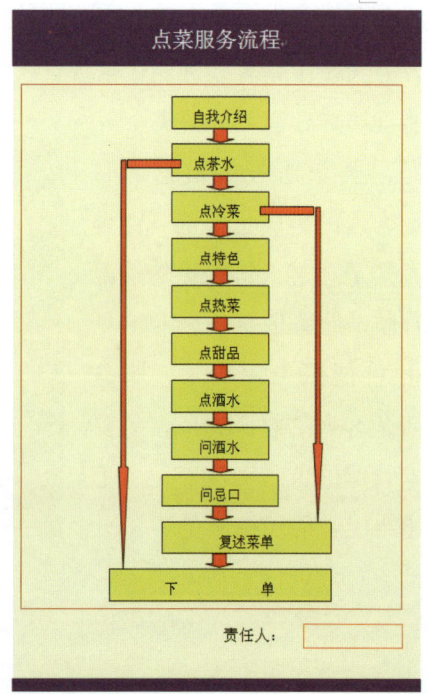

图3-15b

其四，职业不同或性别不同的人在餐饮方面往往也有各自特殊的禁忌。服务人员可以根据情况礼貌提醒顾客公共场所严禁抽烟，提醒喝酒的顾客是否需要代驾服务，或者给谈生意的顾客提议喝红酒祝贺，给女性、儿童推荐清淡不辣的菜品和鲜榨饮品等。

点菜时除了要规避一些禁忌之外，服务人员还需做到：

1．同一桌客人尽量不换人点菜。

2．点菜前检查复写纸是否夹好。

3．保持良好站姿，不抱票夹。

4．记录时字迹清楚，时间准确。

5．点菜结束要详细重复菜名。

6．点菜期间留意客人是否需要续茶。

7．客人对菜品的特殊要求要在菜名后用括号标注清楚。

8．点完菜品后如果客人未来齐，要主动询问客人是否可以加工菜品，如果不加工必须标注一个"叫"字。

9．点菜时，如果其他台位来客人要做好招呼工作。

10．点菜时，要做好推销工作，客人点菜慢时，不能流露出不耐烦的表情。

11．点菜时，要引导客人做好菜品搭配，即色泽搭配、荤素搭配、难易加工搭配。

12．当客人拿着菜谱迟迟决定不下点什么菜品时，服务员要主动询问客人点哪类的菜（如荤的还是素的，辣的还是不辣的），这样可间接提高点菜速度。

13．在顾客对菜系不太熟悉的情况下，要帮助客人拿定主意，不能给顾客出难题，让客人难以选择。

总之，点菜服务是顾客评价这家饭店好坏的重要因素之一，最能体现服务人员是否更细心，更关注顾客的喜好。一方面考验服务人员业务是否熟练，对饭店产品是否了如指掌，能否让顾客既品尝到饭店的特色，又不多花钱；一方面考验服务人员是否能够投其所好，抓住顾客的喜好，使其产生惊喜或感动。

上菜兼顾速度和质量

在中餐服务中，通常先上冷菜，然后是小炒，随后是主菜，也叫大菜，是能代表此次宴会最高档的菜品，最后是点心和汤。在汤上桌后，服务人员备好果盘，待顾客基本停止用餐后，送上水果，并征求顾客意见。

快速上菜几乎是每一家饭店对服务人员的要求。但是在追求速度的同时一定不能降低服务质量。以下注意事项服务人员上菜时一定要遵循：

1．传菜人员尽量不要直接上菜，服务人员不在时，可求助于邻桌服务员，而不是把菜放在备餐台上或菜架上。

2．上菜前要找好上菜时的站立位置，避开老人或小孩，避开重要顾客。

3．上菜前先看台面是否有放菜的位置，如没有，要先把菜放在备餐台上，尽快挪出上菜的位置后，再把菜品上桌。

4．上菜时必须用双手递上，把菜放到位时，退后一步再介绍菜品。

5．上菜时必须报清楚菜品名称，但声音不宜过大，也不宜在顾客讲话时抢话。

6．上菜时要兼顾摆台效果，尽可能荤素搭配，颜色搭配，器皿高低搭配，并尽可能摆成花型。

7．菜品上齐后要及时提醒客人所点菜品已上齐，如看菜品明显不够时，应先小声给请客人说一声。

8．上菜时切忌不要让餐具与台面玻璃板发生碰撞，要轻拿轻放。

9．一般上菜顺序为凉菜、热菜、汤、主食。如顾客有特殊需求，则按照顾客要求上菜，而不要生搬硬套，不懂得变通。

10．上菜时要尽量避免油汤滴到客人衣物上，不要越过顾客的头顶拿取餐食。

11．上菜时介绍菜名的五部曲：（1）菜名；（2）味型；（3）主副料；（4）营养价值；（5）祝福语。

说菜让服务更出彩

点菜和上菜是餐桌服务最重要的两个环节，期间最为出彩的就是对菜品的描述。

"农夫山泉有点甜"，这句广告词相信大家都很熟悉。很显然这是一则非常成功的引导性广告。菜品也一样，如果什么也不讲，什么也不说，直接端上一道菜来，也就那么一回事，顾客也没有什么感觉。但是，如果告诉顾客这是周恩来当年最喜欢吃的一道菜，那么顾客一定会顿生敬意，品味起来就觉得有一种特别的意义。服务人员介绍说"这道菜是清炖蟹粉狮子头，曾作为开国第一宴的主菜，也是周总理生前最爱吃的一道菜"，这样的菜品描述就称之为"说菜"。

说菜分两个时间段：第一是在点菜的时候，第二是在上菜的时候。点菜的时候只能讲给点菜的人听，而上菜的时候则要讲给满桌子的人听。点菜时以提示口味和搭配平衡为主，上菜时则以介绍吃法和菜肴故事为主（见图3-16）。

上菜时的"说菜"，除了由单个服务员介绍外，也可以由服务员和管理人员或者两个服务员一起介绍。这样显得更专业，更动听，顾客也会更感兴趣。比如，上菜时，服务员和管理人员共同"说菜"。

图3-16

服务员上完菜后说："此菜是清炖蟹粉狮子头，曾作为开国第一宴的主菜，也是周总理生前最爱吃的一道菜。"

管理人员接着说："这道菜是扬州著名的'三头宴'之一。"

顾客有可能会问："什么是'三头宴'？"

那么服务员再接着介绍："'三头宴'之首的清炖蟹粉狮子头，已经在您桌上了，另外还有两个就是拆烩鲢鱼头、扒烧珍猪头。"

也许顾客这一次不计划消费另外两个"头"，但在心里总会留下一些遗憾，也会勾起下次消费的欲望，圆一个"三头宴"的念想。

再比如给顾客上"金沟扒蒲菜"时可以这样介绍："这道金沟扒蒲菜是淮安四大名菜之一，出自于淮安的勺湖和月湖。应该说呢，全国各地都有蒲菜，但是只有淮安产的这个蒲菜最好吃。有句诗道'春蔬哪及吾郡好，入馔蒲芽不论斤'。意思就是说淮安的蒲菜非常金贵，一根一根地卖。相传宋代的梁红玉抗金的时候，在弹尽粮绝之际，偶然拔出这个蒲菜的蒲根，拿水煮过后，发觉很好吃，清脆、洁白、细腻。再到后来，慢慢地就演变成用鸡汤把它上屉去蒸，成为淮安的四大名菜之一。"

菜肴故事是菜品的"灵魂"。给每一道菜编一个故事，是饭店服务中非常重要的一门功课，也是点菜员和服务员培训中最为重要的部分。

4 席间服务应灵活

席间服务是指菜品上桌超过一半以后的服务。菜品上桌一半以后，顾客会一边吃饭，一边喝酒，一边聊天。这时候服务人员则是一边继续上菜，调整桌面，一边进入席间服务阶段，包括换骨碟，不断给顾客斟酒、斟茶、派菜等，使餐桌保持"三满"（酒水满，茶水满，汤锅满）"三干净"（烟灰缸干净，餐盘干净，桌面干净）。

在这一阶段，如果顾客不喝酒的话，就会比较安静；如果顾客喝酒，则会比较热闹。服务人员要根据顾客就餐时的气氛进行调节。喜欢安静的，服务人员要顺应顾客，保持安静；喜欢热闹的，服务人员或者管理人员要运用敬酒辞，与顾客互动起来（见图3-17）。

总之，能说顾客想听的话，会做顾客需求的事；应答不卑不亢，做事不挑不拣；有节奏地上菜，有眼色地提示；正话玩笑分得清，重点顾客记得准；该介绍的适时插入，一句不少；商务谈判申请回避，一句不听；大大方方交流，静静悄悄服务；说话面带微笑，服务有头有尾。只有与顾客之间有了真正的交流，让顾客感受到了你的用心，你的服务才能被顾客认可，也才是顾客需要的。

图 3-17

巧用敬酒辞

敬酒辞是与喝酒的顾客沟通的法宝，能够活跃顾客之间的气氛，但对服务人员的综合素质要求也会比较高。因为喝酒时，顾客的玩笑话有时会让人难以回答，服务人员必须能分清楚玩笑和正话，善于发现顾客的赞美点，使用幽默化解尴尬。

阅读链接：
敬酒词精选

1. 家和人和和和美美，家事人事事事如意，给您端杯和气酒，祝您家和万事兴。
2. 祝您百事可乐，万事芬达，天天娃哈哈，月月乐百氏，年年高乐高，心情是雪碧，永远都开心。
3. 我高兴，不如您高兴，您高兴所以我高兴，为您服务我很荣幸，也很高兴。
4. 祝您的事业和生活像中秋的圆月一样，亮亮堂堂，圆圆满满。
5. 祝您财源滚滚，身体棒棒，爱情甜甜，好运连连。
6. 大家笑一笑，生活才会有情调。
7. 删除昨天的烦恼，确定今天的快乐，设定明天的幸福，愿您今天快乐，明天会更好。
8. 酒沾唇，福满门；唇沾酒，愿您辈辈都富有。
9. 看您左腿压右腿，喝酒好比喝白开水。
10. 男人吃醋，感情丰富；女人吃醋，家庭和睦。
11. 祝您踏上孙悦的"幸福快车"，喝上刘德华的"忘情水"，过上宋祖英的"好日子"。
12. 祝福像一束鲜花，祝福像一份真情，祝福里有一份责任，在此我代表××把这一份真情送给您。
13. 祝您今天的事业像飞鸟一样展翅高飞，明天的事业像雄鹰一样鹏程万里。
14. 给您敬杯酒，愿幸福时时与您碰头，快乐天天伴随您的脚步。
15. 以真诚为半径，以尊敬为圆心，给您端起这杯酒，送您一个圆圆的祝福。
16. 美丽的人生是短暂的，幸福的人生是永恒的，祝您永远开心幸福。
17. 盐是咸的，糖是甜的，我的祝福是真诚的。
18. 祝您在新的一天里致富踏上万宝路，事业登上红塔山，情人赛过阿诗玛，财源遍布大中华。
19. 一年12个月，祝您月月平平安安；一年52个周，祝您周周精精彩彩；一年365天，祝您天天快快乐乐。
20. 祝您佛光普照，财神关照，嫦娥围绕。
21. 流水匆匆，岁月匆匆，唯有友情留在心中。

22．愿我的祝福像高高低低的风铃，给您带去叮叮当当的快乐。

23．愿甜美的笑容常挂在您的脸上，愿您的生活像笑容一样完美无瑕。

24．愿您每一天都精彩，每一步都平安，每一刻都快乐，每一秒都幸福。

25．祝福像把金钥匙，打开三扇门，幸福、健康和财神。

26．鲜花奉献给春天，彩虹奉献给天空，我的祝福奉献给各位。

27．一朵鲜花打扮不了春天，您的事业也离不开各位的支持。

28．祝您一帆风顺，二龙腾飞，三阳开泰，四季平安，五福临门，六六大顺，七星高照，八方来财，九九同心，十全十美。

29．送您三个八，祝您发发发；送您三个九，前前后后都拥有；送您三个三，做啥事都过关。

30．笑是世界上服用最方便、营养最丰富、功效最神奇的环保型美容佳品，愿您开心快乐到永久。

31．锦上添花的是哥们，雪中送炭的是朋友，有福同享、有难同当的是兄弟，心有灵犀是知己，愿您应有尽有。

32．如果心是近的，再远的路也是短的；如果友谊是蜜做的，再苦的海水也是甜的，您喝了这杯酒，忙碌的一天也是快乐的。

33．愿您所有的希望都能如愿，所有的梦想都能实现，所有的等候都能出现，所有的付出都能兑现。

开餐敬酒词

1．面对美味佳肴，奔上小康之道；品尝杯中美酒，幸福到永久。

2．祝各位一天都高兴，两手把钱挣，三餐把杯碰，四面关系硬。

3．追求和欢乐同在，创造和财富同在。我们大家都有自己的明天，大家共就一杯酒，一起去创造我们更加幸福、更加美好的明天。

4．在这一天里，祝您好事接二连三，心情四季如春，生活五颜六色。

5．相遇是缘，相知是分，即相遇又相知是缘分。有缘为朋友，情愿为知己，愿您用真诚的心去感受人生，享受人生。

6．人之所以快乐，不是得到的多，而是计较的少。财富不是一辈子的朋友，而朋友却是一辈子的财富，祝大家友谊天长地久，地久天长。

7．高官不如高薪，高薪不如高寿，高寿不如高明，高明不如高兴，既然大家这么高兴，就为今天的高兴共举一杯吧。

8. 今天是酒好，菜好，喝杯友谊酒更好。

9. 酒美人美情更美，花满酒满幸福美满。

送给年轻人的敬酒词

1. 时间可以淡化记忆，可以衰老容颜，可以将沧海变为桑田，但不能熄灭友情的火花，为友情大家干杯吧！

2. 时间在一秒一秒地失去，青春在一天一天地度过，愿您珍惜这一分一秒的青春，去追求，去探索，前途无限。

3. 常言道"朋友多了路好走"，五湖四海相聚到一起成为朋友确实不容易，在这里衷心地祝福大家友谊长存。

4. 烟是寂寞的替身，酒是忧愁的替身，菜是平静的替身，在这里我祝您是健康快乐的替身。

5. 兄弟不一定合情合理，但一定知心知意；不一定常常联系，但一定放在心里，祝各位兄弟似海深。

送给女士的敬酒词

1. 人面桃花别样红，喝酒还是美人行。

2. 女士是鲜花，人人关爱她。

3. 酒是美容水，越喝越貌美；酒是美容霜，越喝脸越光。

4. 坐着十九，站着十八，越看越像刚出水的芙蓉花。

5. 看您脸上红霞飞，一看就像杨贵妃。

6. 赛西施，比貂蝉，气死杨玉环。

7. 看您如此温柔，喝酒肯定不愁。

8. 青青的山，碧绿的水，也比不上您如花似玉的美。

9. 好女人简简单单，我的祝福不简单，祝您美丽压群芳，善良传四方，温柔无法挡，青春一百年。

10. 您看您的美丽是楚楚动人，光彩照人，美丽可人，迷死男人，气死女人。

11. 一般的女人不喝酒，喝酒的女人不一般，女人不喝一般的酒。

12. 女士的成功要比男士多付出一倍的辛苦，在挑起家庭的同时又担起了事业，由您今天的成功可以看到您一路走来的风霜雨雪，给您端杯酒，俗话说"送人玫瑰，手留余香"，我也沾沾您的福气！

送给老师的敬酒词

1．一支粉笔，两袖清风，三尺讲台，四季晴雨，五脏六腑，七言八语，九思十分用心，方能成为桃李满天下。

2．有人说老师是最辛苦的，而您却说您是最富有、最充实、最满足的，因为您心中有千千万万个牵挂的学生。

3．三尺教鞭，伴君岁月知多少，讲台不朽，镜里容颜不老，最爱中华展翅腾飞早。

4．您是园丁，耕耘大地，为祖国山河添秀色；您是春风，吹开桃李，神州大地尽芬芳。

5．人们都说老师是大海的航标灯，由于您的指引学生才能到达大海的彼岸。

6．有这样一句话，不夸人间桃李多，只留清风满乾坤。我真羡慕您的职业，您是培养国家栋梁的功臣，希望您对我们的工作多加指导。

7．您像花朵一样美丽，给世界送去芬芳，在这里祝您的生活像阳光一样灿烂。

8．您是我们辛勤的园丁，培育了一代又一代的栋梁之才，在此向您道声"辛苦了"，同时也祝愿您桃李满天下，春晖遍四方。

9．成功源自您的栽培，优秀出自您的耕耘。

家庭聚餐敬酒词

1．日圆月圆人团圆，一尊皇牛大团圆，祝您全家生活美满幸福。

2．花好月圆人团圆，带来相思和祝愿，幸福快乐好梦圆。

3．喜悦的岁月长流，温馨甜美的时光永驻，祝您家庭幸福美满，笑口常开。

4．送上一曲《越来越好》，祝您家庭越来越好，工作越来越好，身体越来越好。

商务聚餐敬酒词

1．人在商海走，哪能不喝酒；人在商海飘，哪能不喝高。

2．生产是摇钱树，合作是聚宝盆。

3．祝您的事业蒸蒸日上，红红火火，家庭事业双丰收。

4．给各位老板倒杯酒，祝各位老板生意兴隆通四海，财源茂盛达三江，顺便借各位老板的招财之手，让我也能沾点财源，沾点祥光。

公务聚餐敬酒词

1．您看您整天忙于大事小事，都是忙于人民事，所以祝您事事顺心，事事如意。

2. 没有共产党就没有新中国，没有您这样的好领导，哪有我们现在的幸福生活，借此给您端杯酒，祝您辉煌的事业更辉煌，灿烂的人生更灿烂。

3. 人民需要您这样的父母官，祖国需要您这样的优秀人才，我小而言之，代表我自己，大而言之，代表祖国和人民为您端起这杯酒，祝您一跃千里显豪情，大展宏图显神驹。

4. 金元宝，银元宝，也比不上您这样的好领导。

5. 领导领导，如今有了您这样的好领导，才有现在的幸福生活，在此给您端杯酒，向您说声"辛苦了"。

生日聚餐敬酒词

1. 一看您就不一样，挥洒自如，光彩夺目，肯定是事业有成的人士。今天是您的生日，祝您工作一帆风顺，步步高升，家庭事业双丰收。

2. 人生像单程列车，在漫长岁月的轨道上，驶向每一个生日的停靠点。用自己的心装卸点什么吧，愿一年 365 天，天天如今日，轻松又充实。

3. 上帝拜托太阳在您生日这天，放射了最美丽的光，愿您的生活同阳光一样绚丽多彩。

4. 羡慕您的生日是这样的浪漫，充满诗情画意，希望您每天都快乐、健康、美丽。

及时撤换餐具

撤换餐具是饭店服务中使用最为频繁的动作之一，目的就是为客人提供一个良好的用餐环境。撤换餐具要做到及时而不干扰客人用餐，这就要求服务员必须按照操作标准认真执行。

例如，较高级的酒席、宴会，往往需要两种以上的酒水饮料，并配有冷、热、海鲜、汤、羹、甜、咸、炒、烩、扒、煎等不同的菜品。顾客使用的小件餐具、用具会比较多，这时就需要服务员及时更换。

在用餐过程中，通常下列情况需撤换餐具：

① 凡是装过鱼腥味或海鲜类食物的骨碟；

② 凡是装过甜菜、甜点、甜汤的汤碗；

③ 食用风味独特、调味特别的菜肴前；

④ 食用汁芡各异、味道有别的菜肴时；

⑤ 碗碟中洒落酒水、饮料时；

⑥ 骨碟中残渣过多时（凤爪、排骨等）。

5 结账沟通有"板"可依

当顾客提出埋单时，服务员应该搞清楚以下几件事情后再前往收银台：

① 顾客有没有会员卡或餐券——请问您有会员卡或者我们的返券吗？

② 顾客付现金还是刷卡——请问您今天是付现金还是刷卡？

③ 没有开瓶的酒水是否退掉——您这一瓶酒需要退掉吗？这半瓶酒需要寄存吗？

④ 是否需要开发票——您要开发票吗？

⑤ 单位名称是什么——请问您单位名称怎么写呢？

⑥ 是否需要打包——这些剩菜需要打包吗？

只有搞清楚这6件事，才能一次性给顾客完成埋单服务。

回应顾客时应该这样说：

① 您消费了468元，收您500元，请稍等。

② 好的，请稍等，马上就来。

③ 好的，请您和我一起到收银台刷卡吧，辛苦您了。

找零赠券时应该这样说：

① 这是给您的找零和发票，请过目。

② 这是赠送给您的赠券兑换单，待会到门口迎宾处兑换就可以了。

征求意见时应该这样说：

① 不知道我今天的服务您觉得还满意吗？

② 我是新手，有不到之处，还请您多多包涵。

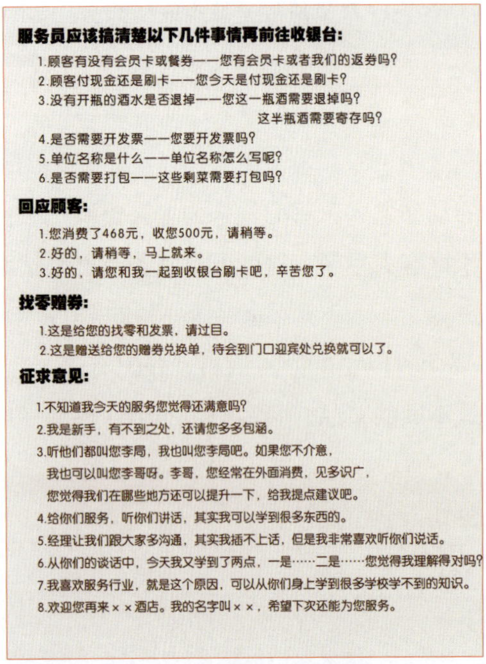

图 3-18 结账标准参考模板

③ 听他们都叫您"李局",我也叫您李局吧。如果您不介意,我也可以叫您李哥呀。李哥,您经常在外面消费,见多识广,您觉得我们在哪些地方还可以提升一下,给我提点建议吧。

④ 给你们服务,听你们讲话,其实我可以学到很多东西的。

⑤ 经理让我们跟大家多沟通,其实我插不上话,但是我非常喜欢听你们说话。

⑥ 从你们的谈话中,今天我又学到了两点,一是……二是……您觉得我理解得对吗?

⑦ 我喜欢服务行业,就是因为可以从你们身上学到很多学校学不到的知识。

⑧ 欢迎您再来××饭店。我的名字叫××,希望下次还能为您服务。

针对以上介绍,我们可以将这种结账模板制成卡片(见图3-18),发给服务人员,以供结账时参考之用。

❻ 像送亲戚一样送走我们的贵宾

饭店服务工作要有始有终,绝对不能虎头蛇尾,以为顾客就餐即将结束,后面的工作就马马虎虎。这有可能导致之前的良好服务大打折扣,甚至给顾客留下非常不好的印象。

送水果不可敷衍了事

顾客就餐完毕后,一般饭店会给顾客送上水果爽口。也有饭店采用的是换茶、送口香糖或冰激凌的方式,但大多数仍以送水果为主。然而,有的饭店把送水果当成了任务一样,送去的水果除了西瓜,还是西瓜,口感好不好吃也不考虑,很多顾客吃了一口就不再吃了。顾客非但不会感谢你,反而觉得是多余的。所以,送水果,要么不送,要送就送品质好的(见图3-19)。至少要给顾客一个好的结尾,虽然很多顾客并不会因送的水果不好吃而去投诉。

切记,服务的最后一刻也不要忘了制造故事,加深顾客的印象。这将是饭店的活广告。

图 3-19a   图 3-19b

送客为服务画上圆满句号

送客是礼貌服务的具体体现，表示对宾客的尊重、关心和欢迎。由于临近尾声，送客往往是餐饮服务中最容易被忽略和不为关注的项目。有始有终的服务，能够加深顾客的印象，为企业赢得良好的声誉。在送客过程中，服务人员应做到礼貌、耐心、细致、周全，使客人满意。其要点为：

1. 宾客不想离开时绝不能催促，也不要做出催促宾客离开的错误举动。

2. 客人离开前，如愿意将剩余食品打包带走，应积极为之服务，绝不要轻视他们，不要给宾客留下遗憾。

3. 宾客结账后起身离开时，应主动为其拉开座椅，礼貌地询问他们是否满意。

4. 要帮助客人穿戴外衣、提携东西，提醒客人带好自己的手机、包、钥匙等物品。

5. 要礼貌地向客人道谢，表示很乐意为其服务，赞美可以跟顾客学很多东西。

6. 要面带微笑地注视客人离开，甚至亲自陪送宾客到饭店门口。

7. 如遇特殊天气，要亲自将宾客送到门口或车上。下雨时为没带雨具的宾客打伞，扶老携幼，帮助客人叫出租车等，直至宾客安全离开。

8. 对团队聚会的活动，欢送要隆重、热烈，区域服务员和管理人员要列队欢送，使宾客真正感受到服务的真诚和温暖。

> **阅读链接：**
> **中餐零点服务流程操作细则**[①]

一、准备工作

1. 了解情况：（1）掌握宾客的国籍、身份、宗教信仰、风俗习惯以及饮食忌讳。（2）知道主办单位、宴会日期、时间、标准、人数、地点、宴会内容、目的及特殊要求等。（3）了解高规格的宴会是否需要会议室、休息室，有无附桌及其他要求。

2. 熟悉菜单，便于服务时进行介绍。根据菜单所列菜式的服务要求，计算餐具的用量，特殊菜的作料，准备服务用品。

3. 物品准备：（1）根据桌数和菜单选配银器、瓷器、玻璃器皿、台布、口布、小毛巾、桌裙、转盘等必备物品，餐具准备要留有余地。（2）准备好宴会菜单，菜单装帧要美观、精巧。

4. 布置宴会厅：根据宴会的类别、档次进行合理布置，检查灯光、室温、音响、家具、设施是否完好。

5. 环境卫生：（1）检查通道、走廊、卫生间。（2）检查地毯、墙、柱、灯饰、窗帘、椅面、天花板。（3）检查工作间、后台。（4）检查艺术品、花卉、盆景。

6. 按菜单要求备足各类酒水饮料：（1）用布擦净酒水饮料的瓶子。（2）在工作台或工作车上摆放整齐。

7. 开餐前半小时，将一切准备工作做好。

二、班前会

1. 接受个人仪表仪容检查，制服穿戴干净整洁，符合要求。

2. 接受工作安排。

3. 听取部门工作指令。

4. 了解厨房当天菜点、水果的供应情况，特色菜点的原料、口味和烹饪方法等。

三、服务员自查

1. 复查本档分区内的台子、台面、台布、台面餐具、各种调味品、烟缸、牙签、

---

① 本细则参考《中等职业饭店服务与管理教材系列——中餐服务》改编而成。

火柴、台号牌等是否齐全整洁，放置是否符合要求，椅子与席位是否对应等。

2. 备好点菜单、酒水单、笔、菜单、托盘、备用餐具、小毛巾、工作台内储存品等。

3. 检查完毕，餐饮部经理及管理人员组织部分服务员站在饭店门口等候第一位客人，然后各就各位站立于分工区域规定的迎宾位置迎候客人，要求站姿端正，两手下垂交叉于腹前，仪态端庄，微笑自然。

四、迎宾

1. 客到前 5~10 分钟，主管、领位员在门口迎候宾客。

2. 客到时用敬语表示欢迎：(1) 中午好，欢迎光临。(2) 您好，××经理，欢迎光临，您在××厅，请这边走，我带您去。(3) 您好，××经理，欢迎光临，请问您有预订吗？(4) 您好，欢迎光临，请问几位？请这边走。

五、侍应服务

1. 为客人接挂衣帽："请将您的衣帽给我，我为您保存。"接挂时勿倒提，以防衣袋内物品掉出，有衣帽间的应备有衣帽牌。

2. 派热毛巾：从客人的左手边上派送，并配礼貌敬语："您好，请用热毛巾。"

3. 点茶水，询问主人或主宾："请问各位来点什么茶水？绿茶还是乌龙茶？"

4. 上茶水（第一杯礼貌茶）：依据现到客人人数，从主宾位开始（有老人的情况下从老人开始），顺时针方向替客人斟茶，茶不能斟满（七分满）。

5. 落席巾、落筷套可以一步到位：右手抓住席巾的两角在客人身后抖落（声响不能太大），打开后压一角在盘下；落筷套时右手收筷套，筷套两端朝向自己。

6. 收去多余的餐位。

六、递菜单

翻开菜单第一页，从上菜位双手奉上，转到主人位和主宾位之间，借助手势请客人阅览。（先生／女士，这是本店的菜单，请您随便看一下，稍后为您点菜。）此时可以做其他的事情，但不能远离房间。

七、加茶水

巡视一遍，及时为客人添加茶水。

八、为客人点菜

询问客人此时是否可以点菜，按照点菜的有关知识和要求为客人介绍合适的菜品。

1. 当客人阅读菜牌时，站在客人左侧，身体略向前倾，让客人有充足的时间选菜。此时要专心倾听顾客说话，不要东张西望，以便随时上前点菜，不能将点菜单放在餐桌上填写。点菜注意从主人开始，遵循女士、主宾优先的原则。

2. 当客人询问菜式内容、制法时，须耐心回答，引导客人选菜，推销特别菜式。

3. 写单后必须在客人面前直接重述一遍。

4. 如客人所选菜式缺少或估清，应尽快通知客人，并给客人介绍相似的菜式。

5. 菜式烹调时间过长或者有其他特殊情况，应向客人说明原因并征求意见。

6. 填写菜单迅速、正确、工整，写明桌号、顾客人数、菜名全称、分量、价格、填写时间，并注明客人的特殊要求。如是"叫"单必须注明。

7. 冷菜、甜食、明档需分单填写，每份点单一式三联。

九、点酒水

1. 询问客人：先生／女士，请问今天来点儿什么酒水饮料，红酒还是白酒？

2. 点完酒水后必须向客人重复一遍客人所点的酒水。

3. 询问客人的特殊要求：加冰、加热、加柠檬等。

4. 取酒水时必须用托盘。

5. 取回后再次向客人展示酒水，高档酒水必须唱点，酒标朝向主人和主宾。

6. 开酒水。

十、上冷菜、斟酒水

1. 此时要注意菜肴的颜色搭配、荤素搭配、盘型搭配。

2. 斟酒水前征询客人意见。从主宾位开始，顺时针转。按斟酒的要求操作，先宾后主，先女后男，站于客人右手斟酒，不可左右开弓。斟酒顺序：洋酒→葡萄酒→白酒→饮料（如客人任何饮料都不要，可以给客人倒上茶水）。

3. 如客人将上衣放在椅背上，要主动帮忙将衣服放好，并随即将整洁的遮衣巾覆盖其上。

十一、撤多余餐具

环视桌面，将桌上多余的餐具撤掉。

十二、看热菜单

快速浏览客人所点热菜，将热菜所需的配套用具提前准备好。

十三、上热菜

1. 上菜前，先检查一下所上的菜肴与客人点的是否相符。

2. 上菜前，可把花瓶和台号牌撤去。

3. 中餐按冷盆、炒菜、鱼、蔬菜、汤、饭（点心）、水果的顺序上菜。

4. 上菜时要轻步向前，轻托上桌，到桌边右脚朝前，侧身而进，托盘平稳，放盘到位，报准菜名，做适当介绍。放菜时手要轻，每上一道菜都要先转到主宾位停下，用手势告诉客人"请慢用"。

5. 上整鸡整鸭整鱼时，要主动为客人用刀叉划开，做到鸡不献头，鸭不献掌，鱼不献脊。

6. 客人用完腥、辣、甜和骨刺多的菜肴后，要及时为之换骨碟。

7. 在上需用手抓的菜肴前，要先给客人上毛巾，毛巾应该放在毛巾筐内，并跟上洗手盅。

8. 热菜上齐后，应向主客示意，询问客人还有什么要求，然后退至值台位置。

9. 上菜一律用托盘，左手托盘，右手上菜。

十四、席间服务

1. 整个服务过程，值台服务员必须坚守岗位，注意"三轻"，即说话轻、走路轻、操作轻。

2. 需要分的菜，上台后将转台向客人转示一圈，然后在工作台上把菜分好，从主宾起按顺时针方向依次在客人的右边把菜端上，在菜盆内留少许备添。注意：主宾优先、主人其后；上级优先、下级其后；长者优先、幼者其后；女士优先、男士其后。

3. 如上螃蟹等需用手抓的菜肴，及时送上洗手盅，盅内温水约七成，盅内加花瓣或柠檬解油腥。

4. 上甜品、点心。上完最后一道菜必须告诉客人菜已经上齐。

5. 在服务过程中要谨记服务四要素：

(1) 服务环境要净，切忌横七竖八；

(2) 服务方式要勤，切忌慢慢吞吞；

(3) 服务质量要精,切忌简单粗糙;

(4) 服务态度要亲,切忌横眉冷对。

十五、巡台

包括清理台面、斟酒水、撤换骨碟或烟灰缸、添加茶水和酒水、撤换毛巾等。具体要求:主动服务、态度友善、语言亲切、动作敏捷、精神专注。

十六、结账服务

1. 及时清点客人所点物品和酒水饮料,未开启的酒水饮料要询问是否退回吧台。

2. 通知吧台打出消费清单,服务员做好核单工作,不得有疏忽、遗漏。将账单放入收银夹中,在客人要求结账时,双手奉上账单。

3. 呈账单时要保持适当的距离:"先生/女士,这是您的账单,请过目。"如果客人要求报出金额,则要用适当的声音报出。

4. 收到结账金额时要向客人道谢。原则上不能询问客人是否开发票。

5. 结账方式有现金、信用卡、支票、签单等。现金当面点清,辨别真伪,唱收;信用卡要客人输入密码;支票应有公司财务盖章、本人盖章以及本人的有效证件、联系电话,看清支票的限额、截止日期,要清晰无折叠、无污渍,用标准签字笔填写;签单则有主管部门提前通知。

十七、送客服务

1. 提醒客人带好随身物品。

2. 检查房间物品。

3. 拉椅,协助客人拿物品。

4. 领客人到门口,交还客人物品,再次向客人致谢,待客人走后,方可离开。

十八、善后工作

1. 客人离开后,服务员应关掉大灯、抽风机、电视等,检查客人有无遗留物品,自己有无丢失物品。

2. 撤台步骤:撤口布→撤酒具→撤餐具→撤其他物品→撤台布。

3. 摆台,准备接待下一批客人。

第三节 没有惊喜，等于什么也没做（感受到的）

顾客的需求不是服务人员凭空想出来的，而是服务人员在第一时间看到的，感受到的。服务人员只要和顾客接触的时候是用心的，就能在第一时间发现顾客的各种细小需求，并及时给予满足。否则你的工作就不是为顾客所做的，只是为工作，为工资，为应付管理人员检查而做，顾客自然不会感动。

对于谈恋爱的两个人来说，如果在两个小时的相处中，都不能给对方留下一些美好印象的话，我想这两个人可能走不到一起。服务顾客也是同样的道理。几乎每一桌顾客我们都要服务一个小时以上，如果这期间不能给顾客留下一些美好的印象，起码说明工作人员没有用心。

对于顾客来讲，饭店如果不能给顾客制造一些惊喜和感动的事情，服务就会被忽略。换句话说就是"没有价值"。没有顾客愿意为"没有价值"的东西付费的。

1 各类型顾客服务预案

熙熙攘攘的饭店里，每一桌顾客，乃至每一位顾客，都各有各的消费需求和期望。如果饭店只有一套服务标准，是无法满足多数顾客的，或者说只能满足基本的流程需要，却难以让顾客留下美好的就餐经历。很多饭店由于对服务的重要性理解不到位，导致顾客忽略服务的存在，只能记住几道可口的菜品而已。

其实，从一家饭店诞生之日起，如果想做大、做长、做久的话，就应该有一套为不同类型顾客服务的理念（见表3-7），意在让更多的顾客留下美好的印象。

表3-7 各类顾客服务预案列表

消费类型	服务主题	具体服务措施
庆祝生日	别出心裁	集合8名以上员工给顾客唱生日歌，送鲜花，合影留念。如是预订顾客，可提前布置房间台面，送长寿面、特制生日纪念品……给予更多惊喜

(续)

消费类型	服务主题	具体服务措施
单位聚餐	参与联欢	
商务合作	规范职业	
接风送别	歌声感动	
公务聚餐	给足面子	
节日祝福	用纪念品保留印象	
家庭用餐	关注老人和孩子	
特殊顾客	投其所好	
零点散客	重视迎送	
……		

阅读链接：把握各类型顾客消费的服务技巧

餐饮服务中会遇到各种各样的客人，研究和掌握其不同的就餐心理，因人而异采取不同的服务举措，可使不同客人对服务都感到满意，进而产生愉悦感，提高其对企业的忠诚度，使回头客大大增多。

通过对各类型食客的消费心理、性格、年龄、消费阶层进行分析和研究，具有代表性的服务技巧大致可分为以下几种：

一、女性消费服务

当今社会，女性扮演的角色越来越重要，女性消费者逐渐成为各行业竞争的主流顾客。具体到餐饮业，此类顾客可以分为三个阶层：一是女大学生；二是白领女性；三是个体女老板。

从这些顾客进入饭店到引客入座后，根据年龄特征、穿着特征、谈话特征和行为特征，我们基本可以判断出她们属于哪一类型的顾客群体。迎宾员、服务员，以及管理人员在进行服务时就要有针对性，让顾客有亲近感，从而提升顾客的满意度。

针对女大学生比较活泼开朗的特征，服务人员在安排座位时，不必考虑太多因素，因为这些年轻人无论在哪里都能成为主角。但在点菜时，要尽量考虑经济实惠且口味清淡的菜品，还可以为其推荐一些甜点和红酒。在服务的过程中，尽量配置活泼一点的服务员，尤其是男服务员。值得注意的是，此类顾客在需要服务时，如果找不到服务员，可能会大声呼喊，尤其是在大厅消费时，可能会影响其他顾客。所以安排此类顾客时，尽量避开家庭消费者，以及年龄较大的顾客。

针对职业白领女性比较含蓄、安静的特点，服务人员在安排座位时，就要考虑相对明亮或靠窗户的位置。和工作时紧张、封闭的环境造成对比和反差，使其获得比较开阔的视野。在点菜时，要考虑到有典故的菜品，从而更具饮食文化性和传播性。在服务过程中，最好委派相对成熟的女服务员或者稳重的男服务员，尽可能与其进行某些观点的交流。

针对个体女老板不差钱的特征，服务人员应尽可能安排安静的位置。点菜时要多推荐一些美容养颜和养生菜品。服务过程中态度尽可能大方，真诚谦虚，不要过于频繁打扰或者冷落对方，适中即可。

二、商务消费服务

商务消费是饭店收入最重要的来源，就消费性质可以分为无主题商务用餐和主题商务用餐。无论哪种商务用餐，一般都多为男性顾客。男人在一起主要是面子问题。因此，服务此类顾客尽量要多考虑给足请客人和被请人面子。点菜时要从中高价位的菜品开始推荐，逐步提升，不可直接把最贵的菜推荐给顾客，以免使请客的人难堪。

商务消费最常说的一句话就是"无酒不成席"。所以，在服务的过程中"斟酒"就是最大的工作量。服务员倒一圈酒需要两分钟，而顾客喝一杯酒可能只需要两秒钟。遇到此类顾客时，如果一个服务员忙不过来，就需要求助其他服务人员或者领班亲自上马，务必确保酒水及时斟倒。否则，顾客就会评价饭店服务跟不上。

另外，在斟酒的过程中，服务人员也可以根据顾客兴致，参与敬酒活动。当然这首先要根据顾客谈话内容判断是无主题商务消费还是有主题商务消费。如果能够判断是无主题商务用餐，那么服务人员可以大方地送上敬酒辞，和顾客一同开心。如果是有主题的商务用餐，则需要察言观色，审时度势，不应该频繁打扰顾客的谈话，服务以不影响顾客谈话和就餐为准。

为此类消费者服务，需要注意的就是，在开酒之前尽可能征求顾客的意见，并将空酒瓶统一放置在备餐台上，以备顾客查看。

三、家庭消费服务

随着人们生活水平的不断提高和生活方式的改善，以家庭为单位的消费群体逐年增多。特别是家常菜和火锅，更受此类顾客青睐。针对家庭消费群体，服务人员无论在上菜的位置上还是秩序上，都要避开孩子和老人。征求服务项目和点菜一般以女主人为主，点菜要讲究经济实惠，还要推荐一些适合老人和孩子吃的菜品。

在服务的过程中要嘴甜、腿勤、多请示、多赞同。给予亲情化的服务感觉，善于在添加小菜和辅料上以示关注和重视，满足顾客的一些个性需求。就餐过程中，根据孩子的年龄大小和就餐情况，适时送上儿童专用餐具，甚至是儿童食品。结账前要征求剩菜是否打包，结账时送给孩子小礼物创造深刻印象，争取下次消费的机会。

四、主题聚会服务

主题聚会主要指婚宴、寿宴、谢师宴、生日聚会等。这类聚会一般是套餐或者包席，服务的形式相对统一，接头人也比较有针对性。然而，正因为这类聚会有比较固定的接头人，饭店往往容易忽略部分普通顾客的感受。因此，为此类顾客服务，管理人员和服务人员必须有明确的分工，管理人员主要满足宴会负责人的消费需求，服务人员则更多关注普通顾客的细节服务和个性需求。

对饭店来说，群体较大的主题宴会是一把双刃剑，做好了，能给饭店带来更多的客源；做不好，负面影响也会比较大。群体较小的主题宴会，如发布会、年会、表彰会等，由于顾客阶层比较统一，所以较容易控制服务的方式和节奏。服务此类顾客，要求配套的设备和服务工作也要随着主题的变化而变化，不仅仅保证顾客吃好喝好，最重要的是协助主办方调整好宴会气氛，做到有序、规范，并且做好收尾和送客工作，使服务有始有终。

综上所述，无论是女性消费、商务消费、家庭消费，还是主题宴会，关键还是满足顾客的个性需求。所以，服务员在服务过程中要善于观察和总结，见微知著，从顾客的一句话、一个动作、一个表情中揣摩出顾客的关注点，并根据顾客的性格和关注点来制定更有针对性的服务方案，才能最终使顾客满意。

❷ 个性服务才能记得住

青岛海景花园酒店以服务周到入微著称。他们把服务分为三个层次：

第一，让顾客满意。顾客认为必须做到的，服务人员按规矩、规定、标准向顾客提供服务，通常就可以让顾客满意。这就要求服务人员在为顾客服务的整个过程中，始终要展现出积极热情的态度。

第二，给顾客惊喜。顾客认为可以不做，但我们做到了，迎合了客人的喜好，规避了客人的忌讳，就可以给顾客以惊喜。这就要求员工懂得如何识别、挖掘顾客的潜在需求，并且在顾客到来或者开口之前及时予以满足。凡是顾客提出的需求，无论酒店和个人是否有能力解决，都要尽最大的努力去做。另外，在特定环境下，记住顾客的忌讳，比记住顾客的喜好更重要。这样才会给顾客惊喜。

第三，让顾客感动。顾客想都没想，或认为酒店不可能做的事，特别是在顾客有困难需要帮助，同时认为这与酒店毫无关系时，我们帮助了他，就有可能让顾客感动。这就要求员工宁可牺牲酒店和自己的利益，也要为顾客排忧解难。尽管这些不属于酒店的服务范畴，但我们做到了想顾客所想，急顾客所急，帮顾客所需，顾客才有可能感动。

要做到这些，管理者除了对员工长期进行理念培训和引导外，还要有相应的方法做指导。比如：不断总结和累积个性化服务用品（见图3-20），把一个服务员的好点子变成整个企业共用的点子，让更多的顾客感受个性化服务。再则，要不断增强瞬间捕捉个性化服务迹象的能力等（见表3-8）。这就需要管理者不断指导员工抓住"三个机会"，让优质服务成为一种习惯行为：

图3-20 个性化服务用品

表3-8 个性服务瞬间捕捉参考表

序号	顾客需求迹象	需求判断	采取服务措施
1	在楼道或大厅张望	可能找人或找地方	迅速上前打招呼
2	在座位上扭头	可能需要什么东西	迅速上前打招呼
3	掏烟	需要火和烟灰缸	抢步点火，并挪动烟灰缸
4	舀一勺汤品尝后，犹豫	可能需要调料	迅速提供调料盒，并询问
5	看备餐柜上的酒水	可能需要加酒	迅速上前询问
6	看空调	可能有点热或冷	迅速上前询问后调整空调温度
7	没有喝茶	可能口味不适合	给顾客倒一杯白开水，并询问
8	连续看表	可能要赶时间	迅速上前询问，并加紧催菜
9	……	……	……

① 当你准备向客人说不时,用心做事的机会就到了;
② 当客人有个性化需求时,让客人惊喜的机会就到了;
③ 当客人有困难需要帮助时,让客人感动的机会就到了。

❸ 好案例要留下来分享

案例分享是服务员最好的培训教材。管理人员要督促服务员把每天发生的事情,把自己服务顾客的心得,把顾客的每一次投诉,每一个惊喜,都一一记录下来。然后定期召集大家相互讨论,吸取教训,总结经验,把一个个服务的好点子变成一项项服务顾客的行动,从而提高服务人员的整体素质和服务水平(见表3-9)。

表3-9 服务案例分析表

案例整理及分析			
服务/管理主题:			
案例描述:			
案例解读:			
顺藤摸瓜:		举一反三:	
解决方案:		案例感言:	
		写下誓言:	
事件发生地点:		时间:	
案例撰写人:		本案例提交:	

④ 关键时刻沟通模式

任何时候，当一名顾客和一项商业的任何一个层面发生联系时，无论多么微小，都是一个形成印象的机会，也都是一次"关键时刻"。所有这些"关键时刻"全都由人控制。通过这些关键时刻，顾客对企业的感受，不是装修好不好，也不是产品好不好，而是企业里的"人"怎么样。

把握关键时刻

对于企业来说，获得认同企业服务的顾客，才是唯一真正有价值的资产。除非你善解人意，真心对待顾客，否则顾客下次消费时绝不会选择你，你的企业也就不会有前途。

所以，"关键时刻"的观念提示我们，企业不是静态的、孤立的，而是动态的，是在和顾客接触中"活"着的。任何一个企业，一旦脱离了和顾客的真切接触，就会丧失生命力。"关键时刻"还提示我们，企业的关键人物往往不是整日坐在办公室或者会议室里高高在上的领导团队，而是在第一线亲自接触顾客的人。

因此，让我们首先看清服务的本质，那就是以顾客为导向，以顾客满意为评价标准。否则，我们的服务将是在一个错误的方向和判断下，不断地做着所谓正确的努力和修补，到头来顾客还是不领我们的情，不买我们的账。由此不难看出，服务顾客，态度比行动更重要，理解顾客比给顾客解释更重要。

顾客留给我们表演的时间是有限的。在有限的时间里，我们最重要的工作就是面对顾客扬长，而背对顾客补短。我们要确保与顾客的每一次接触，每一句话，每一个服务项目都能为企业加分，赢得正面的"关键时刻"。

服务是一件不可储存的、一次性的无形商品，带给顾客的只是一种感觉，或者一个符号。就像我们选择一个商品，有时候并不是因为我们真的了解这件商品，而仅仅是一种感觉。

为了给顾客留下这种好的感觉，或者留下一个正面的符号，我们做了很多工作。但是，我们并不知道顾客会对我们的哪一句话，哪一件事情感兴趣。也就是说，我们在和顾客打交道的任何一件事情上，任何一个时段中，都有可能在顾客心里留下一些符号，也许是正面的，也许是负面的。所以我们只要在和顾客打交道，就应该努力把握产生正面印象的关键时刻。

关键时刻"四部曲"

关键时刻不是一个空洞的理论,它通过"探索"、"提议"、"行动"、"确认"4个步骤搞懂顾客到底需要什么,然后快速予以满足,而非自以为是。

第一步,了解顾客的需求和想法,即通过看、听、查阅资料、询问,从而分析出顾客的需求。比如顾客预订之后,服务人员就要查阅这位顾客以往消费的资料。如果没有资料,则需要服务人员通过顾客进店之后的语言和动作,分析顾客的消费类型和性格,然后制定服务策略。如果还是不能确定顾客的需求,则需要与顾客沟通,询问顾客这次的消费如何安排,是按照客位数定额消费还是自点,是否需要帮助推荐等,从中了解顾客喜欢吃什么菜,喝什么酒,宴会的主题等。

第二步,提出适当的建议。只有了解了顾客的需求,才能给予顾客适当的建议,与顾客共同制定宴会的服务方案。

第三步就是行动。执行双方共同制定的服务方案,兑现我们的各项承诺,与顾客建立更深的了解和相互信任。

最后是确认。无论过程如何,都要在最后时刻,征求顾客的消费感受。通过观察顾客的反应,确认顾客是否满意,确认我们的服务是否达到了顾客的期望。

顾客离开饭店之后,管理人员与台位服务人员要全面总结服务中的缺陷(负面关键时刻)以及可值得推广的地方(正面关键时刻),然后填写《服务案例分析表》,并在分享会上与同事交流。

按照这种"关键时刻"的服务模式(见图3-21)不断总结、分析,直至服务人员养成良好的服务习惯和分享习惯,才能不断提高服务水平。

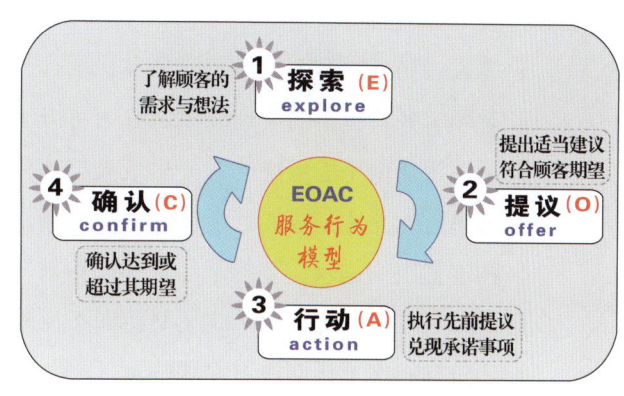

图3-21 关键时刻服务模型图

第四节　接力棒不能丢

我们已经知道服务就像一个接力赛，没有哪一个部门、哪一个人可以自始至终独立为顾客服务。饭店的各个部门都是在为顾客服务的。顾客就餐过程中进行到哪一个环节，哪一个环节的服务人员就要确保不能出问题，而且要尽可能给顾客制造印象，创造正面的"关键时刻"。这也正是可视化管理追求的目标。

那么，为什么要实行可视化？

为了确保顾客在就餐过程中的消费感受。

顾客需要什么样的消费感受？

被关注，被尊重的感受。

因此，可视化管理就是为了确保顾客就餐过程中被关注、被尊重的消费感受，而推进的各项看得见的、明确的、可操作的、可复制的工作标准。

所以，在为顾客服务的过程中，每一个部门，每一个员工都不能掉链子，要严格执行"首问责任工作制度"。不管是谁，发现顾客需求，都要第一时间给予满足，而不是将顾客需求转交给其他人，或者其他部门。这就要求饭店里的每一位员工都要坚持以下5个服务原则：

1. 客人一句话，剩下的事情我来办；
2. 对顾客开口提出的合理要求，绝不可以讲"不"；
3. 凡在饭店内不能解决的，要尽最大努力外出帮助解决；
4. 凡自己无能力完成的，要快速逐级反馈，直至总经理；
5. 顾客提出的需求，要的是结果，而不是一个理由。

对于以下4种情况，也一定要坚持向上反映的原则：

1. 凡是向顾客承诺而没有兑现的；
2. 凡是顾客开口提出的合理需求没有满足的；
3. 凡是没有按照饭店的标准、规范和要求去做，导致顾客不满和抱怨的；
4. 凡是听到、看到顾客抱怨、投诉的。

本节正是通过对服务员、传菜员、卫生间清洁员、收银员、迎宾员和管理员六大区域的基础工作进行完善和可视化管理,力求确保服务工作的顺利开展。

① 服务员接力工作可视化

服务员是顾客就餐过程中的直接服务者,和顾客接触的时间也最久。他们的服务水平和效果能够被顾客一览无余。因此,服务员一定要注重提高自身的服务技能。

不透明用具透明化管理

暖水瓶是用餐区不可缺少的工具。可是一旦忙起来,服务人员往往就会不清楚哪个水瓶里有水,哪个水瓶里没水。顾客这个时候需要喝开水,服务员着急地一个一个晃来晃去,看看哪一个里面还有水。如果都没有水了,服务员也只能无奈地自己去打水。刚刚打来的两壶水,只给自己负责的顾客倒过一次,等到第二次再去倒的时候就没有水了。这个服务员心情能好吗?

要让服务员一眼就能看到水瓶里有没有水,有两个办法:一是使用全透明的水瓶,二是在水瓶上挂牌。显然,第一种方法是不现实的。还是第二种办法,虽然看起来比较笨,却让工作变得很方便。刚灌满水的时候,所有水瓶上都没有挂牌,以后每用完一个水瓶,就挂一个牌(见图3-22)。备餐柜上有两个水瓶挂牌,领班就要协调巡导或者员工前去补充,这样就不至于在最忙的时候,大家都不能及时给顾客提供开水。更何况,在用餐区,一个服务员不只看管一张台位,一旦离开就不能确保服务质量,被叫就会增多。

图3-22

工具到位,使用方便

在用餐区域,服务人员接触最多的就是圆珠笔、开瓶器、打火机、点菜板、点菜单,以及顾客常用的牙签、餐巾纸、骨碟、筷子等返台用具。这些工具、用具一

图 3-23a

图 3-23b

图 3-23c

图 3-23d

图 3-23e

图 3-23f

般都存放在备餐柜里，而一般的备餐柜都是木质结构，所以虽然知道工具就在里面，但由于不能确定具体在哪个抽屉，哪个门里，服务人员只能一个一个地打开查看（见图 3–23a、图 3–23c、图 3–23e）。因此，让备餐柜可视化，把这些工具和用具都固定在一个位置（见图 3–23b、图 3–23d、图 3–23f），服务人员就能瞬间找到，随手可取，不再出现挨个找同事借工具的场景。

小组合作 1 + 1 > 2

在确保服务质量的基础上，少用人、用好人是每一家饭店都在追求的目标。因此，合理规划组织人力资源是饭店管理人员必修的功课。反之，如果员工配置得很全，而服务人员之间又不懂得配合，那么一个人只能服务一桌，还不能保证服务质量。

最好的方法是把饭店以小组为单位分区，而不是把台位分给一个个的服务员。12 张台位如果散分给服务员，每个服务员可能只能分到两张，最少要 6 名服务员，再加上 1 个管理员，一共 7 个人（见图 3–24a）。这种单一的模式，很容易造成服务员不在服务现场，顾客需要服务的时候，只能寻找服务员，要求服务。这样，这个饭店就时常会出现被动服务，造成不良影响。

如果分给小组的话，包括管理员在内，一共只需要 5 个人（见图 3–24b）。服务员与管理人员之间相互照看台面，一个服务员离位，另一个服务员或管理员都能够轻松补位，随时给顾客提供服务。这样，大家形成团队，互相帮助，互相提醒。这样才能向顾客展示企业的优秀文化，也才能留住顾客。

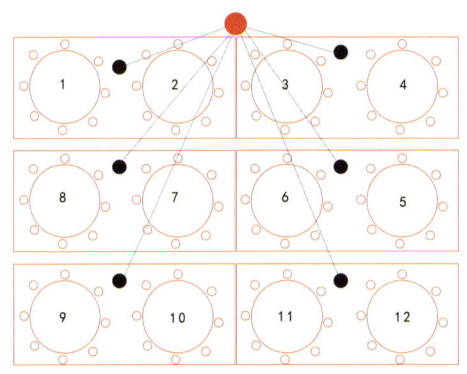

图 3–24a

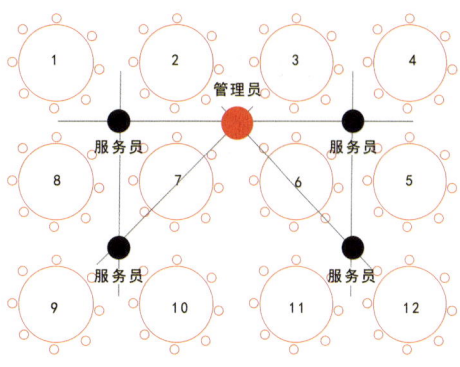

图 3–24b

图 3-25

返台服务流程

返台是饭店服务中常见的工作技能。特别是选址比较繁华的店铺，房租比较高，再加上大城市中午生意一般都比较萧条，全靠晚上这一餐，也全靠返台才能持平或盈利。生意好的饭店一张桌子一天平均要返台7次。

在外面吃饭时，我们也经常会看到一些饭店的返台工作忙乱无序。顾客离开餐桌后，明明迎宾处候餐的顾客还有很多，可是这张已经没有顾客的餐桌却迟迟不撤台。椅子背上的防盗罩，扔得到处都是，也没有人来收拾。再说椅子，顾客挪成什么样子，还是什么样子，也没有人来摆放整理一下。用过餐的台面狼藉一片，管理人员在周围转来转去，服务人员来来回回，就是没有人来收拾。候餐的顾客还在"苦苦"地等待迎宾员叫号。

为了确保返台工作不影响周围顾客用餐，不影响候餐顾客的心情，快速规范的返台也就成了服务工作中非常重要的一项技能。像图 3-25 所标示，大台、小台都明确规定了返台时间，这样就能够缩短顾客候餐的时间，留住更多的客源，也就能创造更大的利润。

服务流程改善看板

海尔集团的张瑞敏曾经说过，把简单的事情做对千百遍，就是不简单。服务人员每天的基础准备工作几乎是简单而重复的，每天能够坚持做好就是不简单。然而，面对各种类型的顾客，采取不同的服务方式，千方百计让顾客开心就餐，愉悦消费，这着实要让服务人员花一番工夫的。也唯有在不断的改善过程中（见表 3-10）方能积累经验，不断进步。

为此，服务部主管要经常指点和帮助服务人员，不断提高整体服务水平：

(1) 服务部主管要经常对服务员进行培训（微笑、语言、服务理念、技能、菜品、职业道德）。

(2) 丰富员工的业余生活（歌曲、舞蹈、小品、快板、武术等）。

(3) 确保每天在例会上分享两个以上的积极案例。

(4) 随时检查服务员服装是否整洁，服务细节是否规范，发现问题立即解决。

(5) 保证能与传菜部随时沟通，及时了解拼菜、估清等特殊情况，以便传达。

(6) 时刻关注餐中卫生和服务员餐中纪律的保持，发现问题立即解决。

(7) 对提出较好服务方法的员工及时给予奖励。

表3-10 服务流程改善看板

序号	各流程节点	细节检查	问题纠偏
1	具体内容准备		
2	班前会		
3	服务员自查		
4	迎宾		
5	侍应服务		
6	递菜单		
7	加茶水		
8	为客人点菜		
9	点酒水		
10	上冷菜、斟酒水		
11	撤掉多余餐具		
12	看热菜单		
13	上热菜		
14	席间服务		
15	巡台		
16	结账服务		
17	送客服务		
18	善后服务		

❷ 传菜部接力工作可视化

传菜部员工要给顾客一种自信、有眼色、精神焕发、行动敏捷的良好形象。其服务特色包括：专注的问好服务，即路遇所有顾客都能够停顿一秒，并送上尊敬的问好；有眼色的服务，即遇到需要帮助的顾客，或者发现有潜在需求的顾客，要第一时间给予帮助，如点烟、帮扶老人、提醒顾客、指引方向等。

传菜部送菜规则

1. 核对菜单，审查有无盖章、台位号、点菜员姓名、下单时间；
2. 报菜员、报肉员根据单据将菜名、数量报给厨房；
3. 厨房将准备好的菜和肉送到传菜部出菜口；
4. 划单员将已出的菜品划掉，以免重复，并唱单；

5. 传菜员接菜后重复菜名、数量、台号；

6. 传菜员快速准确地传菜至台位。

注意事项：

1. 根据菜品量的不同选择不同的托盘；

2. 传菜员领菜时严格把关"八不出档"；

3. 上菜过程中保证上菜的速度、准确性。

图 3-26a　　　　　　　　　图 3-26b

"八不出档"监督表

表 3-11　"八不出档"监督表

序号	八不出档
1	颜色不正不出档
2	气味不正不出档
3	餐具破损不出档
4	分量不足不出档
5	温度不够不出档
6	品名不符不出档
7	造型不整不出档
8	跟汁不到位不出档

一道菜在摆上桌之前要经过初加工、精加工、装饰、出品、传菜等多道环节，如果每一个环节都能够严格要求（见表3-11），并多加留心，上桌的菜品就更有保证。反之，如果各个环节都不细心，那什么意想不到的事情就都有可能发生。

在消费过程中，我就亲身经历过"上错菜"的现象，经历过"盘子边上长长的头发，那么明显，传菜员传给服务员，服务员就直接上桌"的现象，经历过"热菜上来后，就已经是凉的了"，经历过"油焖整鸡，上来就少了一条腿"。餐具缺口，颜色不对，分量不足，需要蘸汁的菜品没有跟汁等就更为常见了。

所以，在这个过程中，如果经手者能够多看一眼自己手中即将传给顾客的菜品的话，这样的现象自然就会少一些。

对号上桌不马虎

外出就餐时，我们经常可以看到这样的情形：

服务员向传菜部长嚷嚷："205 的'钻石眼肉'怎么还不上啊，客人要埋单了，再不上就退了吧。"传菜部长翻着单子："205 的菜已经上齐了啊。"服务员："没有上，真的没有上。"传菜部长："上了，你看单子都划掉了。"服务员："是不是传菜员传到其他台子去了……"

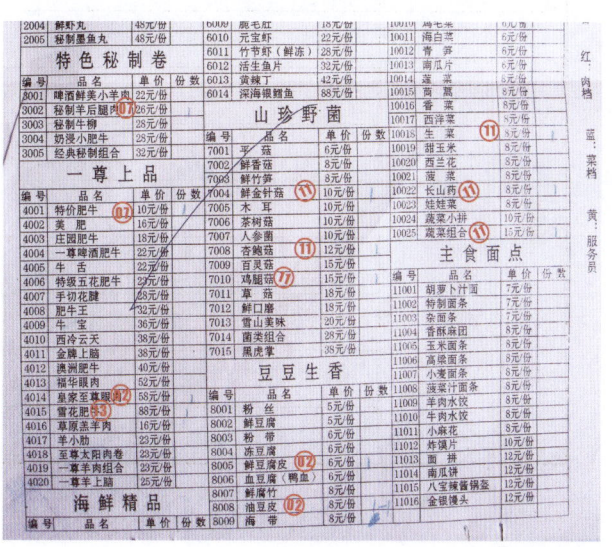

图 3–27

如何通过可视化避免此类情况的发生呢？传菜员身上的专用章即可解决这个不可视的问题。传菜员每人准备一枚小印章，每上一道菜，都要在底单的那道菜上盖上自己的名字或编号（见图 3–27）。这样，通过这个小印章，管理者就能追查哪一道菜是哪一个传菜员上的，上到哪个台位了。

菜品销售统计

饭店的商品一部分是从厨房传送出来的，一部分是从吧台传送出来的。要准确计算菜品的出成率、毛利，就要依据当日销售报表统计的数据。很多饭店都使用了电脑系统，报表也就可以轻松地统计出来。然而，在每天的工作中，各档口出品排行和汇总情况还需随时掌握，以便及时调整促销信息和估清信息。为此，相关人员要认真、准确填写菜品销售统计表（见表 3–12），为后续工作提供数据支持。

表 3-12　菜品销售统计表

品名	单位	销售数量	出档核对备注
凉菜类	大拌菜	份	
	夫妻肺片	份	
	……		
特色类	清炒芥兰	份	
	牛尾锅仔	个	
	……		
海鲜类	鲜贝	斤	
	大闸蟹	只	
	……		
	……		
	……		

3　洗手间接力工作可视化

洗手间是饭店不可或缺的一个空间，也是饭店的一项基础服务，其状况直接影响顾客对饭店的整体感觉。然而，洗手间是一个非常直观的空间，只要到过洗手间的顾客，瞬间就能够看到洗手间的卫生状况。这也正是考量一家饭店是否能够实现品质管理的最基础的指标。如果连洗手间都不卫生，就不要再谈什么提升管理了。

"洗手间"可以不出现

提到洗手间的基础工作，首先要说的就是导视标牌。醒目且个性的导视标牌，可以让大厅内抬头看到洗手间标牌的顾客眼前一亮，觉得很有创意，而不是心生反感。试想一下，谁又愿意正对着一个写有"洗手间"的标牌吃饭呢？如果使用类似于图 3-28a 或者图 3-28b 中的标识，看上去就会显得舒服一些。

图 3-28a   图 3-28b

客用品和卫生设备实用第一

随着生活水平的不断提高,人们对洗手间的装修越来越重视,对洗手间的用具和用品的要求也越来越高档,所以饭店的洗手间也必须随着顾客消费理念的变化而不断变化。可是很多饭店对洗手间客用品不够重视,认为这是无关紧要的。实际上,洗手间客用品是顾客评价一家饭店经营理念最直接的项目,他们由此可以判断出饭店的后台操作是否合乎卫生及规范要求。

很多消费不菲的饭店,洗手间确实配备了各种客用品,可质量却令人怀疑,擦手纸掉纸屑,洗手液黏手,护手霜是最便宜的。所以很多客人洗完手后,要么用烘手机吹吹,要么干脆就甩甩而已。这些客用品和前来消费的顾客的品位格格不入。然而,老板和管理人员却视而不见,只顾节约成本,不管是否适合顾客使用。这种糊弄顾客的服务不提供也罢。

除了客用品,洗手间的设施设备也不容忽视。在饭店的每一个角落,只要客人看到的地方,都应该是干净卫生的;只要向顾客提供了设备,就应该是功能齐全,完好无缺的。然而,我们经常看到的是小便池上贴着一个"已坏"或"正在维修"的纸条。有一家店,我已经去了三次了,那个小便池上还是"正在维修"。当然,这家店的美誉度在我心里也就大打折扣了。还有图 3-29a 所示这家店,4 个小便池坏了 3 个,不知道这家店的老板去不去洗手间。

图 3-29a

图 3-29b

清洁员也是服务员

在前面我们讲过,只要你和顾客有见面的机会,就有服务的机会。服务在顾客的心里也许是一道菜,也许是一句话,也许是一个动作,也许只是一个微笑……留给顾客的就是一个符号。

清洁员与顾客接触的机会也很多。所以,清洁员也是服务员,同样可以创造良好的服务口碑。有一家饭店,洗手间的清洁员是位大姐,每位客人来到洗手间,她都会微笑着点头说"你好"。客人从洗手间出来,她会说"请这边洗手"。洗完手,她会递上一张纸巾,提醒客人"请用纸巾"。客人擦完手离开时,她会说"请慢走。"

"你好。"

"请这边洗手。"

"请用纸巾。"

"请慢走。"

这就是这位清洁员的全部服务语言。一天下来,这4句话要说上几百次。所有的客人都记住了这位大姐。要说复杂也不复杂,我想谁都能做到,关键是长年累月坚持做到就不容易了。

有一位顾客曾开玩笑说,她从洗手间出来后本来不想洗手了,想走,却被那位大姐叫住了:"请这边洗手。"这位顾客都不好意思了,忙给那位大姐说"谢谢,谢谢"。

大家看到这个小案例,一定会有很多感触。是的,服务就是这样,不怕简单,就怕你连简单的都做不到。顾客怎么会记住你呢?你的工作又有什么意义可言呢?

第三章　用餐区域可视化管理

表3-13　洗手间检查表

时间	地面卫生	洗手台卫生	气味	客用品	隔断便池	员工服务	管理员签字
	优　良　差	优　良　差	优　良　差	优　良　差	优　良　差	优　良　差	
	优　良　差	优　良　差	优　良　差	优　良　差	优　良　差	优　良　差	
	优　良　差	优　良　差	优　良　差	优　良　差	优　良　差	优　良　差	
	优　良　差	优　良　差	优　良　差	优　良　差	优　良　差	优　良　差	

❹ 收银台接力工作可视化

收银台是"金钱"中转站，物品一定要整齐有序，防止收银员忙中出错，造成损失。

商品明码标价

有了标牌谁都不会拿错。客人询问酒水的价格是多少，收银员有时需要思考一会才能回答出来。这时候顾客心里可能就会有小小的不满意，虽然不会直接说出来。所有的东西都靠脑子记，谁也不敢保证没有出错的时候。采用可视化管理系统，所有商品都标上价格（见图3-30），即使是新员工也不会拿错商品或报错价格。

图3-30

摆放整齐，好看又好取

收银台的物品大致分为三类，第一类是酒水商品；第二类是操作工具，像电脑、计算器、刷卡机、订书机、复写纸、收银章、退菜章、作废章等；第三类就是发票、现金、餐券、储值卡等。这么多的物品，如果归类无序，放置混乱，找寻起来就比较麻烦，工作效率也就随之降低。

候餐时间有点长，顾客可以体谅我们，因为顾客明白我们不能驱赶任何一个正在用餐的顾客。可是如果结账还需要长时间等待，顾客可能就会不耐烦。他们一般会认为这是收银员业务不熟练所致。这给饭店美誉度也会造成一定的伤害，实在不应该出现。

为了加快结算效率，收银员一方面要加强结算流程的训练，另一方面就是合理放置收银台的物品（见图3-31），尽可能不要因为物品的无序管理而耽误时间。

图3-31a

图3-31b

存酒卡给顾客留下念想

与代驾服务一样，存酒也是饭店给顾客提供的一项增值服务。既然是一项服务，就应该将服务的细节和流程可视化，反之就会弄巧成拙，出现找不到顾客存酒的尴尬现象。为此，饭店在存酒服务上一定要有明确的流程，具体可参见图3-32a。

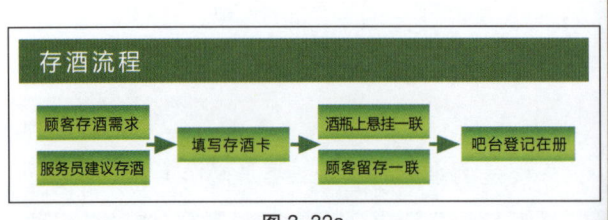
图3-32a

图3-32b

第三章 用餐区域可视化管理

优惠卡使用说明

优惠卡折扣使用说明包括三个方面的内容：一是什么级别的管理者有什么样的折扣权力；二是持有不同卡（会员卡、贵宾卡、储值卡、银行卡等）的顾客可以享受到的不同折扣；三是特殊情况折扣优惠的申请流程及管理者电话。

图 3-33

单据传递中的印章可视化

网络的迅猛发展让很多餐饮企业受惠，无论是点菜、下单、催菜，还是分档、出菜、汇总，都已经实现了更为便捷的网络操作。可是，除此之外，餐饮业还有很多工作无法实现无纸化办公。比如顾客消费结账还是需要打印出来结账单。此时，是否已收银，是否是挂账协议单位，顾客领没领发票，有没有退菜情况等，都需要在原始单据上体现出来，也就是要在单子上加盖印章或标注（见图 3-34）。这样的印章和标注看似简单，却正是可视化管理运用的必要措施，它能让工作变得更为快捷和明确。

图 3-34a

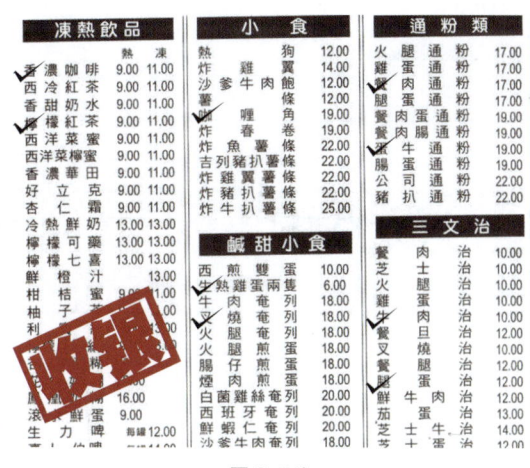

图 3-34b

·133·

优惠、赠送登记在案

餐饮业进入微利时代是一个不争的事实。好一点的火锅企业利润能保持到18%已经很不容易了。中餐就更低,在15%以下。如果不能在各个方面进行精细化控制,利润就会在不知不觉中流失。有一次巡店时,我在员工宿舍发现了大量的礼品型打火机和餐巾纸。长此以往,积少成多,员工自然对成本控制就没有了概念,对礼品的使用也会满不在乎。

所以,折扣优惠、礼品赠送、菜品赠送登记在案(见表3-14),能让店经理或者其他管理者清楚打折、赠送的原因与数量,从而能够对成本和利润进行精确分析。这个月接待多少顾客,用掉多少礼品,赠送多少菜品,优惠多少现金,每月都应该对比。同时要成立易耗品控制小组,让员工自发竞赛,使员工养成良好的节约习惯。否则,就会出现很多饭店老板觉得生意每天都是红红火火,到月底一算,都是给房东、员工、顾客打工了,自己却没有利润的尴尬现象。

表3-14a 优惠折扣登记表

宾客姓名	单位	消费日期	台号	账单金额	服务员
优惠类别	免零金额	折扣金额	签单挂账	管理员签字	顾客签字
原因					
卡号拓印				卡主	
账单查阅编号				经理审阅签字	
备注					

表3-14b 礼品及菜品赠送签字本

礼品、菜品名称	赠送数量	台号、房间号	服务员签字	管理员签字	备 注
打火机	8	306	姜美玲	张志强	买烟
气球	2	206	李小冉	刘家强	小孩
精致果盘	2	309	王晓兰	董爽	老顾客
烤羊排	1	666	李梅	刘家强	服务投诉
……					

吧台商品每日结存

饭店里的商品分为"厨房菜品"和"吧台商品"两类。厨房菜品的利润计算从原材料到半成品，最后再到成品销售，环节比较多。而吧台销售的商品一般都是成品，环节比较少，利润也比较稳定。吧台商品的管理重点在"进、销、存"上，而每日结存表（见表3–15）是"进销存"管理最为基本的一手数据。

表3–15 吧台商品每日结存表

区域										年 月 日
品名	单位	昨日结存	今日领取	今日销售	今日盘存	品名	单位	昨日结存	今日领取	今日销售	今日盘存
52°五粮液						四星蒙古王					
53°茅台						古井醇					
半斤茅台迎宾						中华古井					
一斤茅台迎宾						五年古井					
52°剑南春						音乐全兴					

供货商联络方式不可断

每天与饭店打交道的供货商和加工商少说有几十家，甚至更多。其中还不包括很多服务性单位，比如疏通管道，清洗地毯等。饭店负责与这些单位联系的人也各不相同。在企业运转正常的时候，我们可能感觉不到联系方式的重要性。可如果一个负责联系的人请假了，有时候为了联系一个服务商，要辗转好多次。不仅给工作造成了很大的不便，甚至还会影响事情处理的效果。

所以"供货加工服务商联络卡"就显得必不可少，具体到收银部，就是要制定酒水供货商联络表（见表3–16）。这样无论谁请假了也都不会影响工作的正常开展。再则，长时间不对供货商进行审核，也不进行第三者以外的交流和沟通，往往可能滋生贪污受贿行为。

表 3-16 酒水供货商联络表

酒水系列	供货单位	业务负责人	联系电话	送货负责人	联系电话

吧台逐日提交票款清单

吧台每日营业交款单（见表 3-17）包含每日接待的人数、桌数，冷菜、海鲜、酒水、热菜收入和营业外收入，客饭、签单、使用代金券、发票使用数量等相关信息。它直接反映饭店所有人员辛苦一天的成果，还能从中分析出各类商品的收入比例，为经营者决策和调整策略提供第一手数据，是饭店经营必不可少的一项可视化项目。

表 3-17 吧台票款日结清单

交款单位：							年　月　日			第　号	
今日营业		茶水收入	酒水收入	菜金收入	营业外收入	欠单收回	今日应收金额	今日客饭数		今日欠单		今日收卡	本日发票使用数额
桌数	人数							桌数	金额	桌数	金额		
今日实收金额（大写）　　万　千　佰　拾　元　角 ¥：											
赠卡	昨日存卡		今日领卡		今日发卡		今日存卡		备注		
	元		元		元		元				
负责人：		会计：				交款人：					

❺ 迎宾部接力工作可视化

第二章对迎宾部的工作做了全面的讲解，但迎宾部绝不是独立工作的。迎宾部与保安部、服务部的衔接不能有空当。比如迎宾部在收到保安部传达的顾客信息后，在安排顾客位置时就有了更多的参考，也能更准确地为不同类型的顾客服务。

看到这里，大家可能会觉得这和大多数餐饮书中所强调的"对待顾客一律平等"、"一视同仁"的说法大相径庭，我认为，顾客不分贵贱，但要分类型。如果你把一个本不想消费太高的同学聚会或者家庭聚会安排在 VIP 豪华包间，不但消费上不去，而且还会把顾客吓跑。所以"看人下菜碟儿"并不是没有道理。特别是在综合餐饮店的接待工作中，要分清楚能够向哪些人推销，哪些人应该推销特价的，哪些人应该推销最贵的。

要做到这些，不仅保安部和迎宾部要配合好，迎宾部和服务部也要配合好。把收到的信息共享，把每一个顾客都当成自己部门的顾客，把服务当一种责任。唯有大家共同为顾客服务，无论顾客走到哪个区域，就餐进行到哪一个环节，都能受到同样的尊重，顾客才会觉得有面子，才会成为店里的回头客。

另外，无论是服务部还是迎宾部，或者有的饭店有销售部，对顾客进行适时回访也是一项必不可少的工作。有在移动办过业务，或者到 4S 店做过汽车维护保养的顾客，都会有这样的经历。第一天做完服务，第二天管理人员就会给你打电话，询问你对工作人员的服务是否满意。这一点我们应该向他们学习。

图 3-35

6 管理员协调工作可视化

饭店里的管理员负责管理的内容非常多，可以说饭店里的方方面面都需要管理员来协调。管理员一定要管理有方，只有这样才能妥善处理各种问题，保证饭店有序发展。

优先原则铭记于心

我本人认为，虽然对顾客的尊重态度应该保持一视同仁，但是对于不同的顾客应该采取不同的服务方式。因此在工作中应该制定一系列的"优先原则"，体现企业的特征。

比如，当老板和员工同时有事，优先处理员工的事情；员工和顾客同时有事，优先处理顾客的事情；年轻顾客和老年顾客同时候餐，老年人优先；散客和VIP顾客相比，VIP优先；有急事的顾客优先……

组织是一个不断在改变的团队。管理也是一项永远在组织的行为，不是一成不变的。所以，管理人员的工作就是不断组织、协调员工处理好最紧急的事情。

妥善处理顾客投诉

做得再好的企业也有可能受到顾客的抱怨和投诉，关键是看管理人员怎么处理（见图3-36）。处理得当，生人变熟人，顾客变朋友；处理不得当，顾客就会大量流失。因此，在处理顾客抱怨和投诉时，首先要求管理人员必须做到"在顾客不满意和抱怨面前不偏听偏信员工的解释，不找任何借口"。

要知道"顾客的抱怨是对我们的关爱，有抱怨的顾客最容易成为我们的回头客，没有了顾客的建议和意见，我们的工作就会失去方向"。只有抱着"感恩"的心态才能处理好顾客的抱怨和投诉。反之，只会把顾客推得越来越远，工作越来越没有方向，做得也越来越差。

所以，我们要坚信顾客提的意见是正确的，要坚信顾客的要求是合理的；当你看到或听到顾客有错时，你要告诉自己，不是自己看错了就是听错了，如果没有看错、听错，那一定是因为我们先犯了错才使顾客出错。总之，顾客永远没有错，有错都是我们的错。

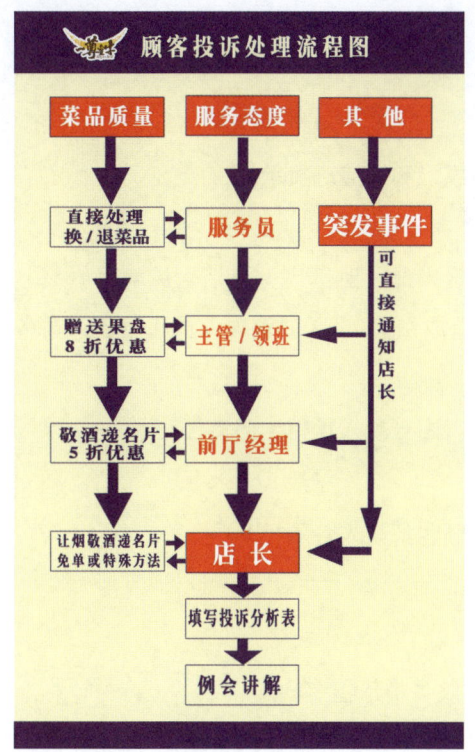

图 3-36a　　　　　　　　　图 3-36b

📖 阅读链接：
投诉处理责任制度

1. 服务态度不佳或恶劣，造成顾客投诉

    ① 语言运用不当；

    ② 背后说顾客坏话；

    ③ 当面讽刺或侮辱顾客；

    ④ 个人心情不佳，造成工作态度恶劣；

    ⑤ 工作效率低，怠慢顾客或视而不见、见而不问。

    此类情况所造成的损失由当事人本人全部承担。

2. 服务程序颠倒或省略

    ① 上菜程序颠倒；

    ② 省略服务程序；

    ③ 省略提示语言；

④ 少上菜，多上菜；

⑤ 交接班不清；

⑥ 传单失误。

此类情况所造成的损失由值台服务员或（和）值班员承担。

3. 就餐环境不佳或人为造成失误

① 地上有积水，滑倒顾客；（区域管理人员承担 30%，清洁人员承担 70%）

② 设施设备存有安全隐患，对顾客造成伤害；（区域管理人员和值台人员各承担 50%）

③ 人为操作不当，对顾客造成伤害。（由当事人承担全部责任）

4. 营销政策概念不清，造成顾客投诉

① 向顾客解说错误；（管理人员和向顾客解说人各承担 50%）

② 顾客理解错误。

5. 出品不合格，造成顾客投诉

① 速度太慢；（传菜部长承担 70%，服务员承担 30%）

② 不卫生；（厨房管理人员承担 20%，洗菜人员承担 40%，摆菜人员承担 40%）

③ 变质或味不正；（制作当事人承担 80%，管理人员承担 20%）

④ 菜中发现头发。(视情况而定，不能判断由谁造成的，由服务员和厨房人员平摊)

6. 投诉处理不当，损失增大或事态扩大

① 未逐级通知领班、主管和经理，造成损失增加；（处理人承担 50%，当事人承担 50%）

② 隐瞒事情的真相，造成事态扩大或者损失增加。（由隐瞒真相者承担全部责任）

7. 结账款票不对，造成投诉

① 结账时无对单，造成所上菜品与机打单不符；（由埋单服务员承担全部责任）

② 计算金额错误，造成投诉；（由收银员承担全部责任）

③ 收银员态度不佳，语气不佳，造成投诉。（由收银员承担全部责任）

8. 安排不当，遭到投诉

① 迎宾部门安排不当，造成顾客投诉或者未就餐离去；（迎宾员承担 20 元的损失）

② 怠慢、冷落顾客，使其未就餐离去；（领班、主管和迎宾员共同承担 50 元

的损失，视情况分配）

③ 返台速度太慢，使顾客未就餐离去或造成损失。（由领班、传菜员和服务员共同承担 50 元的损失，视情况分配）

9. 保安失误造成损失

① 指挥不当，发生车辆碰撞；（视情况承担赔偿）

② 态度强硬，造成投诉或未就餐离去。（由当事人承担 50 元的损失）

10. 其他原因造成顾客投诉

视情况承担损失。

充分利用退换菜登记本

退菜、换菜登记本可以告诉我们很多信息（见表 3-18）。通过它，我们可以看出顾客对哪些菜有意见，比较喜欢哪些菜品，还可以从中揣摩处理顾客投诉的心态和技巧。由此饭店可以适时调整菜品，改变服务技巧，提高服务质量。

表 3-18　退菜、换菜登记表

日期	台号	菜名	退换原因	处理结果	服务员签名

顾客评价心里有数

顾客就餐完毕后，及时征求顾客的意见和建议是服务人员必不可少的一项工作。我们要仔细倾听、收集顾客的评价和意见，并认真分析与研究。顾客持反对意见比较多的地方，也就是我们要改进的重点。对于顾客认为比较好的地方，我们要保持、发扬下去（见表 3-19）。

表 3-19　顾客意见调查表

您好，感谢您光临本店！				
为了进一步改善本店的菜品质量和服务水平，我们需要您的帮助和支持。您只要说出在本店就餐的感受，我们将不胜感激。				
您觉得哪条是您真实的感受，请在后面的□内打"√"				
您的第一感觉				
保安	指挥不到位□	到位□	有问候□	无问候□
迎宾	热情□	安排合适□	有问候□	无问候□
摆设	舒适□	太宽敞□	拥挤□	一般□
服务员态度	平和□	热情□	冷淡□	不好□
技能	熟练□	较好□	生疏□	不懂□
菜品介绍	流利□	不熟悉□	没听懂□	没介绍□
菜品口感	鲜嫩□	合适□	老□	
摆盘	精致□	粗糙□	一般□	
分量	较多□	适中□	较少□	
调料口感	好吃□	偏咸□	偏淡□	
凉菜品种	较多□	适中□	较少□	
凉菜口味	丰富□	合口□	不合口□	
价格	物有所值□	偏贵□	适中□	偏低□
您觉得我们做得最好的一方面是				
您觉得我们做得最差的一方面是				
顾客姓名：_____　顾客单位：_____　电话：_____				
意见征求人：				
年　　月　　日　　午				

名片的使用和管理

名片是沟通和传播的形象大使，它已成为企业和个人的代言物。好名片是商业交往的纽带，既能体现、提升企业和个人的品牌形象，传达企业和个人的品牌文化个性，更能加深对名片持有者的良好印象，具有欣赏、保存和收藏的审美价值，还能因势利导激发客户对其他相关产品的消费激情。因此，经理名片的有效管理是"企业文化可视化"的一个载体，有效利用好这个载体将会给饭店经营带来意想不到的效果。

可视化推广指导第三步：

明确可视化管理的五大系统

在饭店管理的实践过程中，不同的饭店有不同的经营理念。有人认为厨房是饭店的核心，有人认为服务是核心，还有人认为促销方式是饭店成败的核心。然而在我看来，饭店只有三个主题，即顾客、员工、老板（企业）。老板把饭店的经营理念传递给员工，员工把这种理念传递给顾客，顾客把消费感受反馈给员工，员工再反馈给老板（企业），老板据此调整经营思想并再次传递给员工……三者只有调整至思想统一，关系平衡，饭店才能成功。

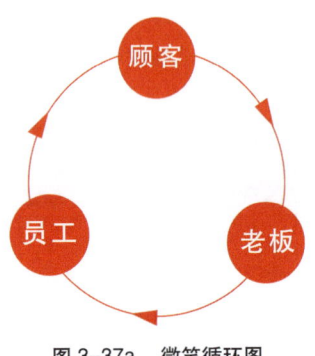

图3-37a　微笑循环图

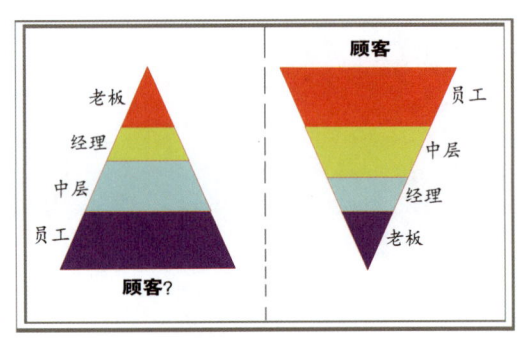

图3-37b　三者平衡图

可视化管理就是通过各种可视化方式，让三者能有一个良好的沟通，从而产生相互信任的依赖关系。可视化沟通方式分为工作现场可视化、目标激励可视化、问题改善可视化、操作安全可视化和员工业绩可视化五种方式。

第一，工作现场可视化。在让顾客感受饭店良好的经营状态，向顾客传递可信赖的企业讯号。比如，厨房可视化。早期的饭店，厨房一般都不是开放式的，无论是饭店老板还是顾客，都认为"厨房重地，严禁顾客进入"。然而，随着"顾客是上帝"的呼声不断升温，饭店经营者开始意识到顾客所担忧的核心所在，卫生、食品安全、用材等。有的顾客在消费时也经常说"还不知道他们的厨房有多脏呢"。听到这样的声音后，力求改进的饭店于是开始开放厨房，把原来封闭式的厨房改成了半开放的透明厨房。看到一尘不染的厨房，看到工作人员洁白的工作服……顾客当然放心了。这种效果是单靠口舌说明所无法达到的，这就是可视化的力量。

还有，就餐时我们经常可以看到这样的情形：迎宾员拿着一个小本，挨个台位打扰顾客，"您有开车吗？"、"您的车号是京B5678吗？"、"您的车挡住路了，麻烦您移一下吧。"

这些看似复杂的问题，一个可视化的"工作交接卡"就可以解决，而且还能够收集到非常完整的顾客信息。

保安员引导顾客停好车后，把顾客的姓名、车号等信息填写在"工作交接卡"上，然后把顾客送进饭店大门，把"交接卡"交给迎宾员，迎宾员接着填写顾客预订的信息，或者刚刚了解到的信息，客人入座后，迎宾员将"交接卡"交给服务员。服务员在服务的过程中填写更为详细的顾客信息，有什么饮食爱好，和什么人一起用餐，提到什么菜品有问题，喜欢同行哪一家的哪一道菜……都填写在"交接卡"上，送客时再交给迎宾员。迎宾员再次征求顾客意见，完善信息。这样一张张小小的"交接卡"可以反映顾客整个就餐过程中的所有疑问和特点，这不正是可视化带来的好处吗？

第二，目标激励可视化。几乎每家企业都有年会，无论是正式或者非正式，基本上都是总结当年经营业绩，奖励表现突出的员工。然而，本该是好事的奖励，到最后却会出现很多问题，甚至造成员工罢工的难堪局面，一个季度都难以恢复企业元气。为什么会发生这样的问题呢？

都是"不公平"惹的祸。

为什么会觉得不公平？就是因为标准不明确，或者因果链太长。全年的表现加在一起考评，大家都把前10个月的表现忘到九霄云外了，能记住的只有最近两个月的表现，所以被表彰的员工也没有足够的证据让其他人信服。再加上表彰的标准不明确，大家往往会觉得不公平，导致不奖还可以，一奖就乱。

目标激励可视化就是要把一年的目标分解到每一个月，分解到每一件事。终极目标由若干个过程目标来组成。员工以过程目标中的事件目标或者月目标为考核标准，完成就奖，到了月底就评。这样既不会导致员工认为不公平，还能激励员工的干劲。

因此，每个员工从进入企业开始，每天一份评价报告，违纪、表扬、投诉、受训、升迁都一一记录在案，别说一年的表现，就是过上几年，这样的评估还是很准确的。净雅集团在威海的培训学校就开发出了这样一套有效的可视化管理系统。每个员工进公司前必须在威海受训3个月。从进公司的那一天起，每个员工的表现都会记录在册。学员分派到各个店铺后，就由店铺经理负责记录每一个员工的成绩。这样做，不但大家在每一次升迁时觉得公平，就是每一次的奖励和提薪也都觉得是自己努力得来的，有效地凝聚了企业的战斗力。

第三，问题改善可视化。没有问题的企业几乎是不存在的。每天这样那样的问题，管理者都能说上几天几夜。有问题不可怕，关键看发生问题之后，管理者是怎么处理的，又是怎么改善的。发生问题不怕，怕的就是同样的问题不停地发生。所以要想有效解决这些问题，就要设法将事故可视化，把问题改善的方式可视化。

去年春节前夕，××餐饮公司旗下连续3天发生3家店铺收银台换钱被掉包的事件。这说明什么？第一家店铺的收银台出现换钱掉包事件之后，并没有引起公司领导的重视，认为这是偶然的，同样的事情不会再发生。殊不知，这家店不发生不代表其他店不发生啊。结果导致3天3家店发生同样的事情。假如，在第一家店发生这种事情的第一时间，公司就将这件事通知给其他店铺，同样的事情也许就可以避免了。这种快速通知就是问题改善可视化的一个代表。

顾客退菜和换菜亦是如此。顾客退菜或者换菜是常有的事情。管理者如果不将退换菜的品种，以及顾客退换菜的原因都记录下来，只是一味地规定可以退，或不可以退，是解决不了问题的。只有将这些情况记录在案，分析原因，才能找出改进的方法，减少顾客退换菜的次数。

第四，操作安全可视化。安全是一切生产的保障。尽管有时候不能只拿事故率来评定安全部门的业绩，尽管事故的发生往往有偶然性，但是平时安全做得好的企业，事故也总是比较少的。这也正是为什么工矿企业每个月必须有一天的安检日。与此相比，饭店这方面的工作做得少之又少。厨房的排烟筒已经多长时间没有清理了？不知道。电线有多长时间没有检修了？不知道。消防栓还能不能出水？不知道。灭火器什么时间过期？不知道。厨房里的煤气罐漏气了，再看看吧。电闸漏电了，下个月换吧。库房那个大白桶里装的是什么？不知道……处处都存在着安全隐患。当然这也预示着什么时间发生事故，就什么时间停业、倒闭。这就是很多饭店的真实写照。

几乎所有的饭店都会制定任务指标。厨房有毛利点和新菜点击量的考核，前厅有营业额指标和顾客表扬投诉的考核，销售部有预售金额和顾客订餐的考核。那么工程部和后勤部怎么制定任务指标呢？保洁部呢？难道也和销售业绩挂钩吗？前面我们讲过一年评选一次先进员工，会因为"因果链太长"而不好把握。那么，对保洁部、工程部、后勤部制定销售业绩指标，则会因为"因果链过于抽象"而难以评估。

以工程部为例，工程部就要和安全挂钩。这并不是说一年不发生一起安全事故就代表工程部工作出色。不管出不出事故，工程部都要做好检修和维护的工作，这才是确保不出事故的前提。可视化就是要将安全保障性的工作明确化。比如：消防栓每月检查一次，必须确保每个消防栓都能够正常使用；电源线一个月检查一次；排烟机一个月彻底清洗一次；店内只要有员工报告有安全隐患就要设法杜绝危险；每个月给员工宣讲一次安全常识；把同行中发生的事故照片或者漫画张贴在员工区域，警钟长鸣……唯有做好了这些，才能确保店铺在安全状态下运行，也才能说明工程部是尽职尽责的。

第五，员工业绩可视化。上面我们已经讲过，顾客、员工、老板（企业）三者平衡需要良好的沟通。就像员工，他的工作不仅需要领导的表扬，更需要顾客的表扬。所以管理不能仅凭口头表扬和金钱激励来认可员工，更需要精神上的认可。企业将员工业绩可视化，正是要明确这一点。比如顾客表扬小红旗看板，就是顾客对员工本身的一种认可。一般情况下，在顾客眼里，员工是企业的一部门，某个员工做了错事，做得不好，顾客会抱怨企业做得不好。反过来，顾客表扬员工做得好，当然也指企业做得好。可是一味强调企业做得好，就会冷落那些特别优秀的员工，他们会想，如果没有自己的努力，怎么会有顾客的认可。因此，优秀员工看板就不仅仅在员工生活区展出，更重要的是面向顾客，满足优秀员工的一种优越感，这是激发员工干劲必不可少的。

再就是员工的奋斗历程。比如五星级酒店的"金钥匙"。酒店行业的人都知道"金钥匙"就是五星级酒店的门面，是员工身份的一种象征。所以聪明的酒店就会在房间放置《金钥匙服务指南》，甚至有的酒店会编写《金钥匙服务案例汇编》。顾客看完后，不禁会产生一种敬仰，即使自己并没有享受"金钥匙"服务，但在看到大堂里胸前挂着"金钥匙"三个字的工作人员时，不由得会给他竖起大拇指。这难道不是一种激励吗？

当然也有的企业是运用企业杂志、报纸等可视化形式，把优秀员工的创新成果，拾金不昧的好人好事，友情捐助的爱心行动……都一一再现。让每一个员工共享同事的风采，共享企业取得的各种业绩。

可视化管理就是这样，把企业经营活动中，不确定的要确定下来，无形状的要定下形来，已确定的要明视，发生过的要公示。可视化就是这样，让管理不再有死角。试想我们自己的店里还有多少看不见的管理呢？顾客在流失，看不见；利润在减少，看不见；员工正在酝酿罢工，看不见；环境正在一天天恶化，看不见；到底哪个员工做得好，哪个员工做得不好，看不见。一个清洁工干了六七年，换了5任店长，没有一个店长认识他，甚至他的工龄工资还会弄丢……你的店里到底还有多少死角呢？

第四章

出品区域（厨房）可视化管理

与前台和用餐区相比，厨房可视化多了许多不可变的规则，更讲究标准性、便利性、实用性和安全性。表现给顾客的则是从菜品的品质上反映出来的。为了确保顾客欣赏和品尝到的菜品是厨房员工用心加工出来的，厨房更需要规范和严格的管理。

第一节 优良品质需要扎实的基础支持

厨房可视化管理与前台及用餐区的可视化管理有很大的不同。

前台和用餐区更多在于通过规范服务人员的语言及行为,来确保顾客被尊重和被关注的消费感受,人为因素比较多,灵活性也比较大。所以顾客更多是从服务人员的表情和眼神儿上感受其被尊重的程度。

而厨房可视化则多了许多不可变的规则,更讲究标准性、便利性、实用性和安全性。表现给顾客的则是从菜品的品质上反映出来的。为了确保顾客欣赏和品尝到的菜品是厨房员工用心加工出来的,厨房更需要规范和严格的管理。

① 厨师要先搞定自己的卫生

一个邋遢的人做不出干净的菜品来,正如一颗丑陋的心灵编织不出灿烂的微笑一样。厨师要加工出精美可口的饭菜,必先要把自己收拾得干净卫生。

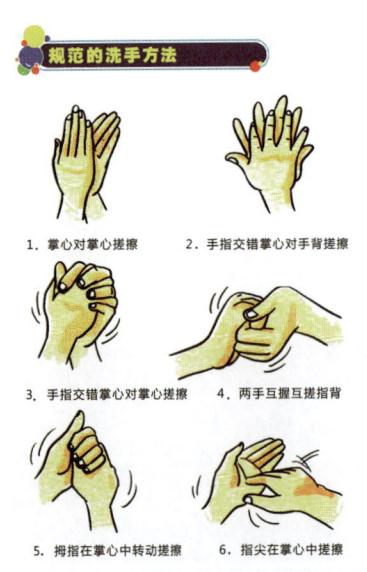

图 4-1

规范的洗手方法

都说"病从口入",其实是从手开始的。饭店所有提供给顾客的饭菜都是经过厨师之手加工出来的,所以养成常洗手和规范洗手(见图 4-1)的习惯是厨师朋友们首先要做的一件事情。

标准的洗手程序

(1)在水龙头下先用水(最好是温水)把双手弄湿;

(2）双手涂上洗涤剂；
(3）双手互相搓擦 20 秒（必要时，以干净卫生的指甲刷清洁指甲）；
(4）用自来水彻底冲洗双手，工作服为短袖的应洗到肘部；
(5）用清洁纸巾、卷轴式清洁抹手布或干手机弄干双手；
(6）关闭水龙头，手动式水龙头应用肘部或以纸巾包裹水龙头关闭。

标准的洗手方法

(1）掌心对掌心搓擦；
(2）手指交错，掌心对手背搓擦；
(3）手指交错，掌心对掌心搓擦；
(4）两手互握互搓指背；
(5）拇指在掌中转动搓擦；
(6）指尖在掌心中搓擦。

标准的消毒方法

　　清洗后的双手在消毒剂水溶液中浸泡 20~30 秒，或涂擦消毒剂后充分揉搓 20~30 秒。

厨师着装要求

　　虽然厨师的仪容着装不是做给顾客看的，但是规范的仪容着装（见图 4-2）能让厨师感受到工作的严肃性，是对职业尊严的维护，也是职业道德的一种表现。具体要求如下：

(1）上班时工作服、工作帽、工作裤必须穿齐，有条件的应配备工作鞋。

(2）工作服应按体裁衣，防止过大或过小，给别人以不规范的感觉，同时穿着如果不舒服也会影响工作。

图 4-2

(3)不同职位的工作服在设计上应尽量有所区别。可在工作服上配以不同的标志,方便辨认。

健康证看板

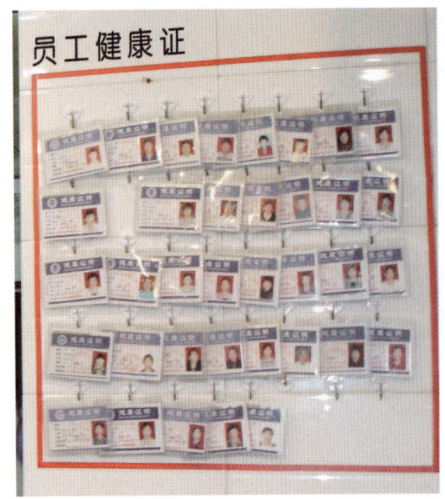

图 4-3

从原来被卫生防疫部门强制办理健康证到自愿办理健康证,直至自动公示健康信息的做法是餐饮业投资人思想的一次飞跃(见图4-3)。从前不愿办理健康证,除了怕花钱之外,主要还是健康意识比较薄弱。以至于有的店铺遇到防疫部门检查时就放假,或者把没有健康证的员工藏起来。现在随着大家饮食健康概念的增强,健康加工的意识也增强了。即使防疫部门不检查,许多餐饮老板也很愿意来完善这一工作,因为这样不仅让防疫部门放心,也让顾客放心,更让员工自己放心。

❷ 开放即约束

可视化是一个管理工具,同时也是一种经营理念。厨房原本是饭店的技术重地,一直以来都是让顾客感觉最神秘的地方,同时也是猜忌最多的地方。厨师讲不讲究卫生?锅碗瓢盆洗没洗干净?是不是把我选的海鲜掉包了?给我上的鱼是不是已经死了的?顾客心里会有无限的疑问,这就是不信任的感觉。

那么,如果把厨房透明化呢?让顾客看得到厨师的每一项操作,岂不是消除了顾客的很多疑虑吗?于是开始有了"堂烹菜",有了"厨房开放日",有了"透明厨房"(见图4-4)。顾客的猜忌越来越少,信任往往也会演变成信赖。

领导检查和顾客检查从实质上看

图 4-4 厨房可视化是给顾客最大的信任

有很大区别。领导检查是为工作，员工也会当成完成工作一样对待检查。而顾客检查，顾客参观，顾客能看得见你的每一项操作，这是面子，这是尊严。工作的目标也就从让领导满意转变成了让顾客满意，唯有顾客满意才是饭店最终的目标。由此，无论是考核，还是现场管理，都有了一个很好的载体，那就是"让顾客满意"。

因此，我们说，开放就是对厨师最好的约束。特别是受到表扬和赞美时，这种精益求精的欲望和动力还会更大。

❸ 不干当然不净

在很多餐饮从业者看来，厨房地面有水似乎是很正常的事情。可是，不干怎么能净呢？地面有水就说明不干净。厨师在有水的地面上走来走去，不但卫生大打折扣，还具有一定的安全隐患。山东泰安一家饭店的厨房，就是因为地面有水太滑，一名厨师在滑倒的一瞬间下意识地用手去抓工作台边，而工作台是不锈钢材质，所以厨师在抓不锈钢时，被割掉了4根手指，变成了残疾。郑州也有一家饭店由于地面有水，防疫站的工作人员检查卫生时，被摔了个四脚朝天，结果饭店被责令停业三天。由此可见，厨房的清洁工作绝不可掉以轻心，而是应严格按照《餐饮业和集体用餐配送单位卫生规范》等规章制度执行。

（1）地面清洁：

使用物品：扫帚、拖把、刷子、清洁剂及消毒剂

使用方法：

① 用扫帚扫地；

② 用拖把以清洁剂、消毒剂拖地；

③ 用刷子刷去余下污物；

④ 用水彻底冲净；

⑤ 用干拖把拖干地面。

（2）排水沟清洁：

使用物品：铲子、刷子、清洁剂及消毒剂

使用方法：

① 用铲子铲去沟内大部分污物；

② 用水冲洗排水沟；

③ 用刷子刷去沟内余下污物；

④ 用清洁剂、消毒剂洗净排水沟。

(3) 墙壁、天花板清洁：

使用物品：抹布、刷子及清洁剂

使用方法：

① 用干布除去干的污物；

② 用湿布抹擦或用水冲刷；

③ 用清洁剂清洗；

④ 用湿布抹净或用水冲净；

⑤ 风干。

(4) 排烟设施清洁：

使用物品：铲子、抹布、刷子及清洁剂

使用方法：

① 用铲子清除油污、杂质；

② 用清洁剂清洗；

③ 用刷子、抹布去除油污；

④ 用湿布抹净或用水冲净；

⑤ 风干。

(5) 废弃物暂存容器清洁：

使用物品：铲子、刷子、清洁剂及消毒剂

使用方法：

① 用铲子清除食物残渣及污物；

② 用水冲刷；

③ 用清洁剂清洗；

④ 用水冲净；

⑤ 用消毒剂消毒；

⑥ 风干。

(6) 工作台及洗涤盆清洁：

使用物品：抹布、清洁剂及消毒剂

使用方法：

① 清除食物残渣及污物；

② 用湿布抹擦或用水冲刷；

③ 用清洁剂清洗；

④ 用湿布抹净或用水冲净；

⑤ 用消毒剂消毒；

⑥ 风干。

(7) 灶具清洁：

使用物品：铲子、刷子、清洁剂及消毒剂

使用方法：

① 用铲子清除食物残渣及污物；

② 用水冲刷；

③ 用清洁剂清洗；

④ 用水冲净；

⑤ 用消毒剂消毒；

⑥ 风干。

4 系统工作从有序开始

有人把上客高峰期厨房的工作比作打仗。忙的时候，风机音，炉灶音，切菜音，出菜音，催菜音……叮叮当当，热火朝天。初加工，砧板，切配，灶头，出菜口……厨师、传菜员人头涌动，忙在其中；灶头前，流水四溅，火苗翻腾；工作台上，锅碗瓢盆，调料格碟，眼花缭乱；整个厨房，上面热气腾腾，下面水迹斑斑，一个个厨师慢慢挪动，生怕摔倒……也只有身在其中才能看出里面的"奥秘"和"流程"。一个不熟悉厨房工作的人，此时此刻走进厨房一定会不知所措，甚至站在哪里都会碍事。

难怪很多人说像是"打仗"呢，也难怪总会有人在"打仗中负伤"。下班以后，再到厨房看看，真像是打了败仗一样，锅碗瓢盆横七竖八，菜刀抹布遍布全场，可谓狼藉不堪。

这正是"前"餐饮时代，厨房的真实写照。

然而，随着餐饮业的迅猛发展，现在的厨房已经越来越不像"厨房"，反倒像是工厂的车间。流程鲜明，分档明确；锅碗瓢盆，菜刀抹布各就各位；调料格碟，操作步骤，标示清晰；出菜、跟汁、催菜、估清一目了然。蒸汽消失了，水迹没有了,安全隐患越来越少,工作效率越来越高。

这也正是可视化管理要实现的"后"餐饮时代的写照。

海鲜产品别"串门"

向顾客展示海鲜池(见图4-5)是很多饭店的一个经营模式。顾客进入饭店,第一时间看到的海鲜池的大小,决定了他在心里给饭店的定位高低。海鲜池大且豪华的饭店,自然顾客也很明白这家饭店以海鲜为主,很可能是粤菜系列。当然也有很多海边城市的饭店,无论什么菜系,就连火锅店,都有可能把海鲜池做得很大。还有一些饭店是通过比较大的实物展示,或者通过泡沫雕刻和菜品模型来向顾客传达饭店的经营方向和主打产品。无论哪一种方式的展示,饭店的目的都是想通过"可视化"的效果,来吸引顾客点单时以主打菜品为主,也变相地告诉顾客这里的消费档次,让顾客一进入饭店就有一个心理上的准备。

图4-5

然而,却又有很多饭店仍然做着对顾客不诚实的事情。以次充好,活鱼掉包,利用一些顾客对海鲜知识了解甚少,用竹节虾代替基围虾,用水蚌当柔蚌,以一般的大闸蟹当阳澄湖大闸蟹高价销售等,欺骗顾客的事情一再发生。

曾有顾客给我讲了他的一次就餐经历:他到一家饭店就餐时点了一个皇帝蟹,为了确保已经称重的螃蟹不被掉包,趁服务人员不注意,他把一根牙签扎在了螃蟹的壳下。等皇帝蟹做好端上来后,这位顾客先不让服务员走,当着服务员的面寻找螃蟹壳下的那根牙签,却没有找到。他告诉服务员这不是他们之前称好的那只螃蟹。服务员也搞不清楚,只好叫来了经理,经理跟厨师沟通后,说一定就是那只,不会搞错的。

正在争执之时,隔壁的服务员跑来通知经理,说楼上有一桌顾客从皇帝蟹里吃出来了牙签,让去处理。

我们从这一则小案例可以看出,厨房在加工菜品的工程中显然是没有按照顾客点的和称好的去做,当然也可能真是意外。但顾客更愿意相信是饭店不守信誉,会猜测这样的事情对于饭店来说可能很正常。

所以,可视化管理,不仅仅是把档口物品摆放整齐,画个线,贴个标签就是可视化了。我们讲究工具不串门,那么产品更不能串门。可视化管理,更重要的是经营理念的可视化,让顾客看到饭店的用心经营和诚信才是可视化的最高目标。

砧板档要井然有序

砧板档工具、用具,以及加工的原材料比较多,所以现场管理非常重要。整齐有序的现场能让厨师们感到轻松,而这正是所有砧板档厨师共同努力的方向(见图4-6b)。因此,砧板档一方面要组织建设物品的"名家管理"制度,给所有物品统一名字,安置定位。另一方面,厨师要养成物品随手归位、随手清洁的习惯。唯有确保良好的加工环境,才能确保产品的精细化加工。正所谓"行政弱的,业务强不了",如果工作环境都做不好,产品也可想而知。

图4-6a

图4-6b

莫让炉灶档影响菜品

虽然如今不少饭店都建有标准化餐饮配料和自动化炒菜系统,但大多数的饭店还是由厨师人为掌握菜品的口味和品质。炉灶档也由此成了饭店最重要的出品环节。

菜品的口味和品质与厨师做菜时的发挥有很大关系,而厨师的发挥又和平时的工作习惯密不可分。其中一个重要因素就是厨房面积的合理规划与设计。如果厨房面积太小,厨师在操作中,就会挤来挤去,加工原材料时,就会把工作台摆得满满的(见图4–7a、图4–7b),做出来的菜品也只能抽空放置,哪里有位置,就放在哪里。平时工作认真的,在忙乱中仍可以精细化要求自己;如果平时工作就邋里邋遢的,在忙乱的工作中,自然会急躁,菜品也就会不稳定,时好时坏。另外,把顾客的单子丢失,把菜品搞错等现象的发生也就不足为怪了。所以说,炉灶档合理规划、放置有序(见图4–7c、图4–7d)是确保菜品品质的前提之一。

图 4–7a

图 4–7b

图 4–7c

图 4–7d

冷菜档硬件要达标

饭店的冷菜房一般都比较独立，物品的管理也相对容易实现规范化，但对硬件的要求比较高一些。例如，冷菜间应设有专用工具清洗消毒设施和空气消毒设施；房间温度应不高于25℃；入口处应设置有洗手、消毒、更衣设施的通过式预进间；还应有冷、热专用的冷藏设施、净水处理设施等。根据饭店经营菜品的需要，一般冷菜间还应设置炉灶，用于卤水类菜品的加工。

冷菜对于顾客评价饭店的菜品是非常重要的，因为顾客在比较饥饿的情况下，往往最先品尝到的是冷菜，所以印象也会比较深刻。从某种意义上讲，冷菜房是厨房形象展示的一个代表窗口。因此，管理好冷菜房的各项工具及原材料，是冷菜厨师不可忽视的一项基本功（见图4-8）。

图4-8

图4-9

白案档操作机器要安全

白案档是厨房制作面食品的区域。区域内所使用的设备有电饼铛、油锅、压面机、烤箱等（见图4-9）。针对白案档的管理，除了小件工具像擀面杖、清面帚、抹布等要"定位归位"、"卫生清洁"外，更重要的是压面机、油锅、电饼铛、烤箱的安全使用和日常保养工作。

汤料档防火最重要

汤料档又称为"锅仔档",加工的食品以炖、煲、熬制为主。如炖排骨、煲粥、熬制上汤等。汤料档加工食品时多用"火",有的煲汤甚至要连续煮几个小时。所以在管理汤料档时,一方面对用火、用电、用气的安全操作要定人、定时、定规范(见图4-10),另一方面要防范操作中出现烫伤和烧伤等意外。

除了安全操作,汤料档还要制定档口相关食品的加工规范,包括熬汤不用热水,中途不加生水,汁类、粥类要顺着同一个方向搅拌,二次加热时要确保开锅热透等,全力确保食品安全。

图4-10

清洗间控制好三个管理

清洗间管理主要由洗涤用具管理、餐具管理和节水管理三部分组成。饭店对洗涤用具的管理,通常采用定期限量的方式。即规定在一个星期之内,定量使用多少洗洁剂,使用几条抹布、几个钢丝球等。只要指定用量合理,这种方法能够很好地控制成本。需要注意的是,工具用品的管理要根据客流量的多少及时进行调整。

餐具的管理主要包括分类存放、消毒、破碎分拣和修补三个环节。尽管多数饭店的厨房都挂着"一冲、二刷、三洗、四消毒"的标语(见图4-11a),但其中不

第四章 出品区域（厨房）可视化管理

少消毒设备只是摆设，从厨房将带水的餐具拿出来直接用口布擦拭，很不规范。再有就是破碎率的控制。菜品讲究"色、香、味、形、器、意"。器皿是菜品的一部分，有裂缝和缺口的餐具不可以上桌，可现在餐具的价格又很贵，所以规范操作，严格控制破碎率是清洗间重要的工作之一。如果按照图4—11b所示方法清洗，餐具破碎率当然无法控制了。

图4—11a

图4—11b

第三就是节约用水管理。一方面要培养工作人员养成良好的习惯，另一方面就是改善工作设施，实现操作可视化。如图4—11d所示，这家饭店就把洗餐流程进行了规范，从一冲，二刷，三洗，到餐具分拣，入柜，一条龙下来，各环节配合完成，既省水又能有效降低破碎率。

图4—11c

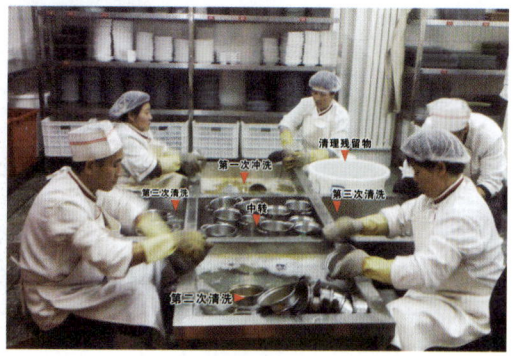

图4—11d

初加工杜绝浪费

图 4-12

饭店出品从初加工开始，厨房控制浪费最重要的一个环节也是从初加工开始的。初加工可视化管理不仅要明确各个菜品原材料的加工标准，还要利用好边角料（见图4-12）。除了把原材料的加工流程和加工标准通过展板的形式可视化，边角料的再利用也要通过展板让员工一目了然。从而在不损害顾客利益的基础上，使厨房实现更高的利润空间。

堂烹菜让顾客眼见为实

堂烹菜也称"气氛菜"，是饭店为了加深顾客就餐的记忆而创造的一种烹饪形式，有时是服务人员在顾客面前操作，有时是厨师在堂前为顾客操作（见图4-13）。比如，全聚德的"片鸭"，就是厨师当着顾客的面操作的，让顾客有一种真实且赏心悦目的感觉。再比如一尊皇牛的"生食西冷"，在菜品端上来后，服务人员会进行简单的操作，这样就能给顾客留下比较深刻的印象。

正因为顾客信任"堂烹菜"，且记忆深刻，铁板烧饭店，自助烧烤饭店也越来越多。因为顾客总是相信自己亲眼看到的，这也正是可视化带给饭店的优势经营理念所在。

图 4-13

5 忙而不乱的小标示

由于菜品加工所使用的原材料比较多,所以在管理不到位的厨房,就会让人感觉比较乱,看上去到处都是工具、调料。我们来算一笔账,一般饭店都有上百道菜品,每道菜品的原材料平均按照1:1.5计算,就有150种原材料,再加上几十种调料,几十样大大小小的工具,分到各个灶头、各个档口,理所当然看上去就到处都是原材料、调料和工具。工作繁忙的时候,也难免会东扒西找的,或者耽误时间,出菜慢;或者丢掉单子,遭到顾客投诉;或者因为找不到某种调料而将就凑合,拿菜品品质做代价。

其实,厨房正像我们上面讲过的,更应该像是一个工厂。每一种原材料、工具都应该标示清楚,既省时,又避免出错;每一个环节都应该有条不紊,环环相扣;每一项操作都应该在岗位人员的控制之中,不偷工减料,不简化程序。

分类入器,省时拿不错

一个人在家里把什么东西放在什么地方,自己很清楚。如果妈妈看到孩子房间有点乱,好心帮忙收拾一下,最后孩子却会因为找不到东西而冲妈妈发火。所以在自己家里,自己怎么放东西都可以,只要用得顺手即可。可是厨房里的工作是一个靠团队合作才能完成的流水型、接力型工作,如果像在自己家里一样把东西随便摆放,肯定会造成所有员工上班找东西的混乱场面。

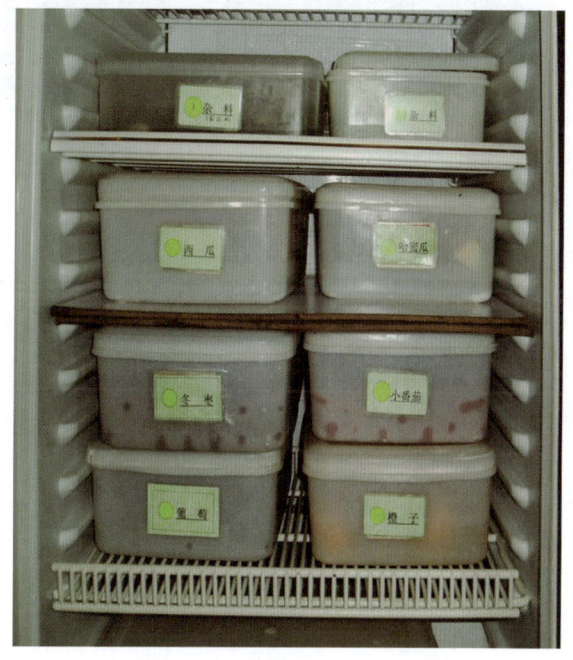

图 4-14

厨房所有用品分类入器、上架、悬挂是厨房管理中非常重要的基础工作之一。为了节约时间,使用方便,物品入器时最好使用透明器皿,再贴上标注清晰的标签,这样所有东西都可以一目了然(见图 4-14)。

不可视容器可视化管理

厨房有很多不透明容器,如冰箱、保鲜柜、工作台、工作柜等。为了让这些不透明的容器和设备变得"可视化",使用起来和透明容器一样方便,最好的方法就是在这些容器上面粘贴容器内物品的名称和摆放平面图(见图 4-15),工作人员按照标签拿取、归位,就能省去多余的找东西的时间。这就是不可视容器的可视化管理。

图 4-15a

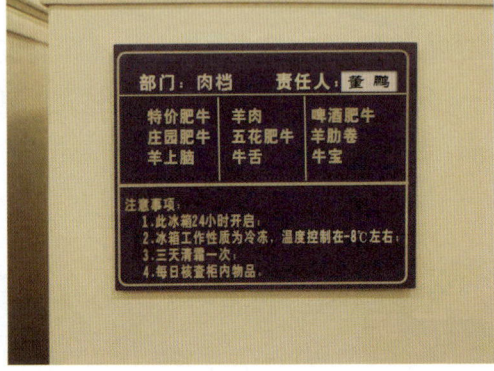

图 4-15b

无色原材料可视化管理

厨房常用的酒精、洗洁精等用品经常用塑料桶盛装(见图 4-16a)。可由于都是无色液体,不知情的员工在忙乱中就经常会搞错。曾有一名员工,在工作快结束的时候,看见饭店角落里有一瓶满满的雪碧,由于口渴他拧开盖就喝。结果喝了几

图 4-16a

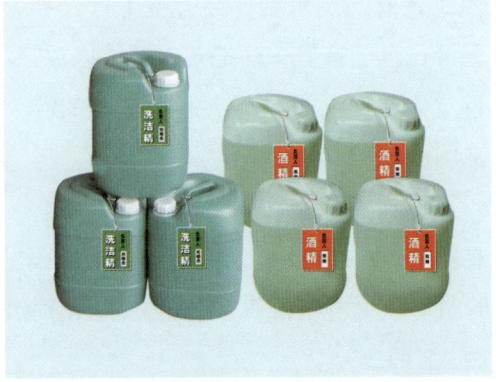

图 4-16b

大口后才发现是洗洁精，最后只得去医院洗胃。

所以，无色用品、液体用品一旦进店就必须明确标示（见图 4-16b），使每一个员工一眼就能看清楚里面装的是什么材料。

❻ 三人即为公，制度做保障

一个和尚挑水喝，两个和尚抬水喝，三个和尚没水喝。三个人即是一个团体，如果没有制度保障，结果就是谁也不再干活了。作为团队合作型的单位，厨房必须明确各档口、各岗位的职责，这是所有工作得以实现的前提保障。因此，厨房必须制定严格的厨房制度，确保各项工作正常开展。具体说来，厨房制度包括：考勤制度、卫生制度、交接班制度、日常操作互检制度、奖惩制度、会议制度、责任制度、设备保养制度、晋升制度及厨房纪律等。

各档各岗责任制度

我想每一个厨房都有岗位职责，甚至有的岗位职责会被装订在墙上（见图 4-17），时时提醒员工。可是如果岗位职责不能和每一个员工有效地结合起来，等于是形象工程，根本起不到实质性的作用。所以各岗位职责必须分工到位，职责明确，奖罚分明，并与每一个员工有效结合起来，才能保证各项工作得以有效执行。

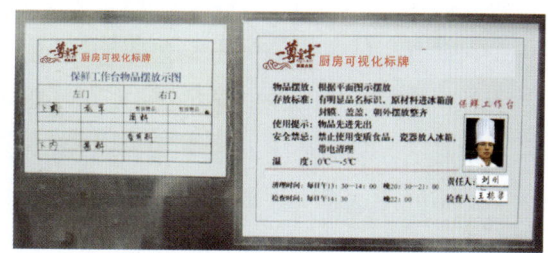

图 4-17

厨师长责任制度

① 负责把每个月毛利率的控制（在 60%~62% 之间）与考核挂钩；

② 负责厨房的安全操作；（每次出现安全事故厨师长承担 20% 的责任）

③ 负责汤料口味纯正；（因管理不严导致口味变质，或者味道严重不纯正，厨师长承担 60% 的责任，操作人承担 20% 的责任，店长承担 20% 的责任）

④ 负责菜品质量。（菜品不卫生、有异物，厨师长承担 20% 的责任，操作员承担 80% 的责任）

厨房其他岗位责任制度

① 不卫生（有泥巴，杂物）；（厨房管理人员承担20%的责任，操作人员承担40%的责任）

② 变质或味不正；（制作人承担80%的责任，管理人员承担20%的责任）

③ 菜品中发现头发、苍蝇等异物；（视情况而定，不能判断由谁造成的，由服务员和厨房人员平摊）

④ 出菜速度太慢；（由厨师长和责任厨工分担责任）

⑤ 由于个人操作不当，造成伤害，如员工摔伤、切掉手等。（店方承担60%的责任，店长承担20%的责任，直接上司承担20%的责任）

值班期间品质同样有保障

厨房在收市后，为了确保做好部分未结束用餐的顾客以及值班期间前来就餐的顾客的服务工作，值班期间留守部分员工，是非常有必要的，而且值班期间员工的工作状态更为重要。很多员工对值班存在着不同程度的误解，认为值班期间就是收拾卫生，顾客的需求能满足则满足，满足不了也没有什么大不了的。

其实，值班期间对顾客的服务应该和正餐期间一样，否则就毕餐。值班期间老板想多接待几桌顾客，可是各部门却不具备接待的能力。顾客点这个，没有，点那个，没有。什么都是顾客来原谅饭店，为什么饭店就不从顾客的角度考虑一下呢？当然，很多饭店的理由很充分：下班了嘛，顾客要吃饭只能有什么吃什么了；大师傅休息了，只能是徒工操作了……这有什么错呢？

是的，这看上去确实没有错。况且顾客也不会要求饭店做什么，不做什么。但是，如果你没有做，而对手做了，那么你就错了。竞争对手之间拼的就是看谁为顾客做得快，做得多，哪怕是一点点差异化的进步，也足以成为顾客选择的理由。

所以，值班期间，要么不接待，要么接待好，就像正餐一样对待每一位顾客。具体值班制度如下：

① 厨师长根据工作需要安排各岗位值班人员；

② 接班人员必须提前抵达工作岗位，保证准时上班；

③ 交班人员必须与接班人员详细交代交接事宜，并填写交接日志，方可离岗；

④ 接班人员要认真核对交接班日志，确认并落实交班内容；

⑤ 值班人员应自觉完成交接工作；工作时间不得擅离工作岗位，不得做与工

作无关的事情；

⑥值班人员应保证值班期间用餐宾客菜品的及时供应和菜品品质；

⑦值班人员要妥善处理、保藏剩余食品及原料，做好卫生清洁工作；

⑧值班人员下班时要填写交接班日志，及时关闭水、电、气阀，锁好柜、门房，交还钥匙，在规定的时间离岗；

⑨厨师长抽查值班交接班工作，发现问题当值人员有责任解释清楚，并及时改进。

厨房设备保养制度

厨房设备保养是否得当直接影响着饭店的利润，也直接影响着厨房加工操作的速度。所以厨房设备保养是厨房日常工作不可或缺的一部分。

厨房设备保养主要分为瓷器餐具保养，不锈钢用具及工作柜保养，刀具、切片机、压面机保养，冰柜、蒸箱保养，炉灶、排风设备保养，清洗池、下水道保养等。

（1）瓷器餐具保养：

现代厨房使用的餐具越来越高档，质地从原来的白瓷到骨瓷，再到玻璃器皿，形状从相对统一到各种异形，价格也从几元增加到几百元不等。在使用和清洗的过程中，一不小心，这些餐具就有可能被碰出个缺口，一个上百元的餐具也就无法再使用了。尽管现在也有很多人做着修补餐具的生意，但多数餐具还是被浪费掉了。由于一些异形餐具不好配备，只能再重新设计菜肴的出品或者降低出品质量，给饭店造成极大浪费和不良影响。要想延长瓷器餐具的使用寿命，主要还是需要工作人员的爱护和保养。具体表现在：① 不能用钢丝球洗刷瓷器餐具用具，以免破坏瓷面；② 收餐、洗餐轻拿轻放，按照餐具类型分类放置，切不可往收餐框里插放；③ 每次清洗完毕要进行筮水和消毒，每周要用84消毒液浸泡清洗一次盘底，以免积压污垢；④ 喷洒空气清洁剂或者蚊虫剂时，避免喷到瓷器面上破坏瓷器釉面。

（2）不锈钢用具及工作柜保养：

不锈钢是厨房常见的用具材质，虽然不易碎，但如果不注意使用和保养，同样会降低使用的寿命。保养不锈钢用具及工作柜时需要注意的事项有：① 不可在不锈钢工作柜上砸东西，以免破坏工作台面；② 使用不锈钢用具时避免磕碰变形；③ 加热后的不锈钢容器要及时清洗，以免变黑或者被水垢腐蚀，以致容器破漏；

④ 尽可能不使用钢丝球擦洗不锈钢面；⑤ 使用时间较长的不锈钢可能会变乌，一般一个星期要使用不锈钢清洗剂进行一次彻底清洗和养护，让不锈钢永保如新。

(3) 刀具、切片机、压面机保养：

刀具就是厨房砧板工作人员的"枪"，定期保养、打磨是确保刀具好用和提高效率的必要措施。切片机、压面机亦是如此。具体做法表现在：① 定期打磨和保养刀具及切片机刀片；② 刀具要分类使用，红案、白案、剔骨、冻肉等都要分开使用；③ 切片机、压面机、碎肉机等要在使用完毕后，拆开彻底清除内部碎肉及杂质；清洗完毕要用保鲜膜包扎，保持机身的清洁和光泽；④ 定期对设备零件进行检查，确保螺丝不松动，以及配件和更换件的完整和清洁。

(4) 冰柜、蒸箱保养：

冰柜和蒸箱是厨房最重要的设备之一，出现故障则会影响工作正常开展。在不注意设备保养的厨房，经常出现冰箱冷冻效果下降，蒸箱跑气，冰柜和蒸箱的门松动，关闭不严等。这样的大件设备维修起来非常麻烦，所以更要重视保养。具体表现为：① 冰柜、冰箱要定期除霜、除味，定期清洁过滤网；② 蒸箱每天在使用完毕后都要认真清洗，确保蒸箱内部及门吸边缘无杂质；③ 在开关冰柜门、蒸箱门时要轻开轻关，确保其密封性能良好；④ 定期检查电源和底部清洁情况。

(5) 炉灶、排风设备保养：

炉灶和排风是厨房需要安全防范的设备之一。由于长期不清洁，一方面炉灶上的油污很难看且很难清洗，另一方面可能会造成火灾。所以随手清洁，以及毕餐后清洁炉灶、排风是厨房确保安全的重要措施。具体做法表现在：① 灶头师傅要养成随手清洁灶台的习惯，毕餐后要组织人员彻底清洁炉灶；② 排风系统要在每天毕餐后清洁一次，确保裸露部分的清洁；也可以在排风筒外面罩上一层保鲜膜，以方便清洁；③ 定期清洁炉灶灶头和排风系统内部积油，确保灶头火孔畅通和排风系统的安全；④ 工作完毕随时关掉煤气灶开关，并随时检查煤气开关是否漏气，是否安装漏气监控设备，确保工作顺利进行。

(6) 清洗池、下水道保养：

厨房水槽的封边处是一个最容易藏污纳垢的地方，每天洗碗结束后，只要彻底清洁这一区域就可以免除厨房除垢的麻烦。另外厨房的下水道一般会设计明沟和过滤网，所以每天毕餐后都要清除掉被过滤下的杂质，确保下水道通畅。

> 阅读链接：
> **厨房卫生制度**[1]

一、个人卫生

1. 厨房部员工按时上下班，坚守岗位，进入厨房必须做到工装鞋整洁。
2. 在工作时间内，当班人员不能随意离开工作地点，更不能迟到或早退。
3. 不准用勺子直接放嘴里尝味，不抽烟操作。
4. 不得在厨房内躺卧，也不许随便悬挂衣服及放置鞋子，或乱放杂物等。
5. 在厨房工作时，不得在食物或食器的附近咳嗽、吐痰、打喷嚏。

二、环境卫生

1. 保持地面无油渍、无水迹、无卫生死角、无杂物。
2. 保持瓷砖清洁光亮，勤擦门窗。
3. 工作结束后调料加盖，工具、用具、工作台面、地面清理干净。
4. 下班前应将冰箱、炉灶、配菜台、保洁橱等清理干净。
5. 厨房、冰箱等设备损坏应及时报修。
6. 地面、天花板、墙壁门窗应坚固美观，所有孔洞缝隙应填实密封，并保持整洁，以免蟑螂、老鼠隐身躲藏或出入。
7. 垃圾桶和馊水桶外部需基本保持干净，标示明确并加盖，按时清理。

三、冰箱卫生

1. 冰箱有专人管理，定期化霜。
2. 保持冰箱内外清洁，每日擦洗一次。
3. 每日检查冰箱内食品质量，杜绝生熟混放，严禁叠盘，鱼类、肉类、蔬菜类要分开，减少串味，必要时应用保鲜膜。

四、食品卫生

1. 认真做好原料的检疫工作，变质、有毒、有害食品不切配、不烧煮。
2. 食物应保持新鲜、清洁、卫生，清洗后分类以塑胶袋包紧，或装在有盖容器内，

---

[1] 本制度转载自"莲山课件"。

分别储放在冰箱或冷冻室内；鱼肉类取用处理要迅速，以免反复解冻而影响鲜度，要确实做到勿将食物暴露在常温里太久。

3．凡易腐败的食物，应贮藏在0℃以下的冷藏容器内，生、熟食物分开贮放，防止食物气味在冰箱内扩散及吸收箱内气味，并备置脱臭剂或燃过的木炭放入冰箱，可吸净臭味。

4．食品容器清洁，做到刀具不锈、砧板不霉，加工台面干净，配菜盘与熟菜盘有明显区别。

5．食品充分加热，防止里生外熟，隔顿、隔夜、外购熟食要回烧后再供应。

6．按政府有关规定，禁用不得销售的食品。

7．蔬菜不得有枯叶、霉斑、虫蛀、腐烂，如卫生不合格，要退回粗加工清洗。

8．干货、炒货、海货、粉丝、调味品、罐头等，要妥善储藏，不得散放、落地。

五、餐具卫生

1．切配器具要生熟分开，加工机械必须保持清洁。

2．装置熟食、熟菜的餐具不得有缺口、破边，清洁消毒后无水迹、油迹、灰迹方能装盘出菜。

3．不锈钢器具必须保持本色，不洁餐具退洗碗间重洗。

六、切配卫生

1．切配上下必须保持清洁、卫生、整洁。

2．砧板清洁卫生，用后竖放在固定位置，每周清洗，定期消毒。

3．不锈钢水斗内外必须保持清洁、光亮。

4．遇有下水道不通或溢水要及时报修。

七、炉灶卫生

1．灶台保持不锈钢本色，不得有油垢，收市后清洗干净。

2．锅具必须清洁，排放整齐。

3．炉灶瓷砖清洁、无油腻，炉灶排风要定期清洗，不得有油垢。

4．各种调料罐、缸必须清洁卫生并加盖。

八、冷荤间卫生

1．非冷荤间工作人员不得无故入内。

2. 冷荤间操作人员每天必须更衣两次，戴帽子、口罩。
3. 操作前必须擦洗工作台、刀具砧板、餐具等，保持清洁卫生。
4. 冰箱每日清理，每班擦洗一次，隔夜剩菜必须回炉加工。
5. 冰箱内食品必须排放整齐，加用保鲜膜。
6. 冰箱如损坏要及时报修。
7. 冷荤间严禁放私人物品及杂物，包括茶杯等。
8. 冷荤间餐具不得混用，专间使用。
9. 罐头食品开盖后，当日用余必须倒入有盖玻璃器皿，放置冰箱内。

第二节 稳定的出品需要完善的标准保障

煮面的标准时间是多久？没有人能回答上来。因为不知道锅里的水温度是多少，也不知道面条是粗是细，煮多长时间就难以确定。因此，要确定面条下锅后多长时间能煮好，就得先确定面条的粗细，确定水温的高低，然后才能确定多长时间能够把面条煮熟。而要确定面条的口感"硬"或者"软"，"劲道"还是"软滑"，就需要确定多少面粉，要加多少水，加什么温度的水，加不加鸡蛋，加不加盐，加多少，还要确定醒面的时间……才能保证顾客吃到的面条口感基本一致。

为了让每一位顾客都能吃到品质相对稳定的面条而所要规范的一切因素，统称为"出品标准保障体系"。离开了这一系列的保障因素，出品的品质就会大打折扣，或者就无法保障出品的稳定性。

稳定的出品是一家饭店获取良好口碑的基础。麦当劳之所以能在世界各地立于不败之地，除了良好的经营策略之外，就是稳定的出品做基础。无论你在哪一家麦当劳吃到的汉堡都是这个味，这正是通过稳定口味取得消费者的信任，保持企业长盛不衰。

① 建立菜品加工标准

菜品档案是饭店稳定出品的重要参考信息，它包括：原材料选择标准、初加工标准、精加工流程及标准（烹饪技法）、原料调制标准及比例、点缀装饰、成品造型、成品口感描述等。

原材料验收要求

相关人员在验收原材料时，一定要严格按照以下要求操作，确保原材料品质过关。

（1）核对配送原材料与店方所报原材料的品种、规格和数量是否一致。

（2）采购各类食品应注意生产日期或保存期等食品标识，不应采购快到期或超期食品。

（3）禁止采购腐败、霉变、生虫、污秽不洁、混有异物或其他感官性状异常，可能对人体健康造成危害的食品。

（4）禁止采购病死、毒死、死因不明或有明显致病寄生虫的禽、畜、水产品及其制品，酸败油脂、变质乳及乳制品，包装严重污秽不洁、严重破损或者运输工具不洁而造成污染的食品。

（5）禁止采购掺假、掺杂、伪造、冒牌食品。

（6）禁止采购用非食品原料生产的食品，或者添加食品添加剂以外的化学物质和其他可能危害人体健康物质的食品，或者用回收食品作为原料生产的食品。

（7）禁止采购致病性微生物、农药残留、兽药残留、重金属、污染物质以及其他危害人体健康的物质含量超过食品安全标准限量的食品。

（8）禁止采购未经动物卫生监督机构检疫或者检疫不合格的肉类。

（9）禁止采购无标签的包装食品。

（10）禁止采购国家为防病等特殊需要明令禁止生产经营的食品。

（11）禁止采购其他不符合食品安全标准或者要求的食品。

（12）采购的预包装食品的包装上应当有标签，标明下列事项：①名称、规格、净含量、生产日期；②成分或者配料表；③生产者的名称、地址、联系方式；④保质期；⑤产品标准代号；⑥贮存条件；⑦所使用的食品添加剂在国家标准中的通用名称；⑧生产许可证编号。

初加工标准

以下列举中餐中猪肉、鸡肉、鱼肉、切配料头初加工标准供大家参考。

表 4-1　猪肉加工成型标准

成品名称	用料及部位	加工成型规格	适用范围
肉丝	里脊、弹子肉、盖板肉、肥膘	长 8 厘米、粗 0.3 厘米 ×0.3 厘米	炒、熘、烩、煮
	里脊、弹子肉、盖板肉	长 10 厘米、粗 0.4 厘米 ×0.4 厘米	炸、收
肉片	里脊、弹子肉、盖板肉、腰柳	长 6 厘米、宽 4.5 厘米、厚 0.3 厘米	炒、熘、烩、煮
	五花肉、宝肋肉	长 8 厘米、宽 4 厘米、厚 0.4 厘米	卤、拌
肚片	猪肚	长 6 厘米、宽 4 厘米、厚 0.4 厘米	卤、拌
		……	……
……	……	……	……

表 4-2　鸡肉加工成型标准

成品名称	用料及部位	加工成型规格	适用范围
鸡丝	鸡脯肉	长 8 厘米、粗 0.4 厘米 ×0.4 厘米	炒、熘、烩、煮
	鸡脯肉、腿肉	长 6 厘米、粗 0.4 厘米 ×0.4 厘米	鸡丝卷
鸡片	鸡脯肉	长 6 厘米、宽 4.5 厘米、厚 0.3 厘米	炒、熘、烩、煮、锅贴
	鸡脯肉、腿肉	长 6 厘米、宽 4 厘米、厚 0.4 厘米	拌
……	……	……	……

表 4-3　鱼类加工成型标准

成品名称	用料及部位	加工成型规格	适用范围
鱼丝	草鱼、鳜鱼、乌鱼净肉	6 厘米、粗 0.4 厘米 ×0.4 厘米	熘、烩、煮
	……	……	……
鱼片	草鱼、鳜鱼、乌鱼净肉	长 6 厘米、宽 4.5 厘米、厚 0.4 厘米	炒、熘、烩、煮、锅贴
	……	……	……
鱼条	草鱼、鳜鱼、乌鱼、鲑鱼净肉	长 6 厘米、粗 1.2 厘米 ×1.2 厘米	蒸、炸、收
	……	……	……
……	……	……	……

表 4-4　切配料头规格表

料头名称	用料	切制规格要求	配制菜肴
姜头	老姜	长 1 厘米、宽 1 厘米、厚 0.1 厘米	宫爆鸡丁等
蒜片	大蒜	长 1 厘米、宽 1 厘米、厚 0.1 厘米	火爆腰花等
鱼眼葱	细葱	长 0.5 厘米	鱼香肉丝等
……	……	……	……

> 阅读链接：
> "一尊皇牛"菜品初加工标准

【海鲜精品】

1. 三文鱼

   ① 去除鱼头、鱼骨、鱼皮；

   ② 取鱼背脊上的肉，切成长2厘米、宽1厘米、厚0.3厘米的片状；

   ③ 呈圆形均匀摆放在含有冰层的容器上；

   ④ 净重量200克。

2. 生鱼片

   ① 去掉鱼头、鱼骨；

   ② 取其背脊肉的边，用斜刀切0.2厘米厚的片，切至皮；

   ③ 再用斜刀切片，并切断；

   ④ 展开铺在冰层上；

   ⑤ 净重量200克。

【豆豆生香】

1. 豆腐、冻豆腐

   ① 清洗干净；

   ② 切成长8厘米、宽8厘米、厚3厘米左右的块状，两层；

   ③ 在豆腐的顶面切米字刀；

   ④ 用刀面整体移至盘中。

2. 鲜豆皮

   ① 清洗干净；

   ② 将其切成长15厘米、宽6.5厘米的方块；

   ③ 沿宽的中线对折，对折处用斜刀均匀划出2厘米左右的刀口；

   ④ 将折口处卷起，用干粉丝固定；

   ⑤ 摆放在盘中。

3. 腐竹

   ① 水发，清洗；

   ② 切成8~10厘米长的条；

   ③ 同方向尾部叠压摆放在容器中。

4. 海带

    ① 用水冲洗 3 遍以上；

    ② 切成边长约为 2.5 厘米的菱形；

    ③ 不规则、重叠摆放在有大叶生菜铺底的容器中。

5. 水晶粉丝

    ① 100 克，温水发泡半个小时左右备用；

    ② 平均分配成 9 份，顺盘子的方向呈鱼鳞式摆放；

    ③ 盘尾用法香装饰。

6. 东北细丝酸菜

    ① 酸菜切成细丝，樱桃去核，切成两半备用；

    ② 用直径为 11.5 厘米的钢碗盛装压实成型；

    ③ 倒扣于莲花状盘中（保持形状为半圆形），用半颗樱桃点于正中装饰。

7. 粉带

    ① 粉带切成 1 厘米长的条状，然后泡水（15 分钟左右即可），樱桃去核，切成两半备用；

    ② 装于长方形盘中，盘子对角用樱桃装饰；

    ③ 净重量 ×× 克。

8. 油豆皮

    ① 油豆皮卷切成 1.2 厘米宽的条状；

    ② 装于长方形盘中，整理整齐；

    ③ 净重量 ×× 克。

9. 粉丝

    ① 开水烫 5 分钟；

    ② 取小撮绕拇指圈成团，放于盘中，每盘 8 团；

    ③ 净重量 ×× 克。

精加工流程及标准

以下列举某饭店的主食面点加工标准供大家参考。

（1）麻团、南瓜饼、土豆饼

    ① 半成品材料准备：麻团、南瓜饼、土豆饼各 8 个；

② 将油烧至八分热（90°）时将食物投入其中，大火油炸至熟（待食物浮起来），调文火至上色，出锅控油；

③ 在盘中垫花纸垫，装盘即可；

④ 外焦里嫩，香甜酥软，在盘中摆放成 7 瓣花状。

(2) 玉米饼

① 准备玉米饼半成品；（小份 8 个，大份 12 个）

② 平底锅备油没过锅底，烧至八分热放入玉米饼；

③ 大火至饼身热透后调文火至上色；

④ 在盘中垫花纸垫，装盘即可；

⑤ 晶莹剔透中透着金黄，摆成 7 瓣或 11 瓣花状。

(3) 饺子

① 准备饺子馅，和面（醒面）备用；

② 准备直径为 5 厘米左右的饺子皮，包适量饺子馅，饺子皮薄馅满；

③ 将包好的饺子冷冻，冻实后方可上桌；

④ 颗颗分明，犹如落盘珍珠。

(4) 金银馒头

① 准备小馒头 12 个备用；

② 取 6 个馒头用微波炉加热，另外 6 个油炸至金黄；

③ 用花纸铺盘，将金、银馒头交叉在大圆盘中摆一圈，中间放一小碗蜂蜜酱。

(5) 油炸馍片

① 将炸馍片用的条状馒头切成 0.5 厘米厚的薄片（10 片）备用；

② 将油烧至八分热时将 5 片馍片投入其中，大火油炸至熟（待食物浮起来），调文火至上色，出锅控油；

③ 用花纸铺盘，将油炸馍片分两份摆放在长方形的盘中，另加一小碗蜂蜜酱。

(6) 面条类：胡萝卜面、荞麦面、菠菜面、小麦面、玉米面、绿豆面

① 将胡萝卜、菠菜等榨汁后与适量小麦面粉和成面，另外荞麦粉、玉米粉、绿豆粉等分别和成面，醒好备用；

② 用机器将该面压制成厚 0.1 厘米、宽 0.2 厘米的细面条备用；

③ 取每撮 10~15 根左右两头交叉拧成花，面头朝盘心摆放，中间摆放两撮面花，每份 150~200 克之间；

④ 面拼摆放方式同上，每份 5 种面条，每份 300 克左右。

(7) 长寿面

① 将鸡蛋煮熟去皮，面条 2 根（长 2 厘米、宽 1.5 厘米、厚 0.2 厘米）备用；

② 取适量高汤煮沸后放入面条至熟，加入青菜、香菜，放入调料、香油入味；

③ 将去皮的鸡蛋横剖成两半，切面雕成锯齿形状，蛋黄朝上放入盘中；

④ 将面条盛碗放入盘中，旁边用果酱标"生日快乐"的字样。

原料调制标准及比例

原料、辅料调配是厨师做菜的基本功之一，菜品的口味也就出自这些调味料中。如果你是一家小店，靠师傅自己的经验和感觉就能确保每次做出的菜大致相同。然而，如果你是一家大店，无论是出于稳定菜品，还是要培养下属，或者统一口味，都应该尽早确定菜品的辅料和调味品配置的标准比例。使用调配单[①]予以明确和规范就是一个好方法。

表 4–5　鱼香味汁调配单

调味品名	数量	备注
精盐		
酱油		
醋		
白糖		
泡红辣椒末		
郫县豆瓣		
姜米		
蒜米		
鱼眼葱		
味精		
鲜汤		
湿淀粉		

---

① 本书中的调配单参考《餐饮业标准化管理手册》设计而成。

表 4-6　糖醋味汁调配单

调味品名	数量	备注
精盐		
酱油		
醋		
白糖		
姜米		
蒜米		
鱼眼葱		
味精		
鲜汤		
湿淀粉		

表 4-7　茄味汁调配单

调味品名	数量	备注
精盐		
醋		
白糖		
番茄酱		
鲜汤		
湿淀粉		

表 4-8　红油味汁调配单

调味品名	数量	备注
精盐		
酱油		
醋		
白糖		
芝麻油		

表 4-9　蒜泥味汁调配单

调味品名	数量	备注
精盐		
酱油		
白糖		
辣椒油		
芝麻油		
蒜泥		

表 4-10　姜汁味汁调配单

调味品名	数量	备注
精盐		
酱油		
醋		
芝麻油		
姜米		
味精		
冷鲜汤		

表 4-11　椒麻味汁调配单

调味品名	数量	备注
精盐		
酱油		
芝麻油		
椒麻油		
味精		
冷鲜汤		

表4-12 怪味汁调配单

调味品名	数量	备注
精盐		
酱油		
醋		
白糖		
味精		
芝麻油		
花椒粉		
辣椒油		
熟白芝麻		

表4-13 芥末味汁调配单

调味品名	数量	备注
精盐		
酱油		
芝麻油		
椒麻油		
味精		

造型各异的餐具及点缀装饰

随着中餐业的发展，消费者从吃饱到吃好，吃营养，吃健康，吃艺术，吃感受……当今餐饮已不再可以简单地理解为"口味制胜"。为了迎合和适应这一变化，餐饮经营者在不断改进菜肴味道的同时，也在追求菜肴的造型和寓意。要做到这一点，使用精致化、艺术化的餐具及点缀装饰则能起到锦上添花的效果。

图4-18

造型奇特的餐具不再只是附属于菜品的盛器，而逐渐成为人们展示不同审美情趣、表达不同生活态度的载体。

菜品造型的雕刻点缀（见图4-18）则有食材雕刻点缀、冰雕、盐雕、面雕、泡沫雕等，按主题划分又包括动物象形、风景象形、实物象形等。除了雕刻点缀外，辅料点缀也是必不可少的，比如粉丝、黄瓜、酱汁、小西红柿等。

总之，不同的菜肴，不同的雕刻点缀，代表着不同的寓意，也能给顾客不同的就餐感受。

综上所述，我们可以为菜品建立档案标准卡（见表4-14），供厨师参考。

表4-14 菜品档案标准卡

菜肴名称		三峡爆生肠	加工档口	炒菜档	
制作人		张伟志（7#）	器皿	圆铁板	
成本价		14.4	卖价	32	菜肴照片
毛利率		55%	制作时间	6分钟	
烹饪方法		爆炒	味型	咸鲜微辣	
主辅调料	主辅料名称	单价（元）	重量（克）	耗价（元）	备注
	生肠	13	400	10.4	
	青杭椒	3.5	50	0.35	
	红杭椒	4	50	0.4	
	野山椒	5	10	0.1	
	易耗品锡纸			1	
	盐、白胡椒、味精、鸡精、白酱油			2	
制作程序和工艺要求	粗加工要求	生肠清洗干净			
	切配要求	生肠改切成连刀，泡制脆嫩，冲洗干净			
	荷台要求	锡纸修剪成荷叶状			
	制作关键	生肠的泡制和爆炒的火候掌握			
装盘点缀		锡纸修剪成荷叶状，爆生肠主菜靠餐盘一边盛放，剩余1/3空间放置"面雕"或"盐雕"点缀。			
备注		标准菜单的功能，除了便于控制、管理菜肴的成本之外，对稳定菜品质量，保障出品速度也有很大帮助。 菜品的质量管理主要在菜品的色、香、味、形、器、意、温上面。			

❷ 菜品出品标准对照看板

出品标准对照看板（见图4-19）是对厨师的一种有形约束，而且是传菜员督导上菜的一个标准，是饭店稳定出品的有力保障，是让顾客树立信任感的基础。我们经常可以看到有顾客问服务员"怎么这次的菜和上次吃到的菜不一样"。这样的现象一旦发生，顾客在心里就会怀疑饭店换厨师了，或者徒弟上手做菜等，继而降低对饭店的好感。所以菜品出品标准对照看板首先要保证菜品的颜色、造型、餐具、分量、装饰、跟汁、跟料等细节上统一，然后才是气味、温度、出档品尝等问题。

图4-19

❸ 顾客特殊要求需标注明确

点菜服务也是一个接力赛。服务人员把顾客对菜品的要求告知后厨，后厨按照要求加工完成后，再由服务人员为顾客上桌，来满足顾客的个性和特殊需求。反之，离开了这个流程，后厨只能按照一种标准来为所有顾客提供菜肴，很显然是无法满足所有顾客的需求的。所以前厅和后厨的配合尤为重要。顾客喜欢微辣还是特辣，是羊肉还是牛肉，是清蒸还是白灼，是红烧还是油焖……服务人员都必须在点菜时标注清楚，这是满足顾客个性口味的前提。

西安老字号"同盛祥"在这一点上做得就非常到位。同盛祥为点泡馍的顾客准备了"口味牌"（见图4-20）。顾客只要按照自己的口味选择牌子夹在自己的碗边，如口轻、口重、干煸、小炒、少油、水围城，厨师在加工时就会很轻松并准确地完成操作。

图4-20

❹ 菜品配套服务要齐全

在"公共场所全面禁烟"的条例颁布之前，我们在饭店用餐时，经常可以享受到服务人员点烟的服务。当顾客掏出烟时，服务人员会迅速跑至跟前为顾客点着烟。然而，服务人员点着烟之后，便会转身离开。这时候顾客发现没有烟灰缸，还得把服务员叫过来，要求对方"给拿个烟灰缸吧"，很是尴尬。本来印象很好的一个瞬间服务，结果却因为没有做到位而大打折扣。

上菜也一样。一道有特色的菜品，要配以不同的调料和碗碟，才能品出应有的感觉。因此，菜品的配套调料和工具是菜品的一部分，不可分割。如果服务人员将一道白灼虾上桌后，而没有及时跟上美极鲜酱油和洗手盅，这道菜品就不能算服务完毕。顾客无从下手，只能喊服务员过来询问。一顿饭下来，顾客就会认为这家饭店很不专业。

要杜绝类似的情况发生，就必须让传菜员和服务员都非常熟悉跟汁菜品的上菜要求。另外还要责任到人，安排上菜管理员专门调配和跟踪这些菜品，并制定相应的规则与制度，主要包括：

① 根据点菜单准备各种跟汁和配套工具。

② 档口跟汁菜品出档时，要及时按照配套表（见表4-15）给予配置，并督导传菜员向服务人员交代清楚。

③ 毕餐后要将所有跟汁用料及工具清点归位。

④ 定期对前厅员工及传菜部人员培训相关上菜知识。

⑤ 该管理员对上错菜及不符合上菜要求负全部责任。

表4-15 菜肴服务配套表

菜肴名	配套内容及标准
白灼虾	美极鲜酱油　洗手盅
四味鸡	红油汁　蒜泥汁　怪味汁　糖醋味碟
姜葱爆蟹	钳子、小勺每人一套　薄膜手套
辣子田螺	牙签　薄膜手套
巴国长排	薄膜手套　洗手盅每人一只
鲍鱼盅	美极鲜酱油每人一碟　酒精保温盅
生食三文鱼	芥末汁　万字海鲜汁
……	……

5 催菜、估清和急推方案

上菜速度"快"是每一家饭店都在不懈追求的目标。然而，由于准备工作中的一些疏忽或者特殊情况，顾客往往因为出菜慢或者不出菜而不满，甚至投诉。

屏显报警可视化催菜系统

催菜似乎成了所有饭店处理顾客投诉"上菜慢"的第一反应。说是催菜，其实就是"提前解决"或者不管三七二十一"再做一份"，堵住顾客的抱怨就是成功。只有少数饭店为了不让顾客催菜而在努力探索和改进，如安装屏显报警可视化催菜系统。

饭店把所有菜品正常的加工时间都提前录入电脑系统，菜品下单之后，厨房的电脑显示屏就开始倒计时。如果超过正常加工时间，显示屏就会呈现黄色，以提醒厨师加快速度。两分钟后，黄色会变成红色。再过两分钟，红色会闪动。再过两分钟，闪动的红色就会发出报警声（见图4–21）。

图4–21

如果饭店没有使用屏显报警可视化催菜系统，则建议使用黄色或红色催菜单。相信厨师即使在繁忙的工作中，看到"红色"，同样可以起到加急的作用。

估清和急推通告

估清和急推是饭店经营中经常遇到的两种情形。处理得好，不仅不会给饭店造成不良影响，而且还可以赢得更大的利润空间。我们经常可以看到顾客点的某一道菜到埋单时都没有上来，最后服务员通知说估清（卖完）了，让顾客觉得很是遗憾，

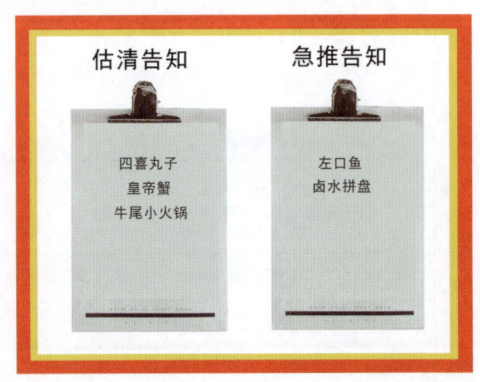

图4–22

饭店的美誉度也会因之降低。另一种情况就是急推。有些菜肴过夜，或时间过长，都会影响菜肴口味，所以在晚餐时，就需要急推出去。还有一些海鲜在池中养的时间过长，虽然还活着，但是再卖不出去，很可能就会死去，也要急推出去。

无论是估清还是急推，都需要后厨和前厅及时沟通，可视化告示牌（见图4-22）即是沟通的一个平台。另外，饭店还应该考虑到员工没有及时看到告示牌的情况，所以还得配以"估清传递条"和"急推传递条"，让区域领班通知到位。

6 出档菜品品质严格把关

菜品出档后就会直接呈现在顾客面前，出现问题顾客也会一览无余，所以这道关一定要把好。"一尊皇牛"非常注重出档菜品品质把关问题，其做法值得广大饭店经营者借鉴。

交叉品尝制度

厨房生产的汤底、调料、丸滑、凉菜都需要品尝后才能出厨。然而厨师自己加工，自己品尝，久而久之会自以为是，处于麻痹状态，所以厨房生产的各种需要品尝的菜品必须经过交叉检查，方可出厨。

汤底、调料、丸滑、凉菜都必须经过厨务经理亲自品尝，而且要建立交叉制度，汤底、调料需要丸滑师傅品尝，丸滑需要凉菜师傅品尝，凉菜需要汤底、调料师傅品尝。每天坚持，并且要在品尝登记本上签字，出了问题，不找加工的师傅，找品尝检查的师傅，这样才能有效确保菜品口味良好。

菜品留样制度

因食品受微生物污染、误食有毒野生菌或野生植物、加工食品误用亚硝酸盐等造成的食物中毒事件时有发生，国家食品药品监管局发布预警公告，要求餐饮企业严格落实《中华人民共和国食品安全法》等相关条例，防范食品安全事故的发生。

公告指出，餐饮服务经营者要落实食品及食品原料进货、加工、贮存和管理的各项制度，加强餐饮用具消毒，严格管理和使用食品添加剂，切实保障供售食品的安全；谢绝消费者自带野生菌或野生植物以及群众不常食用的食品到餐饮服务单位加工食用；要制定食品安全事故处置方案，提倡菜品留样制度，一旦发生食品安全事故，应当立即予以处置，防止事故扩大，并及时报告当地卫生行政部门，积极配合做好事故的调查处理工作。

由此可见，饭店菜品留样就非常有必要了。这不仅仅是为了应付检查，更重要的是确保饭店有一个良性的食品监管机制，确保提供的每一样食品都是安全的，提供的每一份菜品都是美味的。这也就要求厨房把每天加工好的第一份出品，要作为当天留样封存在冷藏柜中，直到第二天还样。

神秘顾客监督制度

在每一个城市寻求不少于三位，对企业比较了解，且经常在各大饭店消费的神秘顾客，对其所辖店铺进行监督。此项工作由总部发起，神秘顾客每月需在每家店铺最少消费一次（费用由总部提供），并能够在每次就餐后向总部提供一份就餐印象报告。总部根据神秘顾客提供的信息，向各店铺发出整改意见，并在近期再次进行检查，片区经理和店经理要对未整改项目负责，并接受总部处罚。

跨地区交流制度

在日复一日的加工过程中，产品难免会发生微小的变化，时间久了，就有可能发生较大的变化，导致出品走样。所以厨房人员应该经常举办跨地区交流活动，在交流过程中，相互进入对方厨房进行实际操作。在操作中的细微变化都可能引来厨师间的碰撞，正是这种碰撞，提醒和引导各厨务经理分析自己的不足和改进的点位，从而确保产品的稳定性。

领导抽查制度

区域总经理、总部副总裁、总裁、董事长，会不定期前往各店检查工作，无论是工作状态还是出品品相、口味、留样等，都是领导抽查的范围。领导抽查虽然不需要一项一项地按照检查表进行，但这种抽查既能从顾客的角度发现问题，又能从专业生产的角度发现流程或者源头问题。

7 厨师要树立精品意识

培养厨师树立"色、香、味、形、意"的精品意识是饭店能否在激烈的竞争中脱颖而出的关键,也是饭店能否创新出更多菜式的基础之一。

色是五感中给予视觉(眼睛)的感官享受,代表色彩,专指菜品中的食物成品颜色是否能吸引人。菜品的颜色搭配要漂亮,诱人食欲,这也是人们对食物的第一印象。

香是给予嗅觉(鼻子)的感官享受,代表香气,专指菜品中的食物所散发出来的气味与气息。也就是食物的香味,是各种食材与调料融合后散发的各种香气,是人们对于食物的第二印象。嗅觉也是在人类记忆中保存最久的感觉。

味是给予味觉(舌头)的感官享受,代表味道,专指菜品中的食材与调料混合制作后所具有的特殊味道。菜的味道要鲜美,最重要的就是适口。不同的地方菜系都有不同的口味,好的口味能更深一步地刺激出人更强烈的食欲。

形是给予视觉(眼睛)与意觉(心理)的感官享受,代表形态,专指食材的形态塑造是否能让人觉得赏心悦目。形是慢慢从色中分割出来的,主要就是讲究成菜的形状以及装饰。菜品形态上的美不仅让人大饱眼福,还能触动人的心灵。

意是给予意觉(心理)的感官享受,代表意境,在这里特指菜的最终成品所呈现的意境。意是从色和形中升华出来的,也是中国人比较讲究的一点。就像喝茶要讲究意境和气氛一样,食物也要体现出文化内涵来,如果菜品的名称能和材料、成品的菜形相呼应,就再好不过了。

除了以上五点外,现代餐饮还讲究"器"和"养"。

器,即器皿,也就是盛菜的容器。如果一道很有特色的菜品,却用很普通的盘子盛放,菜品品质就会大大降低,而搭配精美别致的器皿就能达到上层的意境。所以在现代餐饮的经营中,器皿是菜品品质不可缺少的一个环节。

养,即营养,养生。过去消费者对餐饮的追求是"吃饱",到后来是"吃好",也就是吃精,吃细,吃营养,吃特色。因此,菜品的设计就要多从养生的角度考虑消费者的感受。

稳定的出品是一种信誉的保证,是消费者信赖企业的根本,是企业给消费者的一种承诺。只要这种承诺不变,消费者对企业的依赖自然也不会变。

反之,企业的品质忽高忽低,使老顾客不知所措,终将对企业失去信心,一去不返。

从经营饭店的角度考虑，吸引一个新顾客要比留住一个老顾客所消耗的精力大上好几倍。与其耗费好几倍的精力去吸引新顾客，倒不如花点心思努力留住老顾客更为划算。这就是稳定的出品所能给企业带来的价值。

第三节　操作安全需要可视化措施

厨房安全管理是一件需要常抓不懈的工作，因为安全始终贯穿于每一个厨师的工作过程中。安全事故也往往是由于厨师的疏忽大意造成的，这就意味着大多数的事故是可以通过预防来避免的。厨房安全操作控制系统也就成了厨务管理中很重要的一部分。厨房安全操作控制系统主要包括食品安全和操作安全两个方面，其预防和杜绝安全事故发生的根本在"警钟长鸣"，让每一个设备，每一项操作都在可控范围之内。

❶ 食品安全，人命关天

饭店一旦发生中毒事件，声誉会大受影响，甚至会瞬间倒闭。近几年食品安全事件频频发生。地沟油、洗虾粉、亚硝酸盐、苏丹红、辣椒精、松肉粉、瘦肉精等，无一不给消费者带来了不可估量的伤害。吃饭是人一生都不可缺少的行为，如果我们都不知道该吃什么，吃什么才是安全的，那是多么可怕的一件事情。而饭店经营者如果不能成为消费者食品安全的监督官，不能成为保护消费者的最后一道屏障，反而唯利是图，一方面伤害消费者的身体，一方面牺牲企业的品牌，那可就真成了社会的罪人。

细菌性食物中毒常见原因分析和预防措施

（1）细菌性食物中毒常见原因分析：

① 生熟交叉污染。如熟食品被生的食品原料污染，或被与生的食品原料接触过的表面（如容器、手、操作台等）污染，或接触熟食品的容器、手、操作台等被

生的食品原料污染。

② 食品贮存不当。如熟食品被长时间存放在 10~60℃ 的环境下（在此温度下的存放时间应小于两小时），或易腐原料、半成品食品在不适合温度下长时间贮存。

③ 食品未烧熟煮透。如食品烧制时间不足、烹调前未彻底解冻等原因使食品加工时中心温度未达到 70℃。

④ 从业人员带菌污染食品。从业人员患有传染病或是带菌者，操作时通过手部接触等方式污染食品。

⑤ 经长时间贮存的食品食用前未彻底再加热至中心温度 70℃ 以上。

⑥ 进食未经加热处理的生食品。

（2）预防细菌性食物中毒的措施：

① 避免污染，即避免熟食品受到各种致病菌的污染。如避免生食品与熟食品接触；经常洗手，接触直接入口食品的还应进行手部消毒；保持食品加工操作场所清洁，避免昆虫、鼠类等动物接触食品。

② 控制温度，即控制适当的温度，以保证杀灭食品中的微生物或防止微生物生长繁殖。如加热食品应使中心温度达到 70℃ 以上；贮存熟食品，要及时热藏，使食品温度保持在 60℃ 以上，或者及时冷藏，把温度控制在 10℃ 以下。

③ 控制时间，尽量缩短食品存放时间，不给微生物生长繁殖的机会。熟食品应尽快吃掉，食品原料应尽快使用完。

④ 清洗和消毒，这是防止食品污染的主要措施。对接触食品的所有物品应清洗干净，凡是接触直接入口食品的物品，还应在清洗的基础上进行消毒；一些生吃的蔬菜水果也应进行清洗消毒。

⑤ 控制加工量。食品的加工量应与加工条件相吻合。食品加工量超过加工场所和设备的承受能力时，难以做到按卫生要求加工，极易造成食品污染，引起食物中毒。

化学性食物中毒的常见原因分析和预防措施

（1）化学性食物中毒常见原因分析：

① 作为食品原料的食用农产品在种植养殖过程或生长环境中，受到化学性有毒有害物质污染。如蔬菜中残留农药、猪肝中含有瘦肉精等。

② 食品中含有天然有毒物质，食品加工过程中未去除。如豆浆未煮透导致其

中的胰蛋白酶抑制物未彻底去除，四季豆加热时间不够致使其中的皂素等未完全被破坏掉。

③ 食品在加工过程受到化学性有毒有害物质的污染。如误将亚硝酸盐当做食盐使用。

④ 食用有毒有害食品，如毒蕈、发芽马铃薯、河豚。

(2) 预防化学性食物中毒的措施：

① 农药引起的食物中毒。蔬菜粗加工时以食品洗涤剂溶液浸泡30分钟后再冲净，烹调前再经烫泡1分钟，可有效去除蔬菜表面的大部分农药。

② 豆浆引起的食物中毒。生豆浆烧煮时将上涌泡沫除净，煮沸后再以文火继续煮5分钟左右，可使其中的胰蛋白酶抑制物被彻底分解和破坏。应注意豆浆加热至80℃时，会有许多泡沫上浮，出现"假沸"现象。

③ 四季豆引起的食物中毒。烹调时先将四季豆放入开水中烫煮10分钟以上再炒。

④ 亚硝酸盐引起的食物中毒。加强亚硝酸盐的保管，避免误作食盐使用。在腌制肉制品时，所使用的亚硝酸盐不得超过《食品添加剂使用卫生标准》中的限量规定。

预防食物中毒可视化看板

预防食物中毒可视化看板（见图4-23）是北京卫生部门为了便于餐饮企业员工朗读记忆，而以顺口溜形式编写的预防食物中毒的知识，再以可视化展板的形式装饰在厨房，使工作人员随时可以读一读，潜移默化，增强工作人员的安全意识。

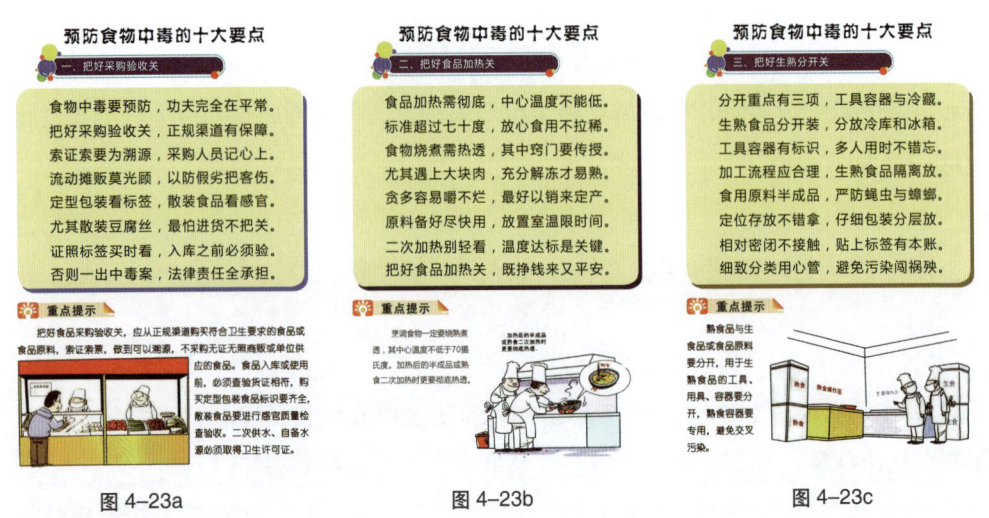

图4-23a　　　　　图4-23b　　　　　图4-23c

第四章 出品区域（厨房）可视化管理

预防食物中毒的十大要点
四、把好清洗消毒关

用具容器要清洁，清洗消毒是关键。
除净残渣和油污，冲洗之后再消毒。
餐具案板和容器，抹布更要常换洗。
大个桶盆与菜墩，长案最易出问题。
热力消毒是首选，温度时间需保障。
一刮二洗三消毒，洗冲消毒不能忘。
化学消毒要计量，浓度时间有条杠。
为了顾客食放心，安全永放第一位。

重点提示

对接触直接入口食品的工具、容器和餐饮具使用前应进行严格的清洗消毒。

图 4-23d

预防食物中毒的十大要点
五、把好食品存放关

保存食品两重点，讲究温度和时间。
危险温度要记住，摄氏十到六十度。
室温存放危险大，时间过长出事故。
定量加工现烹煮，做熟尽快吃进肚。
熟食送餐贵神速，温度时间控制住。
储存加工与运输，各把关口别马虎。

重点提示

食品加工后应当尽快食用完。在烹饪后至食用前需超过2小时存放的食品，应当在高于60℃或低于10℃的安全温度下存放。根据实际需要量调加工食品，定量加工。尽快吃掉做熟的食品，尽快用完食品原料，不给微生物生长繁殖的机会。

图 4-23e

预防食物中毒的十大要点
六、把好人员健康关

上厨繁忙似战场，伤病最好离厨房。
腹泻呕吐与发烧，应当立即离开岗。
咽部炎症手长疮，食品卫生有影响。
皮肤感染或有伤，病好痊愈再上岗。
有病不要硬逞强，更别隐瞒不想讲。
为了生活与健康，大家心往一处想。
每年都要查健康，班前晨检要加强。
发现问题暂离岗，确保安全不能忘。

重点提示

凡是出现腹泻、呕吐、发烧、皮肤有伤口或感染、咽部炎症等有碍食品卫生症的从业人员，应立即离岗工作岗位，及时就医。

图 4-23f

预防食物中毒的十大要点
七、把好个人卫生关

餐饮美食手工化，个人卫生关系大。
身体健康习惯好，顾客满意人人夸。
抓好生鲜食品后，洗后才把熟食抓。
冷荤凉菜要求高，洗手消毒要严把。
感冒咳嗽打喷嚏，离岗处理要牢记。
便后上岗操作前，认真洗手保安全。
常言食以洁为先，卫生要靠好习惯。

重点提示

养成良好的卫生习惯，保持手的清洁卫生，在加工过程中要经常洗手，在加工配食品前一定要先洗手。有下列情况时一定要洗手：上厕所后、处理生鱼肉后、咳嗽、打喷嚏、擤鼻涕以及接触不洁物品后。

图 4-23g

预防食物中毒的十大要点
八、把好环境卫生关

食品做完不收好，蟑螂蝇鼠会叮咬。
携带病菌传染病，侵入人体把乱搞。
厨房库房加工间，每天清洁要排班。
餐厨门窗防护好，防止虫害来侵扰。
餐厅环境要整洁，苍蝇乱飞要避免。
垃圾处理要及时，不给四害留空间。

重点提示

保持环境卫生干净整洁，避免苍蝇、蟑螂、老鼠污染食品。

图 4-23h

预防食物中毒的十大要点
九、把好扁豆加工关

菜豆扁豆四季豆，吃前烧炒要焖透。
外观鲜绿变暗绿，没有豆腥才入口。
菜豆生来会产毒，皂素血球凝集素。
若不热透除掉毒，饱了口福命难顾。
锅小量大炒不均，先焯后炒常不灵。
千万不要太好色，毒素藏在绿莹莹。
常见东北大油豆，最易中毒把罪受。
集体食堂出事多，皆因加热没熟透。

重点提示

加工扁豆必须烧熟煮透。生扁豆含有毒素，加热不彻底，毒素不能被破坏，食后引起中毒。能引起中毒的有毒动植物还有鲜黄花菜、有毒野蘑菇、发芽土豆、不新鲜的青皮红肉鱼类、河豚鱼、织纹螺等。这些动植物本身含有毒素，因加工不当没有把毒素去除或把不能食用的有毒动植物当食品食用而引起中毒。

图 4-23i

预防食物中毒的十大要点
十、把好亚硝酸盐关

亚硝酸盐毒性强，吃进一克就死亡。
外观太像盐与糖，出错常常因误放。
警惕永远不过分，杜绝中毒在预防。
严禁购买与存放，坚决不用才为上。

重点提示

不买、不存放、不使用亚硝酸盐。亚硝酸钠是一种有严格使用限量和使用范围的食品添加剂。亚硝酸盐毒性很强，摄入0.3克就能中毒，1克就能致死，是餐饮业死亡风险最高的食物中毒之一。因其外观很像食盐、白糖，往往被厨师误当作食盐或白糖加入食品中，大大超过使用限量而引起中毒。

图 4-23j

预防食物中毒的十大要点
结语

食品卫生抓要点，把好预防是大关。
一把采购验收关，二把食品加热关。
三把生熟分开关，四把清洗消毒关。
五把食品存放关，六把人员健康关。
七把个人卫生关，八把环境卫生关。
九把扁豆加工关，十把亚硝酸盐关。
预防中毒并不难，总结教训抓重点。
关关把好才见效，安全责任大如天。

重点提示

预防食物中毒十大要点是根据历年来北京市食物中毒案例教训总结出来的，严格执行十大要求的卫生要求，定能大大降低食物中毒发生的风险。餐馆和食堂要把十大要点落到实处。
1. 思想上高度重视，克服麻痹侥幸心理；
2. 强化自身卫生管理，落实岗位责任；
3. 有齐备的冷藏、清洗和消毒卫生设施；
4. 对厨师进行全员培训教育，严格执行十大要点。

图 4-23k

预防食物中毒可视化看板的重点内容是厨师应把好操作中的"十个关键环节",包括:把好采购验收关,把好食品加热关,把好生熟分开关,把好清洗消毒关,把好食品存放关,把好个人卫生关,把好环境卫生关,把好人员健康关,把好扁豆加工关,把好亚硝酸盐关。

有毒有害物管理

(1)杀虫剂、杀鼠剂及其他有毒有害物品存放,均应有固定的场所并上锁,包装上应有明显的警示标志,并有专人保管。

(2)有毒有害物的采购及使用应有详细记录,包括使用人、使用目的、使用区域、使用量、使用及购买时间、配制浓度等。使用后应进行复核,并按规定进行存放、保管。

防尘防鼠防虫害设施管理

(1)厨房门窗应按规定设置防尘防鼠防虫害设施。如防蝇网(见图4-24a),防鼠板(见图4-24b)。

(2)设置灭蝇设施。使用灭蝇灯的,应悬挂于距地面2米左右高度,且应与食品加工操作保持一定距离。

(3)排水沟出口和排气口应有网眼孔径小于6毫米的金属隔栅或网罩,以防鼠类侵入。

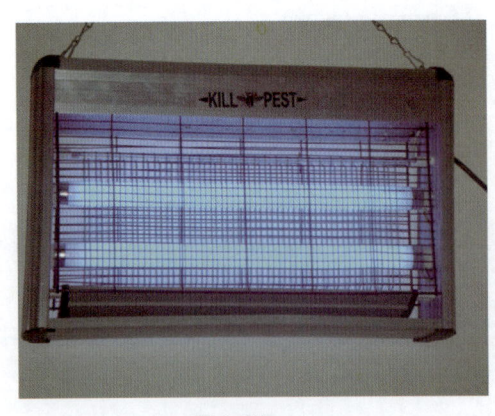

图4-24a

图4-24b

废弃物暂存设施卫生要求

（1）厨房加工间内可能产生废弃物或垃圾的场所均应设有废弃物容器。

（2）废弃物容器应配有盖子，以坚固及不透水的材料制造，能防止有害动物的侵入、不良气味或污水的溢出；内壁应光滑，以便于清洗。

（3）在厨房外适当地点设置废弃物临时集中存放设施，其结构应密闭，能防止害虫进入、孳生，且不污染环境。

餐用具清洗消毒要求

（1）餐用具宜用热力方法进行消毒，因材质、大小等原因无法采用的除外。

（2）餐用具清洗消毒水池应专用，与食品原料、清洁用具及接触非直接入口食品的工具、容器清洗水池分开。水池应使用不锈钢或陶瓷等不透水材料，不易积垢并易于清洗。采用化学消毒的，至少设有3个专用水池。各类水池应以明显标识标明其用途。

（3）清洗消毒设备的大小和数量应能满足需要。

（4）采用自动清洗消毒设备的，设备上应有温度显示和清洗消毒剂自动添加装置。

（5）应设专供存放消毒后餐用具的保洁设施，其结构应密闭并易于清洁。

通风排烟设施卫生要求

（1）厨房加工间应保持良好通风，及时排除潮湿和污浊的空气。空气流向应由高清洁区流向低清洁区，防止食品、餐饮具、加工设备受到污染。

（2）汤房场所应采用机械排风。产生油烟的设备上部，应加设附有机械排风及油烟过滤的排气装置，过滤器应便于清洗和更换。

（3）产生大量蒸汽的设备上方除加设机械排风外，还应分隔成小间，防止结露并做好凝结水的引泄。

（4）排气口应装有易清洗、耐腐蚀，可防止有害动物侵入的网罩。

（5）采用空调设施进行通风的，就餐场所的空气应符合卫生标准要求。

厨房卫生操作守则

（1）食物不得放在地上，应存放在容器里，以免被地上的脏物污染。

（2）食物不得靠墙放置，保证空气流通。

（3）食物不得长时间处在 8~60℃之间，应及时加工处理或存放在冰箱内，避免细菌迅速繁衍。

（4）食物解冻后不能再次冷冻，要一次用掉或煮熟后再贮存，否则会使食物质量降低，细菌数增加。

（5）加热食物不能间断，不要煮得半生不熟，以免污染。

（6）不要品尝、使用看上去有问题的食物和原料，要保证自身健康。

（7）水果蔬菜未清洗不得供应，罐头食品盖未清洗不能开，以免污染。

（8）设备、工具、餐具要清洁干净，不得残留食物碎屑。

（9）有缺口或裂痕的餐具不得使用，因为细菌可在缺口中滋生。

（10）不得用手拿餐具、用具的入口部分或碗口，碟子要拿边，碗用手或盘托住，避免将手上细菌传播到餐具上。

（11）头发不得松散，戴工作帽，以免头发落在食物上。

（12）操作中手不要触摸加工流程以外的事物，触摸后必须彻底清洗后才能再次加工食物，避免食物污染。

（13）工作时间不得嚼口香糖之类的东西，它可以散布传染病。

（14）物品正确拿放，账单拿手上，笔和香烟放在口袋中，既美观又可防止细菌传播。

（15）不得面向食物打喷嚏、打哈欠或咳嗽，避免疾病传播。

（16）不能随地吐痰。

（17）工作时间内不能吃东西，避免疾病传播。

（18）不能在工作时间内抽烟，抽烟有规定地点和时间，吸完后要彻底洗手，避免传播尼古丁和疾病。

（19）工作围裙不能当毛巾使，以免干净的手被围裙污染。

（20）工作前用肥皂洗手，搓满泡沫，清水冲洗，用纸巾擦干，不得用脏手工作，以免污染。

（21）触摸过脏盘子的手必须彻底洗净后方能再拿干净盘子，避免污染。

（22）用合适的手套和服务工具触摸和取用食物，不得直接用手，避免皮肤散播传染病。

(23) 穿干净的工作服和围裙工作，避免因脏衣服造成疾病的传播。

(24) 尽量少戴或不戴首饰，以免食物碎屑聚集导致污染。

(25) 工作人员每天都要洗澡，避免细菌污染。

(26) 切生、熟料的刀和菜墩要分开使用，以免散播细菌。

(27) 切完生肉的刀要彻底清洗后方能切蔬菜，避免散播细菌。

(28) 不要带病上班，以免传播细菌，请假须提前告知并有人替班。

(29) 不要带外伤工作，伤口应用绷带包裹好，以免伤口发生感染造成污染。

(30) 注意健康证的有效日期，及时体检、更换，预防疾病传播。

(31) 在指定的水槽洗手，不得在洗涤食物的水槽洗手，以免污染食物。

(32) 用一次性匙尝味，不得用手，以免食物被唾液污染。

(33) 已送餐的菜点不得再向顾客提供，菜点经客人用过后会传播疾病，已送餐的菜点直接扔掉。

(34) 食物要放在封闭的容器中，以免空气中的灰尘污染食物。

(35) 不得用毛巾擦干餐具或用具，要使其自然滴干水分，防止细菌污染。

(36) 食物与垃圾分开存放在适当的地点，不得存放一起，以免垃圾污染食物。

安全卫生管理自查建议项目

《安全卫生管理自查建议项目表》（见表4-16）根据中华人民共和国卫生部颁发的《餐饮业和集体用餐配送单位卫生规范》相关内容整理而成。餐饮单位可参考此表，经常开展自查活动，可有效提升清洁度和安全性。

表4-16　安全卫生管理自查建议项目表

序号	检查项目	检查结果
1	厨房内墙壁、天花板、门窗等涂层是否有脱落或破损	
2	食品生产经营场所环境是否整洁	
3	防蝇、防鼠、防尘设施是否有效	
4	废弃物处理是否符合要求	
5	加工用的设施、设备是否清洁	
6	食物热加工中心温度是否大于70℃	

（续）

序号	检查项目	检查结果
7	10~60℃存放的食物，烹调后至食用前存放时间是否未超过2小时；存放时间超过2小时的食用前是否经充分加热	
8	用于原料、半成品、成品的容器和工具是否明显区分，存放场所是否分开、不混用	
9	食品原料、半成品、成品存放是否存在交叉污染	
10	专间操作是否符合要求	
11	工具使用前是否经有效清洗和消毒	
12	用于清洗消毒的水池是否与其他水池混用	
13	餐具消毒后是否贮存在专用保洁柜内	
14	从业人员操作时是否穿着清洁的工作服，专间操作人员是否规范佩戴口罩	
15	从业人员操作前及接触不洁物品后是否洗手，接触直接入口食品之前是否洗手、消毒	
16	从业人员操作时是否有从事与食品加工无关的行为	
17	从业人员是否留长指甲或涂指甲油、戴戒指	
18	从业人员上厕所前是否在厨房内脱去工作服	
19	从业人员是否在取得健康证明后上岗操作	
20	从业人员是否有有碍食品卫生的病症	
21	是否索取销售发票，批量采购是否索取卫生许可证、卫生检验检疫合格证明	
22	食品及原料是否符合食品卫生要求	
23	库房存放食品是否离地隔墙	
24	冷冻、冷藏设施是否能正常运转，贮存温度是否符合要求	
25	食品贮存是否存在生熟混放	
26	食品或原料是否与有毒有害物品存放在同一场所	
27	是否生产经营超过保质期食品	
28	是否生产经营腐败变质食品	
29	是否生产经营其他违禁食品	

❷ 操作规范则自己安全

厨房安全管理除了食品安全以外，更重要的一点就是工作人员的操作安全。厨房工作人员的安全事故多数是因为操作不规范而造成的，如厨师手指被绞肉机绞碎、被刀具切断；被火烧伤；被汤或油烫伤等。

厨房安全操作是厨务管理中永远也不可忽视的工作内容。其工作重点分为三个部分：一要常抓员工的防范意识和安全意识，经常进行安全演习和不定期的安全检查；二要制定切实可行的防范措施，并不断培训；三要对用"火"事项加强监管，有效预防火灾。

安全意识培训及演习

（1）安全培训：

① 成立厨房安全责任小组，厨师长、厨务经理任小组长。

② 罗列厨房所有安全隐患，张贴在厨房显眼的位置。

③ 将所有安全隐患发生点，贴上"危险"字样或"危险符号"，随时提醒。

④ 由厨务经理带领全员每半个月讲解一次安全知识及消防器材的使用方法。

⑤ 每个季度都请消防队员前往给全店员工讲解安全防范课程。

⑥ 罗列加工操作过程中的安全隐患，并写出有效防范措施，张贴在操作现场。

⑦ 所有设备的使用说明都要张贴在设备开关和调试处，以示提醒。

⑧ 厨房要完善收市检查表，并对各档口安全收市反复做讲解和提示。

⑨ 加强各档口的协作与配合，树立全员意识和一家人意识。

（2）事故演习：

① 运用"口述手指"的方法，组织厨房全员进行安全隐患点的指认和讲解。

② 由厨务经理带领全员每月进行一次消防疏散演习，并确保每个人都会使用消防设备。

③ 对在工作中发现有违反操作规范的行为，要给予提醒和警告，严重的要给予处分。

④ 开展"安全操作周"或者"安全操作月"活动，让员工相互监督操作是否规范。

⑤ 每日收市，由厨务经理或者值班经理亲自检查安全隐患，并在检查表上签字。

⑥ 加强厨师的业务训练，使每个员工都能熟练掌握岗位技能，降低出错概率。

意外伤害的预防

（1）烫伤事故及其预防：

常发事故

① 高温油烫伤。

② 高压锅蒸汽烫伤。

③ 高温设备及用具烫伤。

④ 菜肴里的高温油烫伤。

⑤ 汤锅中的汤汁烫伤。

⑥ 桌子上的小火锅烫伤。

⑦ 酒精盒烫伤。

⑧ 点火时，开火太大，烫伤。

预防措施

① 熟悉烹饪设备及工具的基本情况，严格按照规范操作，不能图省事减少程序。

② 禁止在厨房打闹、乱跑；通道中不能存放炊具，避免繁忙拥挤时烫伤脚。

③ 容器中注料要适量，不要太满；搅拌锅里的热汤或汁时，不要过猛，以防溅出来烫伤。

④ 学会上桌炊具的正确使用方法，在餐桌上点火的炊具，加汤不能过头，以防汤汁溅出来烫伤。

⑤ 从炉灶上、烤箱里取出容器或食物时，要先关掉火源或开关，或者放掉气压，事先准备好手套或垫布。

⑥ 使用带柄的容器时，要注意柄的温度，以防烫伤；使用高温油锅时，要做好防范，带好手套。

⑦ 谨慎使用打火机或者火柴，点燃煤气设备时，必须按照说明操作，不要把火开得过大。必须学会灭火器的使用方法。

⑧ 掌握正确的烹饪方法，比如油炸食物时，要将锅里的水分沥干。

⑨ 张贴"危险"、"告诫"等标识（见图4-25），随时提醒员工注意操作安全。

⑩ 定期清洗厨房设备，防止灶具表面或通风管道表面积油。

图4-25

（2）跌伤、扭伤及其预防：

常发事故

① 搬运重物扭伤。

② 高处取物扭伤。

③ 地上有积水，行走时跌伤。

④ 地上有油，滑倒跌伤。

⑤ 地面不平或者瓷砖松动，跌伤。

⑥ 鞋不合适，绊倒跌伤。

预防措施

① 清洁地面，有溢出物或者垃圾，要立即清理。

② 使用梯子搬运高处物品时要小心。

③ 尽量不要踩在工作台上擦拭天花板。

④ 开关门要小心对面。

⑤ 不要跑步进入厨房。

⑥ 厨房人员尽量穿防滑鞋，不要穿雨鞋或者皮鞋，鞋带要扎牢，防止绊倒。

⑦ 保持靠右方单行道走路的习惯，并且速度不要过快，以免碰撞。

⑧ 张贴或摆放"小心地滑"或者"注意脚下"等警示牌。

⑨ 保证照明亮度，不留死角。

⑩ 发现地面有松动情况要及时维修。

（3）割伤及其预防：

常发事故

① 不锈钢设备边割伤手指。

② 刀具切伤手指。

③ 绞肉机绞碎手指。

④ 压面机压断手指。

⑤ 粉碎机伤手。

⑥ 切肉机切掉手指。

⑦ 清洗餐具时割伤。

⑧ 进行设备转移时压伤。

预防措施

① 刀具不使用时，要放在刀架上或者专用刀盒里。

图 4-26

② 操作台或者不锈钢设备要经常打磨边缘。

③ 按照正确的方法使用刀具，使用时要集中注意力，不得打闹或开玩笑，不得玩耍刀具。

④ 保持刀刃锋利，钝的刀刃更容易引发事故。

⑤ 各种刀具分别清洗，切勿将刀具浸泡在洗碗池或者盆中。

⑥ 刀具要适手，不随便使用他人的刀具。

⑦ 谨慎使用压面机（见图 4-26）、粉碎机、绞肉机、切肉机，要求专人或者能够熟练掌握的人操作。

⑧ 清洗设备前，切断电源，预防机器开动。

⑨ 不用刀开罐头或者纸板箱等。

⑩ 磨刀要专人操作。

电气设备造成的事故及预防

(1) 常发事故原因分析：

① 带电作业。

② 正负极接反，机器反转，导致事故。

③ 电线老化，漏电。

④ 开关安装不当，跑电。

⑤ 劣质电器漏电。

⑥ 不符合规范地乱接线、拖线。

⑦ 超负荷使用电器。

⑧ 使用劣质充电器。

⑨ 私自更换保险丝。

(2) 预防措施：

① 拆洗电器设备前必须断电。

② 要做好预防性保养工作，及时更换有隐患的设备。

③ 所有设备必须要安全接地线。

④ 遵守操作规范，不带电作业，安装电器要由专业人员操作。

⑤ 不私自更换保险丝或者电线，不私自拖线、接插座。

⑥ 避免超负荷使用电器。
⑦ 员工充电要统一管理。
⑧ 除冰箱以外，其他电器尽量不要长时间开启。
⑨ 断电后，要及时关闭开启的电器，等来电后再开启。
⑩ 电源、电器开关处，要张贴危险警告。

火灾原因分析及其预防

(1) 厨房火灾原因分析：
① 电源插座不防水。
② 液化气、煤气漏气。
③ 排风道积油过多。
④ 厨师油炸食物时，油温太高（油温超过240℃，会自燃）。
⑤ 油炸食物时，油溢出到火上。
⑥ 点火时，开关开启太大。
⑦ 煲汤、熬汤时，无人看管，汤汁溢出浇灭火苗，煤气遇明火燃烧。
⑧ 厨房水蒸气、湿度太大，电器因短路着火。

(2) 厨房防火措施：
① 插座要装防水的，电器要选择防潮、防尘材料。
② 油炸食物时，油不能太多，油温不要太高，搁置要稳定。
③ 点火的时候要遵守规则（见图4–27a），不熟悉设备的人不能操作。
④ 熬汤、煲汤时，要有人在场察看。
⑤ 每天下班前要逐一检查油路、阀门、气路、电源开关、燃气开关（见图4–27b）的安全情况，发现问题应及时报修，严禁私自进行处理。
⑥ 禁止使用湿抹布擦拭电源开关，严禁私自接电源，不准使用带故障的设备，下班后要检查电源和门窗是否已关闭。
⑦ 厨房必须保持清洁，沾有油污的抹布、纸屑等杂物，应随时消除，易燃、易爆危险物品（如酒、汽油、木柴、煤气筒钢瓶、火柴等）不可靠近火源及电源；定期清洗油烟管道和炉灶油垢，以免火屑飞散，引起火灾。
⑧ 厨房里的气瓶应集中在一起管理，距灯具或高温表面要有足够的间距，以防高温烤爆气瓶，引起可燃气体泄漏，造成火灾；酒精等易燃品要单独存放，专人看管。

⑨ 在厨房安装漏气报警设备、失火报警装置、自动喷水灭火系统。
⑩ 用完电器，要顺手关闭。

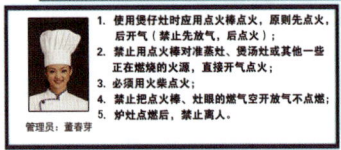

图 4-27a

图 4-27b

③ 警钟长鸣，有备无患

安全是永恒的主题，安全法规和措施是经过无数血的教训而凝练出的必须遵循的规律。

电视上、报纸上因为违章操作、疏忽安全而导致事故的报道比比皆是。事故中，有的伤残终身，有的家破人亡，给自己和家人带来了无限痛苦，给国家和单位造成了巨大的经济损失。因故致残的员工声泪俱下，失去亲人的家属泣不成声。由于安全意识薄弱或违章操作给家庭、集体带来的经济损失是难以挽回的，而带给家人的精神创伤更是难以愈合。因此，安全是我们人类最重要、也是最基本的要求，是人们健康成长的条件，是一个家庭幸福美满的保证，是创建和谐社会、和谐企业的保障。

"前车之鉴，后事之师。"安全只有起点，而无终点。安全是头等大事，是一切工作的重中之重，这就要求我们必须切实做到警钟长鸣，有备无患，把安全问题记在心中，把安全操作执行到位。

厨房安全指数分析表

厨房安全指数分析表是安全管理的重要手段，是管理者分析安全指数的重要参考因素，也是督导安全防范措施的可视化工具之一。安全指数的分析（见表4-17）即对饭店的电源、煤气、食品、日常操作、机械设备使用、防火等采取有效的安全防范措施，并指派专人进行项目的维护和督导，最终使所有安全隐患都能得到有效控制。

表4-17　厨房安全指数分析表

序号	安全项目	安全隐患	防范措施	督导手段	互监成员	安全系数
1	电源安全	漏电 / 连线 / 线路老化 / 超负荷运营	防水开关 / 控制电流 / 小故障尽早处理	定期检查 / 做好记录	责任人：××× 督导人：×××	最高10分 ?
2	煤气安全	不关阀门 / 开火无人 / 违规使用 / 漏气 / 通风不畅	排风畅通 / 及时关阀门 / 开火不离人 / 安装漏气报警设备	随时检查 / 做好奖罚记录	责任人：××× 督导人：×××	最高10分 ?
3	食品安全	使用禁用食品添加剂 / 过期 / 交叉感染 / 不卫生	杜绝使用一切禁用添加剂 / 严格按照食品卫生要求操作	前厅后厨交叉检查 / 请卫生部门检查	责任人：××× 督导人：×××	最高10分 ?
4	操作安全	刀伤 / 烫伤 / 扭伤 / 挤伤 / 摔伤	定期培训 / 规范操作 / 实施奖罚	随时检查 / 违规操作处罚 / 完善可视化标示 / 保存记录	责任人：××× 督导人：×××	最高10分 ?
5	机械设备使用安全	电击 / 绞手 / 压手	安装防护附加设备 / 张贴可视化标示 / 张贴违规操作事故后果图片	随时检查 / 违规操作处罚 / 完善可视化标示 / 保存记录	责任人：××× 督导人：×××	最高10分 ?
6	防火安全	漏电连线着火 / 油烟机积油着火 / 油温过高 / 开火离人 / 漏气	制定操作规则 / 完善可视化责任卡及标示 / 定期安全培训 / 播放事故影片 / 张贴事故照片 / 口述手指检查	随时检查 / 违规操作处罚 / 完善可视化标示 / 保存记录	责任人：××× 督导人：×××	最高10分 ?

可怕的后果，深刻的警醒

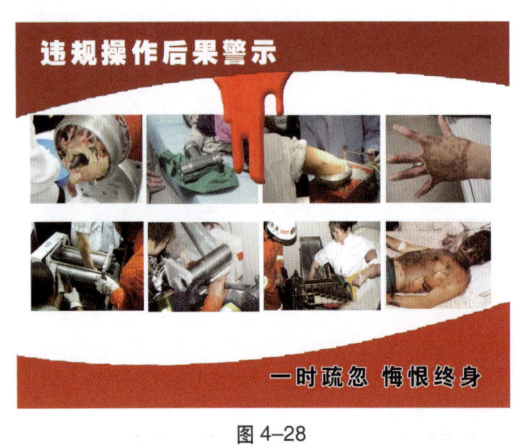

图 4-28

济南电视台曾经播放过交通事故的视频，以此警示司机要遵守交通规则。虽然看上去比较血腥，但是观众印象却很深刻。饭店把违规操作导致的惨烈后果以图片的形式展现出来（见图 4-28），同样可以起到比较深刻的警示作用，继而达到减少或杜绝事故发生的效果。

第四节　出品中心当然更是利润中心

厨房是餐饮业的核心，是生产的重地。厨房成本管理是决定餐饮利润的最重要因素，直接决定着饭店的兴衰存亡。

随着市场竞争日趋激烈，饭店高利润的时代已经成为过去。做过厨师的人都知道，厨房浪费是相当大的。稍有不注意，员工责任心不强，经营者的钱就像流水一样流进厨房的垃圾桶、下水道。有时候看似生意红火的饭店，到月底一结算，真正的利润却所剩无几。

厨房成本体现在整个菜点加工的每一个环节，从原料的初加工、精加工、配份，到打荷、烹制，都与成本密切相关。因此，厨房成本控制只有靠厨房全体员工的积极参与才能实现。

❶ 全员树立成本节约意识

厨房成本控制首先应该从提高全员成本节约意识开始，只有全员都有了成本节约意识，才有可能在行动中处处体现出来。

培训员工提高成本节约意识，就要让全员充分认识到成本控制与增长销售额同等重要，认识到菜点生产加工的成本控制不仅关系到企业目前的利益，而且决定着企业是否能够长期稳定发展，认识到成本控制与员工的切身利益息息相关。只有这样，全体员工才能积极主动地按控制成本的方法进行工作。

从一点一滴抓起

要让员工提高成本控制意识，不但要在会上讲，更重要的是在工作中抓，从一点一滴抓起，发现一处制止一处。有人在浪费水，有人在浪费电，有人在浪费职工餐……看到一处教育一处，可以先不处罚，但一定要教育。如果你发现员工在浪费材料，浪费能源，而你却视而不见，听而不闻，那么开多少会，罚多少钱都没有用。

员工是在不断的教育中成长的，从一点一滴的行动中改变员工的不良习惯才是最有效的。

领导带头做好榜样

任何一项工作的展开都是从领导带头开始的。领导带头说明领导重视，员工一看就明白。成本的控制也一样，如果领导带头不遵守节约规则，员工就会效仿，中层管理干部也会觉得，领导都不在乎，自己又何必较真呢？这样执行力就会大大降低。

领导重视不但体现在自己的亲力亲为上，还要注意成本节约的可持续化进行。毕竟领导很少有时间和员工在一起工作，如果没有固定的节约形式，员工可能只有在领导面前才会表现出节约行为。因此，饭店要定期开展节能降耗活动，用以表明企业的决心，引起全员重视。

❷ 控制成本要建立四大标准

控制成本一定要有标准可依。饭店在控制成本上可参考以下四大标准，能有效节约成本，提高整体收益。

菜品生产标准

菜品生产标准是和菜品价格相协调的。菜品盛放多了，利润就低了，饭店吃亏；

菜品盛放少了，利润虽然高了，可是顾客会吃亏。从顾客盘子里扣利润可不是明智的选择。再则，如果没有一个固定的标准量，任由厨师随意盛放，成本的控制就更难了。因此，饭店要制定量化标准才是长久之计。厨师只有按照标准严格执行，才能有效控制成本。

厨房用人标准

人力资源的合理配置不仅对厨房，对整个饭店都是很重要的。人力资源配置多了，就会人浮于事，配置少了，就会影响工作的品质和效率，所以人力资源的合理配置是控制成本非常重要的一个环节。比如，洗碗工和洗菜工是否可以合并为一个部门，切肉师傅和砧板师傅是否可以合并为一个部门，通过调高单个人的工资，而减少用人数。再比如，中午和晚上生意差别很大，是否可以通过调整班次来解决这些问题，而不是让所有人在中午班上磨洋工⋯⋯

定岗定编，人尽其用

定岗定编是饭店人力组织构架的重要内容之一，它不仅是饭店招聘和开业的前提，而且是饭店经营过程中重要的工作之一，是调动员工积极性和留住员工的前提，是饭店成本控制不可缺少的重要因素。

各饭店根据经营业态的不同，人员的定岗定编比例也会不尽相同。比如，川菜厨房用的灶头要比粤菜多一些，而粤菜用的装盘和砧板则比川菜多一些，火锅厨房用的砧板就会更多一些。

一般情况下，饭店人员与厨房人员的比例是2∶1，灶头人员与切配人员的比例是4∶1，而管理人员与普通员工的比例是10∶1~15∶1。另外，饭店在人员的编制上还要根据饭店的职级和部门设置做相应的调整。饭店的职级通常分为总经理—副总经理—助理—厨务经理—厨师长—部门主管—领班—员工。但在我看来，要提高工作效率，有效管控厨房工作，在人员职级编制上应该扁平化，分四个职级足矣：总经理—厨务经理—部门主管—员工。

组织代表一个团队，更是一种动态的行为

饭店的人员编制确定后，并不是一成不变的。组织代表着一个团队，饭店和厨房就是一个大组织与一个小组织的关系。但这种组织更应该是在变化之中的，组织

是一种动态行为。所以，作为厨房的管理人员，应该时时刻刻将员工组织和调动起来，围绕着工作重点的变化，集中精兵完成工作重点的转移，使组织作用发挥得淋漓尽致，从而实现在经营成本节节攀高的今天，人力成本能得到相应的控制。

加强员工技能培训

熟练的员工和不熟练的员工，工作效率是不一样的。熟练的员工失误比较少，那么损失也会比较少，成本也就会随之降下来。比如，让不熟练的厨师上手，小则浪费原材料，大则伤了自己，或者生产的产品不合格，最终得罪顾客，岂不是很不划算。这就是失误成本。

所以，建立用人标准不仅仅是定人定岗，更重要的是把每一个人用起来，加强技能训练（见图4-29），多用一专多能的熟练工，尽可能让员工长期工作，这些都是控制成本的最佳方法。

图 4-29a

图 4-29b

财务控制标准

微利时代的利润是一点一滴抠出来的，餐饮业建立利润标准也是确保利润的方法之一。餐饮业的成本都有一定的规律可循，比如房租占多少比例，人员工资占多少比例，原材料占多少比例，菜品毛利（见表4-18）占多少比例，蔬菜一般是多少毛利，肉类一般是多少毛利，汤料一般是多少毛利……所以餐饮店的定价也是根据自己的产品结构、房屋租金、档次定位、上座率等计算出来的，无论哪一方面高于预期计划，整体利润都会受到影响。

表 4-18　各式菜品毛利排行榜

某火锅店肉品毛利表						
品名	单价	每份重量	成本	主价	毛利	毛利率
相间肥牛	14	200	5.6	16	10.4	65%
庄园肥牛	20	200	8	22	14	64%
啤酒肥牛	16.5	250	8.25	25	16.75	67%
五花肥牛	18.5	250	9.25	26	16.75	64%
美式肥牛	16.25	250	8.1	30	21.9	73%
特制外脊	18.5	200	7.4	32	24.6	77%
肥牛王	28.5	250	14.25	36	21.8	60%
西冷云天	23.5	250	11.75	48	36.25	70%
极品眼肉	30	250	15	68	53	78%
手切牛柳	17	250	8.5	28	19.5	70%
安格斯	72.5	300	43.5	98	54.5	56%
手切花键	20	200	8	38	30	79%

人员工资、房屋租金、定价都是相对稳定的，只有厨房的原材料浮动是最大的。因此，控制好厨房原材料的成本，制定菜品利润的最高限和最低限（见表 4-19）是很有必要的，是确保整个餐饮店利润的最大变数。

表 4-19　菜式销售统计日报表

日期：		星期：		天气：	
填表人：		促销活动：		特殊日子：	
销量排行前 10 位菜品					
菜肴名称	今日销售		品质反馈	桌位点击比例	备注

(续)

销量排行后 10 位菜品				
菜肴名称	今日销售	品质反馈	桌位点击比例	备注
此表抄送饭店经理、行政总厨、财务经理。				

厨房用具使用保养标准

厨房工作人员每天都会接触大量的餐具和厨具。如果没有实施有效管理，工作人员使用各种工具不加爱惜，损坏的概率就比较高，维修或者重置也是一笔不小的开支。如果善于管理，把损耗降到最低，那么节约下来的费用也是非常可观的。

由此可见，厨房工具的管理科学与否也是直接影响厨房成本的原因之一。所以，制定工具、餐具、厨具的使用保养标准，并且责任到人是非常必要的，也是降低成本的有效方法之一。

表 4-20a 和表 4-20b 全面列举了厨务工作使用的各种工具。工作人员可参照这两张表定期对这些工具进行保养与维护，以延长它们的使用寿命。

表 4-20a　厨房工具、用具、餐具盘点表

工具用具餐具	部门	规则	标配数	盘点数量	使用状况	备注
三门蒸车						
保鲜工作台						
柜式调料车						
四门冰柜						
磨粉机						
锯骨电锯						
电饼铛						
菜刀						
菜墩						
擀面杖						
60 炒锅						
60 平底锅						
80 不锈钢桶						
长柄炒勺						
大灶虑						
9# 白条盘						
10# 鱼盘						
16# 月光盘						
带底座 16# 玻璃盘						
7# 汤碗						
3# 调羹						
鲍鱼盘						
加热盅						
酒精锅仔						
……						

表 4-20b　厨房设施设备保养表

工具用具餐具	部门	责任人	检查人	保养记录	使用备注
三门蒸车	面点房	×××	×××		
保鲜工作台	砧板档	×××			
柜式调料车	海鲜档	×××			
绞肉机	中厨				
制冰机	中厨				
切片机	中厨				
电开水器	清洗组				
四门冰柜	中厨				
微波炉	热菜档				
压面机	面点档				
磨粉机	面点档				
锯骨电锯	中厨				
电饼铛	面点档				
菜刀	砧板档				
……	……			……	

③ 降低成本要加强三个控制

若要有效降低厨房成本，管理人员一定要加强"三个控制"，切实从源头上杜绝浪费现象。

加强生产加工流程控制

饭店管理人员若想控制好生产加工流程，就必须安排人员定天定点统计原材料的采购数量、结余数量，做到心中有数，同时提高员工的节约意识，充分利用每一个原材料。

原材料采购领用流程

原材料采购领用流程的科学与否直接影响着生产的成本。饭店必须建立相应的采购制度、价格调查制度、价格复核制度、物品领用制度等，只有在这些制度的监管下，才能很好地控制成本流失。

原材料盘点流程

什么材料生产多少出品，没有使用标准；采购员也只管按照厨师长的采购单采购，买来就用，用完就报。用完用不完，厨房也没有盘点制度，当天结余多少也不知道，也不管不问。久而久之，厨房原材料的使用就成了一本糊涂账，利润也就这样不明不白地流失了。建立原材料盘点流程，组织专人定期进行盘点（见表4-21），方可避免物品积压造成的浪费。

表4-21　厨房原材料结存表

日期：						盘点人：	×××	×××
品名	昨日结余	今日采购	今日结存	本周累计	本月累计	出品累计	单品分量
水牛肚	2.5斤	45斤	8.5斤	150斤	503斤	680份	0.74斤
普羊肉	75斤	×	6斤	230斤	710斤	1240份	0.57斤
……							

原材料边角料的有效再利用

有效使用原材料能直接提高菜品的利润。把原材料各个部位的生产加工标准分解到位，严格执行，严格检查，是提升原材料使用率、控制成本的有效途径。尤其是边角料的有效利用，有时候利润几乎可以达到90%以上，是拉动厨房整体利润的有效措施之一。比如：萝卜皮、香菜根腌咸菜，土豆边料可以做职工餐，或者打成土豆泥做儿童餐，肉头可以做成丸子或者饺子馅，鸡架、鸭架可以煲汤等。

加强过程耗材控制

在日复一日的加工、生产过程中，厨房耗材的使用量是惊人的。只有加强对这些易耗品的控制，才能切实降低厨房成本。

水、电、气的控制

对于水、电、气这类烹制菜肴时最常见的传热介质，在使用过程中应该经常检查操作的规范性与合理性，降低能源的损耗。在运行的厨房中，任何一个小的问题都不应该被忽视，否则造成的浪费就是不可估量的。我们应该在出水量、火力大小、冷热水、新老油几方面提高操作的合理性，以便做好这方面的成本控制（见表4-22）。

表4-22　月份水、电、气对比分析表

		上月份	↑	2月份	↓	去年同期
水	用量	150吨		180吨		200吨
	接待人数	15000人		14000人		14500人
	销售额	750000元		740000元		760000元
	人均用量	0.01吨	↑	0.012吨	↓	0.013吨
	百元用量	0.02吨	↑	0.024吨	↓	0.026吨
	控制分析					

		上月份	2月份	去年同期
电	用量			
	接待人数			
	销售额			
	人均用量			
	百元用量			
	控制分析			

		上月份	2月份	去年同期
气	用量			
	接待人数			
	销售额			
	人均用量			
	百元用量			
	控制分析			

用料成本的比对和控制

随着菜肴的口味变化多样，厨房使用的调料越来越丰富，价格也从几元到几百元不等。调料成本在菜肴成本中占据的比例越来越高。因此对调味品的成本控制就显得相当重要。但是，在加工菜肴的过程中，厨师经常会分成几个阶段分别加入调料，这往往是难以控制调料用量的，比如葱、姜、蒜的使用。不过，如果采用《菜品用料比对分析表》（见表4-23），定期分析，从一定程度上还是可以很好地控制用料成本的。

另外，人们对菜肴的要求也越来越高，单一的口味已经很难满足消费者的要求，越来越多的复合调味料开始出现。在制作复合味调料时，会用到多种调料，如果把这些调料统一配比，能更好地控制成本，也能使口味更加固定。

表4-23 菜品用料比对分析表

用料品名	档口	上周用量	出品量	本周用量	出品量	备注
色拉油	冷菜档					
	海鲜档					
	热菜档					
	职工餐					
盐	冷菜档					
	海鲜档					
	热菜档					
	职工餐					
生抽	冷菜档					
	海鲜档					
	热菜档					
	职工餐					

易耗日用品控制

抹布、保鲜膜、手套、厨师帽、洗洁精等是厨房不可或缺的易耗日用品。如果不严格控制这类物品的使用，日积月累，浪费也是非常大的。对于这类易耗品，最好制定使用周期或者以旧换新等规则，防止新品流失或者更换过于频繁，造成厨房成本加大。厨务经理还可以制作易耗用品的使用周期表，来控制这方面的浪费。

加强成品出档流程控制

厨房要降低成本，除了控制加工过程，还要在出品环节进行有效控制。

成品出档流程

厨房要加强对传菜部的出品控制，没有单据是绝对不能出档的。比如退菜。有很多菜品只是在吧台退掉了，而传菜部却没有得到通知，仍然按照原来的单子进行传送。如果退菜流程不能很好地控制的话，将是很大一笔浪费。而且在当天收市之后，还得把传菜部传出去的菜品和吧台收银后的菜品进行对照，看是否有出入，一方面防止给客人漏上，一方面还要看是否有重上、多上的现象。

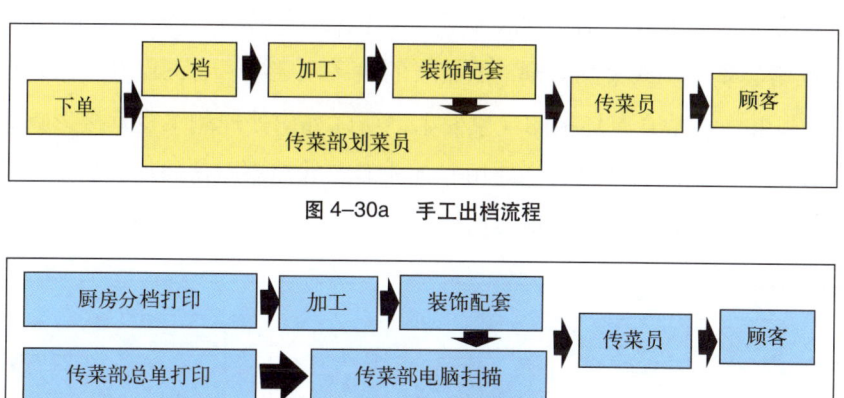

图 4-30a　手工出档流程

图 4-30b　电脑出档流程

所以说，无论是手工分档还是电脑分档，管理人员一定要严格控制出档流程（见图 4-30），方可避免出现许多不必要的麻烦。

急推或估清启动流程

海鲜在海鲜池的存活时间都是有限的，如果这一餐不卖出去，就有可能死去，造成成本浪费，所以经常需要急推。

估清的菜品如果不及时通知到服务员，那么服务员就得反复写单子，开单一张，退单还得一张，不光浪费点菜单，最重要的是影响不好，可能会让顾客造成"点什么没有什么"的印象。

急推或估清是厨房经常遇到的事情,相关人员一定要相互通知,并做好应急措施(见图4–31)。

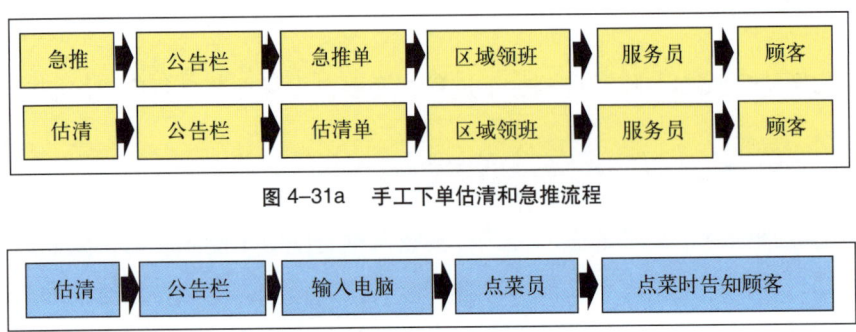

图4–31a　手工下单估清和急推流程

图4–31b　电脑点菜系统估清流程

剩品控制

菜品准备多少是根据上客的规律确定的,但由于每天的上客量并不是固定的,所以饭店经常会剩下一些菜品。剩下的菜有的做了职工餐,有的保存在冰箱里(见图4–32),但其中还是会有坏掉的现象发生,所以如何处理剩菜也直接影响着厨房的成本。作为厨务经理必须时时处处用心,才能有效控制厨房的点点滴滴,否则举手投足之间都有可能造成成本的极大浪费。

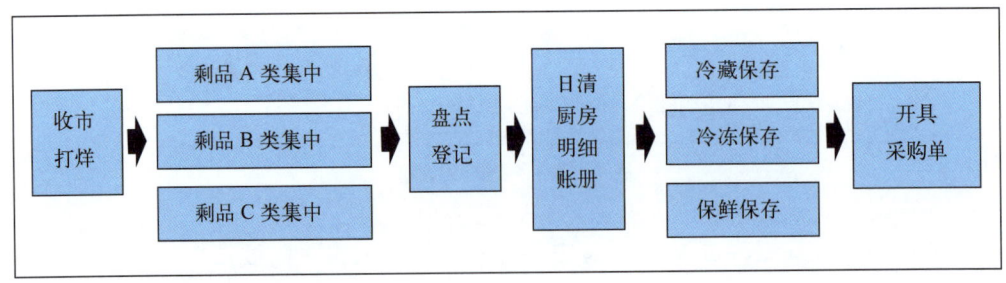

图4–32

④ 定期分析,用数字指导行动

数字来源于实际,能够客观反应各项工作,说服力非常大。因此,相关人员要定期分析,比对各种数据,找出存在的问题,有针对性地改进。

10 天一次菜品毛利分析

厨务经理要把每天销售的菜品和采购的原材料进行汇总，10 天分析一次。如果毛利润高了或者低了，要与采购人员、厨房各部门组长认真分析原因，在下一个 10 天内进行调整，尽可能将利润控制在标准范围之内。

每月一次综合毛利分析

每月月初，厨房部要配合财务部对上一个月厨房所有的菜品进行销售排名，并分析菜品毛利，对每个部门的菜品按照财务分类进行利润分析和综合毛利分析。通过对当月利润与上月、上年同期的利润进行对比，找出问题所在，并分析原因，以便对症指导厨务部下个月调整工作重点。

每月一次厨房成本分析大会

经过分析对比，厨房的用水、用电、用气、人员工资、原材料成本、综合销售、单品毛利、综合毛利、分类毛利、销售排队、综合利润、人均劳效、各项指标完成率、下达下月指标等项目，都要一一向厨房人员公布，并详细分解，确保厨房所有人员都能够清晰认识问题，对下一个指标和改进项目有明确的想法。

此会议由厨师长主持，店经理和财务经理参加讲解。

可视化推广指导第四步：

用好可视化管理的"七定原则"

万丈高楼平地起。再好的战略，如果不落实到人，如果不采取行动，都只是纸上谈兵。可视化的理念是最终使管理变得简单化，但要将企业管理的方方面面变得"简单化"，并非一件简单的事。企业管理者要想取得预期效果，在推行可视化的过程中必须遵循下述"七定原则"。

一、人员定岗

每一件事情的落实都必须由员工来完成。因此，员工是推行一切理念的根本。人员定岗是推行可视化管理的第一步，简单地说，就是让每一个员工都明确自己的工作范围和责任。什么时间，该做什么工作，做到什么标准，都要予以明示，让员工心中有数。这可以帮助企业进行人力资源规划、预测，有助于提高员工的岗位技能，以便更好地帮助企业实现其业务目标。

二、目标定责

岗位的确定，就预示着目标的确定，责任的确定。每一个岗位都要有自己的工作目标，每一个人都要有自己的目标。当然有目标就有奖罚。可视化把目标分为三类：第一类是公司下达的目标。面对第一类目标，各部门、各成员都应该无条件地完成，这一类目标只罚不奖。完成是应该的，完不成就要处罚，以示公司的严肃性。第二类是经理下达的目标，这一类目标非奖即罚，也就是完成了就奖，完不成就罚，没有不奖不罚之说。第三类是部门自定的提升类目标，只奖不罚。完成了就奖励，完不成也不能罚，只能以奖励的方式来调动员工的积极性。

三、问题定法

日本管理界流行着一种"深耕法"，是解决问题最有效的一种管理方法。"深耕法"用中国人的大白话说就是"打破砂锅问到底"，意在找出问题发生的根源。这种方法同样适用于中国企业，适用于饭店管理之中。比如：顾客发火了。为什么发火？员工说话带情绪了。为什么说话带情绪？昨天刚发的工资，晚上就丢了。在哪里丢的？在宿舍丢的。为什么会在宿舍丢东西？宿舍管理有问题。没有严格的宿舍管理制度。不应该晚上发工资。晚上发工资没办法存钱。员工不会使用银行自动存款机……

问题出来了，就是要改变发工资的方法，改善宿舍管理制度……

可视化管理就是要解决问题，为了让同样的问题不再发生，就要制定明确的规定，制定解决问题的方法。

四、物品定位

我们经常可以看见厨师在库房到处翻找东西的镜头，库房管理员说，都在这里了，你找吧。这不仅浪费时间，而且经常对不上号。员工拿的东西，并不是领导想要的东西。我们再想一想邮政系统是怎么工作的。要在全球53亿人中找到"王心广"怎么办？中国，西安，友谊路一尊皇牛，王心广。靠这14个字就能从53亿人中找到王心广。可视化物品定位就是要给饭店所有的东西起一个"名字"，然后安一个"家"，也叫"名家管理"。要在库房里找一个10寸平底盘，只要看一下库房的平面图，就知道盘子在哪一个区域，然后到这个区域再看一下标牌，就能拿出来了，还需要到处翻吗？

五、工作定时

随着人们生活节奏、工作节奏的不断加快，时间成本备受消费者和管理者重视。高效的时间管理也越来越多地被使用到管理中去。在饭店可视化管理中，同样需要规定一些项目的完成时间，以确保工作流程的顺畅。比如：早上采购员必须在×时×分之前将当日采购原料送至厨房；服务员必须在多长时间完成前厅的卫生及摆台准备工作；值班人员必须在多长时间完成就餐；顾客离座，服务员必须在多长时间清理台位，重新摆台……还有，经理必须在每月的什么时间审阅报表，撰写运营报告；财务多长时间进行一次利润比对；厨房多长时间进行一次菜品销售排行……可视化要求各部门按照职责，各自罗列出每一个部门时间节点上要呈报的工作结果，这是进行经营分析必不可少的工作事项。

六、产品定量

产品定量是标准化管理最重要的一个环节，也是厨房可视化最重要的环节之一。定量就是定标准、定利润、定信誉。顾客到饭店的初衷就是为了"吃什么"而来的，尽管顾客留下来，成为忠实顾客的因素还很多，有可能是因为价格合理，有可能是因为环境适合自己，更有可能是服务贴心，但这都不能抹杀产品本身的力量。稳定的出品给顾客以信誉和忠诚。稳定的出品换来稳定的顾客和忠实的顾客。

　　七、检查定表

　　检查不是在工作结束之后才进行的，检查更不是只讲究结果，它是集现场培训、技术指导、路径修正、目标跟踪、方法评估以及随时随地的激励于一体的一个综合性行为。尽管我们可以使用各种激励方式让员工自动自发地工作，但还是要有保障性的检查系统，这是开放式管理最重要的思想之一。无论是谁，无论在做什么工作，都要经得起检查，这是企业评价工作优劣的唯一数据。因此，可视化检查表单是推行可视化管理非常重要的一个部分。

第五章

后勤部可视化管理

后勤部主要包括采购部、库管部和工程部,是前厅和厨房生产服务的供应中心,是饭店餐前服务的一部分,是顾客就餐过程的保障体系。后勤部所做的工作不像前厅和厨房直接面对顾客,是顾客难以直接评价的。因此有很多饭店没有重视后勤部的管理,致使企业存在很多安全隐患。后勤部可视化管理正是将这三个部门的工作予以明晰,制定考量的尺度和标准,同时还能起到防微杜渐的管理效果。

第一节 采购员花钱非消费,而是投资

采购员每天都要花出去大笔大笔的金钱。有人说,花出去的每一分钱都是纯利润,花出去1000元,得卖出5000元甚至6000元的菜品才能挣回来,也就是要服务20桌甚至更多的客人才能收回来。这也是我经常听到老板们算的一笔账。

因此,"抠"就成了采购员的一项基本要求。不可否认,很多饭店的利润就是"抠"出来的。可同时,中国食品安全隐患也是"抠"出来的。一门心思要买便宜的原材料,供应商也只能掺假造假了,哪一个环节不承受着工资和房租上涨的压力?

其实,在我看来,采购员花钱不是消费,而是投资。既然是投资,就要让客户满意;要让客户满意,就不能一门心思想着便宜,确保安全,确保品质要求才是前提。

采购员消费的每一分钱都要通过流通、再生产和再加工后卖给来店就餐的顾客,饭店也就完成了从顾客到商家的转变。如果采购的成品品质不过关,如某些冷菜、酒水等,顾客找的就是饭店,而不是原材料的供应商。顾客评价商品的好坏也是针对饭店,而不是供货商。

① 采购员岗位职责看板

由于每天都与钱打交道,采购员的所有工作都要严格按照程序而来。只有这样,才能保证采购行为的透明性。

采购员岗位职责

【岗位名称】采购员

【隶属部门】财务部

【直接上级】财务经理

【直接下级】无

【协调部门】厨房、前厅、管家部、办公室

【可轮换岗位】库管、管家部

【职务说明】根据各店上报需求进行物品的采买工作,把好采买物品的品质关。

【岗位职责】

1. 负责根据店面报货数量和物品需求制订、实施采买计划,做到及时供应,保证店面正常营业。

2. 负责原材料、备品、备件、办公用品、燃料等的采购供应工作。

3. 认真做好市场调查和预测,掌握物料供应情况。

4. 负责各类采购合同的签订与管理,落实工作,并制定相应的管理制度。

5. 做好公司物品的采买供应制度,控制好各店所报物料的采买进度,实现物流的优化管理。

6. 负责办理购进物资到货后相关手续的办理工作。

7. 和验收人员共同对采买的物料进行验收和审查,做到合格采买。

8. 管理供应商档案,做好所有物品信息的收集工作,建立起牢固可靠的物料供应网络,并不断开辟和优化物资供应渠道。

9. 建立可靠的物料供应基地,定期评估供应商,优化选择,使之按时、按质、按量进行物资供应。

10. 与各店面加强沟通和配合,处理好生产经营过程中发生的各种因为采买带来的突发问题。

11. 完成公司领导交办的其他工作任务。

【岗位技能】

1. 各类物资的采购程序以及规范。

2. 突发事件的应对与处理。

3. 各类物料的验收和审查。

4. 采购计划的制订。

5. 驾车技能。

6. 采购渠道的开发。

【任职条件】

1. 男,年龄在 20~45 岁之间。

2. 品德良好,性格稳定,有强烈的责任心。

3. 熟悉采购流程并具有 3 年以上的工作经验。

4. 有驾驶证者以及退伍军人优先。

按程序接收请购单

请购单,是各部门有零散需求时填写的采购单(见表5-1),一式三份。申购人填写后把第一联交给采购部,第二联交给库房,第三联自己留存。采购员采购回物料后,先交予库管验收数量和保管,并在采购联上签字。之后采购员再通知申购人,申购人验收质量后在采购联上签字,最后财务部核查签字后,采购员找领导签字报销。

表5-1 采购单

申购岗位:		申购人:		填表时间:
物料名称	申购数量	单位	规格要求	备注
库管收货签字		申购人验收签字		
财务审核签字		领导报销批示		

最低存量计划采购

如果库管部某些物料低于最低存量,库管员要按照要求向采购部提交"最低存量请购单"(见表5-2),进行计划采购。计划采购分为"供货商协议供货",如火锅店使用的肉品或调料类,以及"采购员大批量采购",如米、油、盐等常用品,以及备用餐具和易耗品等。

表5-2 最低存量请购单

最低存量请购单									经理批示:	
物料名称	单位	计划最高存量	计划最低存量	现存数量	预计使用期限	计划采购数量	单价	费用预算	使用部门负责人签字	
豆瓣酱	箱	20箱	3箱	3箱	10天	20箱	98元	1960元		
合计	大写:					小写:				
填表人:						时间:	年	月	日	时

此类采购首先需要各部门设定各类物料的最低存量，低于最低存量后，由库管员开单，使用部门和岗位负责人签字，最后由店经理或总经理批复后交予采购员执行。

物品采购回来后，再由各使用部门负责人验收质量，库管员验收数量，签字后报财务核查，经总经理签字后报销。

协议供货商"订购单"

协议供货商的供货对象通常是使用量比较大的单位，结账多以财务部直接打款或者转账、支票或者定期结算的方式进行，供货质量和价格都比较稳定。采购员、库管员以确保物料不断货，不积压，符合公司规定的最高存量和最低存量为主。进行此类采购时通常要提交订购单（见表5-3）。

表5-3 订购单

订单编号：20110523×××××			订货日期： 年 月 日		
（报至）供货单位：北京市朝阳区×××街×××号××××公司 电话：010-_____　传真：_____ 　Email：_____　QQ：_____ 联系人：_____　移动电话：_____ （送至）订货单位：西安市雁塔区友谊路325号××××公司 详细地址：_____ 送货到达日期：___年___月___日　接货人：_____ 付款方式：_____　移动电话：_____ 备注：_____					
订购物料名称	数量	规格	单位价格	单品总价	备注
合计金额	大写：		小写：		
核准人： （盖章签字） 年　月　日					
本订单共计____页　　　　　此为第____页					

供货商资料信息单

饭店信誉的建设需要稳定的出品做保障，而稳定出品的前提是有稳定的货源。没有稳定的货源，出品的口味忽高忽低，顾客就不能留下味蕾记忆。比如酱油、味精等，其中成分的含量不一样，厨师就不能稳定把握出品口味。另一方面，如果没有稳定的供货商，就可能给采购人员制造更多作弊的机会。我们不是不相信自己的员工，但是管理中不能感情用事，要用制度和规则来约束采购员的行为，而不是仅仅靠自觉和良心来评价采购员。

供货商的有效管理是控制采购员违规行为的方法之一，公开供货商的名单和联系方式（见表5-4）在很大程度上能减少采购员幕后操作。

表5-4a 协议供货物料采购及供货单位联系方式

物料名称	采购方式	供货单位	负责人	联系方式	结账方式	备注
酱油	协议供货	××	刘志伟	××	压货一批打款结算	竞标单位
牛羊肉	协议供货	……	……	……	压货一批打款结算	竞标单位
……						

表5-4b 定点采购物料采购及供货单位联系方式

物料名称	采购方式	供货单位	负责人	联系方式	结账方式	备注
色拉油	定点采购	××	王二胖	××	月结	
干贝	定点采购	……	……	……	月结	
活海鲜	店里合作	……	……	……	月结	
……						

表5-4c 早市散采物料采购及供货单位联系方式

物料名称	采购方式	供货单位	负责人	联系方式	结账方式	备注
土豆	批发市场早市散采	××	××	××	现金交易	
白菜	批发市场早市散采	××	××	××	现金交易	
……						

成立价格核查小组

采购价格的真实性决定了采购成本的控制效果。要避免出现采购价格过高或者"报涨不报降"的违规行为,就要成立价格核查小组,根据市场多家同类产品的平均价格与本店的采购价格做比较,予以调控。

有段时间,市场上的山东白菜出现了较大幅度的降价,可郑州一家饭店的采购员仍然每天以 0.9 元的价格采购上百斤白菜。有一天老板无意间在电视上看到山东白菜几分钱都卖不出去的消息,就到超市转了一圈,超市里白菜的价格是 0.75 元,比店里半夜在一手市场批发来的菜还要便宜。老板问采购员是怎么回事,采购员说供货商没有告诉自己白菜降价了,所以每天还是按照 4 个月前的价格开单子。

经过调查,原来供货商根据前一天晚上采购员电话中报的物料数量,凌晨 2 点在各个批发点买出来,采购员早上 5 点开车去拉回来就是了。单子是前一天晚上就已经开好了的,根本不是真实的市场价格。如果哪一种物料涨价了,这个二道贩子一定会反映给采购员,可是如果降价了,二道贩子却只字不提。

可怜的老板还蒙在鼓里,以为采购员很辛苦,每天凌晨两点去批发市场采购物料。上午一般不让大家去打扰采购员,让采购员好好睡觉,只有到下午 3 点以后,才会给采购员分派其他零散采购任务或补货。

价格核查小组就是要杜绝类似事情的发生。价格核查小组一个月最少要出 3 份价格调查表(见表 5-5),然后把平均价格与店里的采购价格做比较。只有这样才能起到良好的监督作用,降低采购成本,提高利润。

表 5-5　菜品价格核查对比表

品名	单位	规格	调查一 x 月 x 日	调查二 x 月 x 日	调查三 x 月 x 日	平均价	采购均价	备注

灵活的采购流程

采购部要为前厅、厨房做好第一服务。一般说来，所采购物料的品质首先得让岗位负责人把关，确保质量后，然后才是库管验收数量，这是大前提。但根据物料的用途和使用周期不同，采购员工作的流程也不尽相同。

比如，每天采买的青菜类，就不需要再进库了，而是直接进入厨房；根据各岗位提供的采购计划采购回来的物品，要先经过各岗位人员验收品质后才能入库，减少进出库的返工；低于库房最低存量的计划采购要库管员开单，总经理签字等。工作流程清晰化可以减少工作时间，确保采买物料的品质，减少物品积压，让工作更有效率。

以下列举了一尊皇牛西安公司的四个流程，仅供大家参考。

前厅、厨房申购物品采购流程（见图5-1a），主要是前厅、后厨根据部门需求采购一些临时用品；公司采购部、库管部工作流程（见图5-1b），用于指导采购部按计划采购；客户物料直入厨房流程（见图5-1c），针对定点采购的一些物料，规定了客户上门送货时验收、签字、报销的步骤；采购员物料直入厨房流程（见图5-1d），主要是明确验收和签字报销的程序。

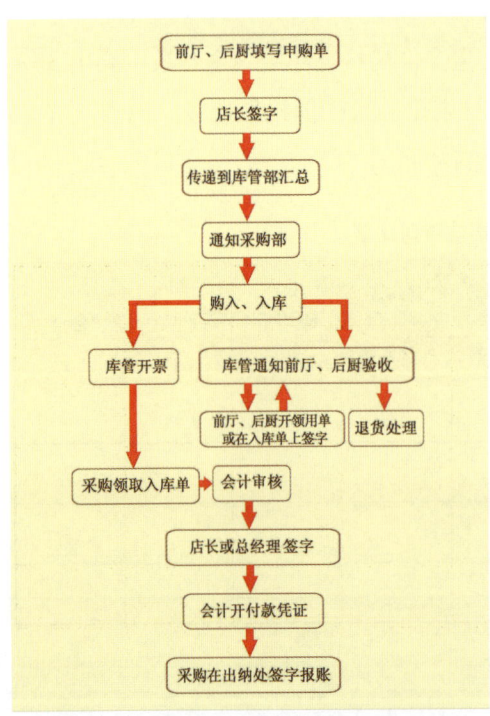

图5-1a　前厅、厨房申购物品采购流程

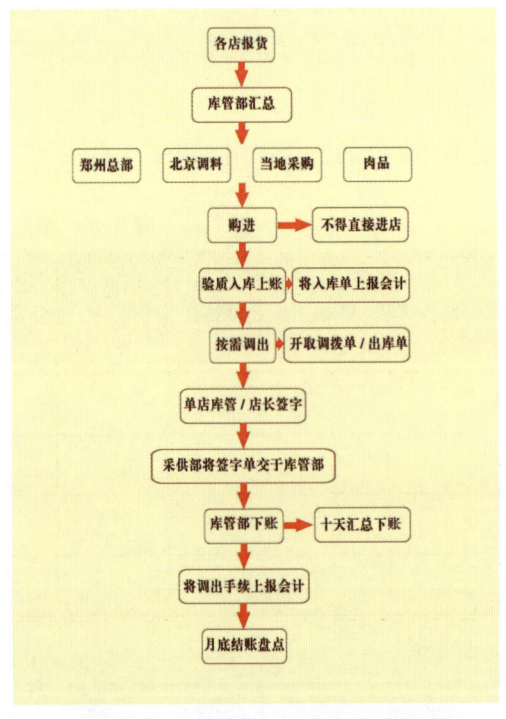

图5-1b　采购部、库管部工作流程

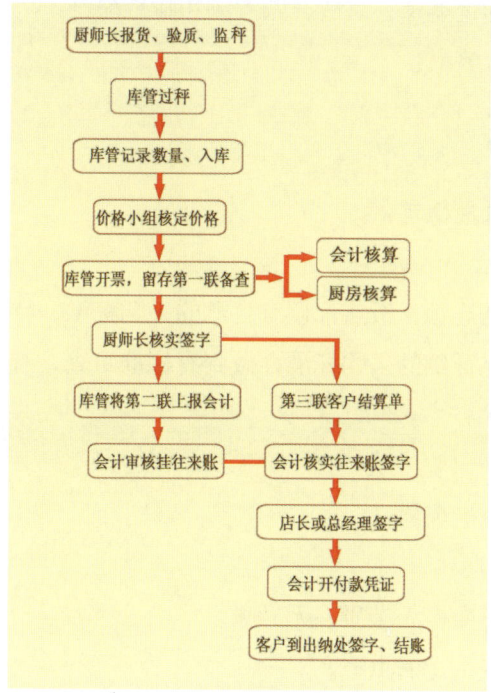

图 5-1c　客户物料直入流程

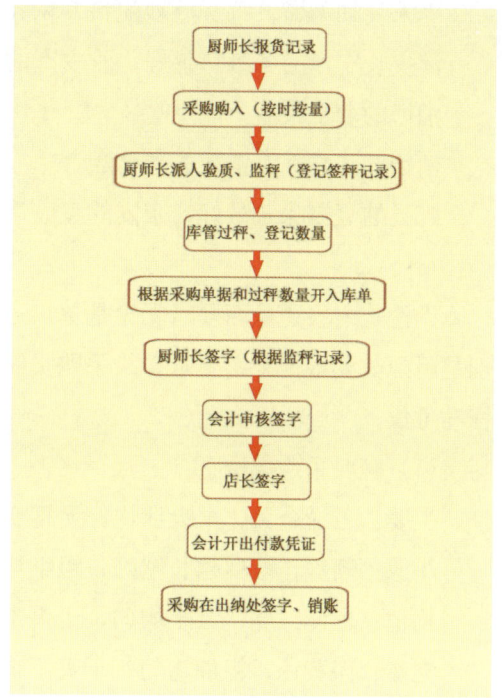

图 5-1d　采购员物料直入流程

❷ 建立物料选购标准

在第四章第二节"建立菜品加工标准"部分,我们对"原材料验收要求"给出了 12 条详细的说明,那是对厨房菜品采购提出的最基本的要求。然而,采购要做到符合厨师长要求,符合菜品要求,还要进一步对各类采购物料进行标准的细分。比如,什么地区的盐最好,什么时间的姜最好,什么时间的鸭肉最好,什么时间适合囤积什么物料等。

物料产地、时间及选用标准

母鸡喂养 1 年左右最好,冬至到春天的鸭肉、鹅肉最肥美;
秋季的螃蟹肉肥黄满,江团只有春夏之际才捕收;
冬季的野味最好吃;
霜降前的白菜甜,霜降后的萝卜甜;

春末夏初姜嫩，符合煎炒配料，秋天的老姜辣，只适合做煮汤和腌炝配料；

江安长宁产的冬笋口感好，雅安产的水笋嫩；

淄博的萝卜最甜，能生吃；

清徐的陈醋香，镇江的米醋酸；

郫县的豆瓣味儿最好，永安的豆豉质量最稳定；

……

无论是中餐还是西餐，无论是单店还是连锁，饭店都要有自己的采购标准。特别是厨师长要根据菜系要求，给采购员制定详细的采购标准，做到有标准可查，有标准可依。

（1）辅料采购标准：

生姜：色泽金黄，个大汁饱，无霉变腐烂现象。

小葱：新鲜，葱白越长越好，粗细均匀。

枸杞：色泽红亮，大小均匀，干爽不霉变，无杂质，无异味。

党参：淡黄色，粗细均匀，干爽不霉变，无病虫害。

皮蛋：选择品牌，表面光洁，无破损，无异味。

净蒜：表面光滑，新鲜饱满，无烂斑。

大葱：杆壮，葱白长，粗细均匀。

（2）肉类采购标准：

猪肉：必须有检疫证明，新鲜，瘦肉红色均匀，脂肪洁白，不能有淤血、猪毛。

牛肉：必须有检疫证明，颜色鲜红或深红，有光泽，无异味，无注水。

棒子骨：新鲜，颜色纯白，以大腿骨为主，干净无杂物，无异味。

鸡鸭肉：新鲜，干净，肌肉有弹性，有禽类特有气味，无腐败味。

草鱼：必须鲜活，单个在3斤以上，死鱼和鳞片脱落的不要。

（3）食用菌采购标准：

香菇：顶面呈深褐色，肉厚质嫩，新鲜无变质。

平菇：颜色乳白，叶大而厚，含水分适度。

金针菇：粗细均匀，颜色嫩白，顶小而均匀。

茶树菇：黄褐色，杆长而嫩，干爽无变质。

（4）豆制品采购标准：

豆腐：颜色乳白，块型整齐，组织细密有韧性，气味清香，无异味，无杂物。

豆腐皮：颜色黄亮，表面光洁，薄厚适度，压榨结实有韧性。

豆腐干：四角整齐，薄厚适度，柔软有劲，无杂物。

（5）根茎、果实类采购标准：

红、白萝卜：形状均匀，表皮光洁，水分充足，无黑心或空心。

土豆：个大，表面光滑没发芽，品种要好，煮熟后又面又甜。

青笋：新鲜，通体匀称，稍粗又不空心。

西芹：颜色翠绿，棵大杆长，折断后无筋络。

冬瓜：颜色深绿，表面光滑，无烂斑，无病虫害。

红薯：表面光滑，切面乳白，品种优良，无烂斑，无病虫害。

南瓜：表面光滑，肉红而厚，品种优良，无烂斑，无病虫害。

红椒：个大，鲜红光亮，水分充足，无病虫害。

乳瓜：颜色翠绿，带毛刺，折断后实心无籽，两头大小一致。

玉米棒：颜色金黄，大小均匀，颗粒饱满，无变质。

西红柿：表面光滑，熟而不软，无腐烂。

山药：体长而均匀，断口肉质嫩白多汁，无腐烂。

芋头：新鲜个大，不空心，无烂斑，无病虫害。

小米椒：色泽红亮，大小均匀，质地硬朗。

长茄：新鲜，嫩，折断处洁白无籽，无病虫害。

（6）叶菜类采购标准：

茼蒿：要求30厘米左右，粗细均匀，无腐烂，无黄叶。

菠菜：叶片厚，颜色墨绿，无腐烂，无黄叶。

油麦菜：30厘米左右，颜色翠绿，叶面宽度在3厘米左右，叶尖完好。

叶生菜：新鲜叶大，叶边整齐，无腐烂。

圆生菜：个大，翠绿，无烂心，无黄叶。

香菜：新鲜，杆长，叶子完好。

小油菜：新鲜，大小适中，无黄叶，无虫害。

白菜：新鲜，叶绿，体粗而短，无斑点，无烂心。

娃娃菜：帮白，叶黄亮，大小适中，无烂心，无虫害。

（7）干货采购标准：

木耳：瓣大，干燥，表面乌黑，里面灰白，杂质少，无霉变，水发后光滑不粘手。

腐竹：颜色金黄，干燥，表面油滑有光泽，通体均匀。

豆油皮：色泽淡黄，干湿适度，皮薄有韧性，久煮不烂。

芝麻：要求品种质量好，颜色亮白，无杂质，无虫蛀。

花生米：干爽，颗粒饱满，大小均匀，无杂质，无虫蛀。

粉条：色泽亮白，弹力强，透明度高，细长而均匀，无断条、杂质、异味。

宽粉：宽薄适度，整齐均匀，干爽柔韧，久煮不化。

（8）其他原材料采购标准：

调味品：花椒、八角、桂皮、干菌等调味品由厨房指定购买。

食用油：金龙鱼牌、天天缘牌，由指定供货商提供。

在此需要说明的是，采购员采购的带包装类原材料要求质量和卫生标准符合国家规定，三证齐全，名称、标签、出厂日期、保质期等标识明确清楚。

设备用品采购标准

除了原材料，饭店要采购的物品还包括运营设备和运营用品两大类。

运营设备主要在新店开设前集中采购，经营过程中有补充的可以让厨师长或者店经理协同采购。

运营用品可以分为三类，一是VI应用类，二是工具类，三是易耗类。VI应用类一般是定点加工制作，采购员只要掌握使用的周期和最低存量，确保够用即可。工具类（见图5-2）是根据饭店接待顾客的情况，定期采买。易耗类则是要经常采买甚至随时采买的，采购员必须了解其选购的标准，才能提高效率，确保质量。

因此，建立物料档案，制定物料采购标准是饭店规范经营必不可少的一项工作，对于连锁饭店来说尤其重要。

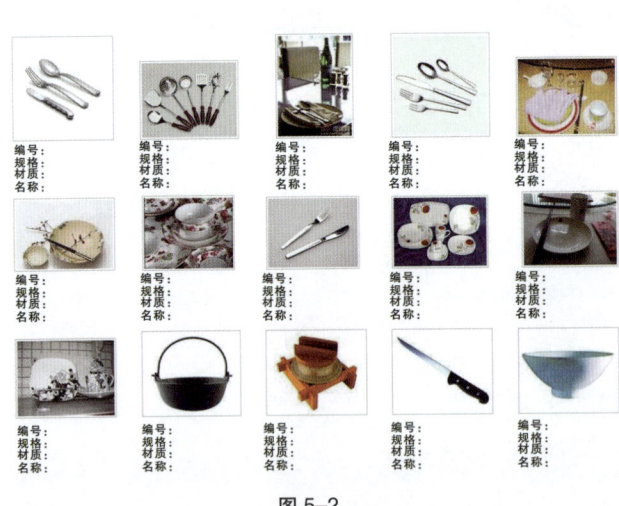

图5-2

③ 做好预算，稳定出品

我们在前面讲过采购部花钱是投资，而不是消费。既然是投资，就要有计划。采购部不是厨房或者前厅的"奴隶"，厨师长、店长叫买什么就买什么。只有做好部门采购预算，工作从被动转变为主动，才能充分发挥采购部的作用。否则，不管你承认不承认，采购员就是厨师长、店长的"奴隶"。

提前做好年度商品采购计划

随着餐饮业上游原材料的生产环境越来越复杂，为了确保餐饮企业的安全经营，越来越多的企业开始把目光盯住了上游。特别是连锁企业，只要有一家店铺发生事故，对企业品牌来说就等于灭亡。即使活过来，也会元气大伤。

就像火锅企业，牛羊肉的源头就是大家争相关注的。如果一家火锅连锁企业不能在年初制定合理的牛羊肉供应预算，不能提前签订牛羊肉货源供应，那就注定来年出品的品质不会稳定，而且价格也会随着市场的变化而不断变化。

由此可以看出，采购部做好年度采购计划及预算是确保企业产品品质，合理控制费用的关键。年度采购商品主要包括调料类、肉品类、餐具类、布草类、VI应用品类等。以海鲜为主的饭店需要制订年度海鲜采购计划，主打个性口味的饭店要提前签订主打菜肴原料的供货协议等。

采购、库管、厨房、前厅碰头会

我们鼓励采购部从原来的被动工作转化为主动工作，其中最重要的一项日常工作就是不定期组织前厅、厨房、库房人员召开碰头会。参加者可以是经理，也可以是员工，主要是让大家反馈一些顾客的意见，征求大家对采购物料、对采购部的意见及建议。

这项工作是可视化理念推行的最好代表，把问题摆在桌面，使工作一目了然，提意见不伤感情，被动变主动是关键。同样，其他部门也可以采用这种方法，变被动为主动，变制度为习惯，变工作会议为沟通感情的桥梁。

采购工作问题改善看板

通过碰头会，收集顾客意见，总结经验与教训，把所有问题变成可视化的看板（见图5-3），从而促使自己不断进步。

当然，在总结需要改善的问题时，不要忘了总结一下自己部门的优点，也给自己一个小小的鼓励。

图5-3

第二节 库管员工作非看家，而是调配资源

库管员，也叫保管员。在很多饭店经理人眼里，库管员就是看好仓库物品的人员。采购回来的东西交给库管员就万事大吉了，员工需要什么再去库房领用，库管员按照流程严格控制好出入库的管理，到月底进行盘点。这就是传统意义上库管员的工作。的确，这些工作都是库管员要做的，然而，库管员的工作还远不止这些。

库存就是饭店的利润。有很多饭店年底算账后挣了一百多万，可是股东却分不到钱。原因何在，除了部分待收账未收回外，更多的利润都成了库存商品，甚至部分库存商品几年都用不完，这让股东们哭笑不得。这也正是很多饭店的真实写照。

所以，库存资源的管理水平直接影响着饭店的利润分成，甚至直接反映着这家饭店的综合管理水平。

防火、防霉、防虫措施，食品安全措施，保质期内食品的管理，废弃物品的管理，出入库验收流程，现场管理措施……我们经常说通过现象看本质，通过一个点能看到一个面。通过库房上千种物资的管理，可以直接反映饭店人、财、物管理的综合水平。

1 库管员岗位职责看板

在较大一些的餐饮企业，库房需要保管员、验货员、记账员、收货员、主管等。而在较小的餐饮企业，库管可能也就是一个人，但仍然要完成收货、验收、开票、保管、记账等基本工作。

库管员岗位职责

【岗位名称】库管员

【隶属部门】财务部

【直接上级】财务经理

【直接下级】无

【可轮换岗位】采购员

【职务说明】在财务经理的带领下做好物品管理和出入库登记工作。

【岗位职责】

1. 严格执行入库手续，填写入库登记表。

2. 入库的物料和成品应堆放整齐，杜绝不安全因素，并配备物料卡，标示清楚。

3. 检查核对领用物料的单据，确认无误后方可发货，发货后登记相关账卡。

4. 坚持日清月结，凭单下账，不跨月记账，按时上交报表，做到账、物、卡一致。

5. 做好日常盘点和月末盘点工作，避免断货、积压的情况发生。

6. 做好防火、防盗、防爆工作，保持库内清洁、整齐、空气流通。

7. 严格遵守店内规章制度。

8. 妥善保管好原始凭证、账本以及各类文件，要保守商业秘密，不得擅自将各种账表带出店外。

图 5-4

【岗位技能】

1. 物品盘点（见图 5-4）。
2. 各种账务、物料数量的核算。

【任职条件】

1. 具有强烈的责任心和事业心。
2. 熟悉仓储知识以及实操技能。
3. 熟悉各类账务核算以及物料出入库流程。
4. 遵守店内的各项规章制度，具有 3 年以上工作经验。
5. 身体健康，精力充沛，做事踏实、细心。

物料出入库流程单

库房入库单（见表 5-6a）也称收货单，即库房在收到物料时，给送货人开具的凭证。出库单（见表 5-6b）也称领货单、领料单，是出货时领货人给库管员留下的领用凭证。除了入库单、收货单，物料直入单（见表 5-6c）也是库房常用单据。

表 5-6a　入库单

库房收货凭证							
收货时间		年　　月　　日　　时				收货人	
货物名称	验收数量	单位/规格	单价	金额	使用部门	备注	
合计金额	大写：			小写：			
送货单位：					送货人：		
使用部门质检签字（盖章）： 数量/重量核对负责人签字： 价格核对负责人签字： 批准付款日期：							
入库单共三联。第一联财务部留存，第二联库管留存，第三联送货人留存。							

表 5-6b　出库单

库房出货凭证（领物/料单）							
出货时间		年　月　日　时			领货人		
货物名称	单位/规格	实领数量	使用部门	单价	小计	备注
合计金额	大写：			小写：		

使用部门负责人签字：
领货/料人签字：
库管员签字：

出库单共三联。第一联财务部留存，第二联库管留存，第三联领货部门留存。

表 5-6c　直入单

物料直入前厅/厨房单						
进货时间		年　月　日　时			使用部门	
货物名称	单位/规格	实际数量	单价	小计	备注
合计金额	大写：			小写：	

使用部门质检签字：
使用部门负责人签字：
采购员/送货人签字：

直入单共三联。第一联财务部留存，第二联库管留存，第三联采购员/送货人留存。

食品保质期警戒通知单

食品保质期警戒通知单（见表 5-7）是在常温下有效保存食品及原材料的保障。豆瓣酱、酱油、生抽、米酒、腐竹、菌类、豆腐乳、皮蛋、奶制品、饮料等都有不同的保质期，如果库管员不能有效掌握食品保质期和使用频率，就可能造成食物过

期变质,不仅浪费资产,还有可能引起食物中毒事件。

表5-7 食品保质期警戒通知单

食品保质期警戒通知单				时间: 年 月 日 时	
通知部门		部门负责人		紧急级别	红 橙 黄
物料名称	同批数量	进货时间	有效期止	预计使用期限	建议措施
豆腐乳	3箱/72瓶	2010.2.19	2011.8.19	5星期	
信息填写人:_____			一式两联。一联库管员留存,一联通知部门留存。		

库存清单月汇总报表

每月一次的库存盘点(见表5-8)是饭店经营活动中必不可少的一项工作。一方面可以让经营者了解饭店的库存情况,另一方面根据库房入库单和出库单的汇总结算,对库房进行数据核对是财务工作非常重要的监管措施之一。

没有库存盘点制度的饭店,在管理上无疑是有漏洞的,也经常会因此导致资产的流失。有一家饭店曾出现每天用100斤盐的怪现象,有一家火锅店冷库的肉半年少了两吨多,还有一家生意特别好的饭店豆瓣酱都能积压两年不用……餐饮业类似的事情数不胜数。这显然都是因为没有盘点制度造成的。

库存多少不知道,每个月用多少不知道,反正厨师说没了,采购就买,买来就入库。库管看见没了,就报采购计划……所有人都是糊里糊涂,得过且过。看似一切正常的企业,却不知每个部门都在过着"流金"岁月。

表5-8 月库存汇总表

月库存汇总表					盘点时间: 年 月 日		
物料名称	区位货号	单位规格	库存数量	单价	小计	备注
合计	大写:				小写:	

季度"红牌"清理策略

足球场上使用的黄牌和红牌，相信我们每一个人都清楚是什么意思。这同样可以运用到库房管理中。当一种物料在库房闲置一个月而没有使用的话，说明这种物料可能对饭店的经营已经不起作用了，是不是应该给它发一张黄牌呢？那么，如果三个月之内这种物料仍然没有任何用途，可以肯定地说，这种物料应该给它红牌了（见图5-5）。

也就是说，饭店的库房应该至少三个月进行一次废旧资产清理行动。

"红牌"在可视化管理中有两个用途：一是代表有问题，需要改善；二是代表这个物料已经三个月没有任何用途了（一个月没有使用的贴黄色牌，两个月没有使用的贴橙色牌，三个月没有使用的贴红色牌），可以处理掉了。

另外，库管部对每一种物料都规定了最低存量，如果某些物料低于这个存量时，库管员要按照要求及时向采购部提交采购单，进行计划采购。在本章第一节的内容中，我们在讲到采购计划时曾提到了"最低存量请购单"，具体内容可参考本章第一节"最低存量采购计划"，在此就不一一赘述了。

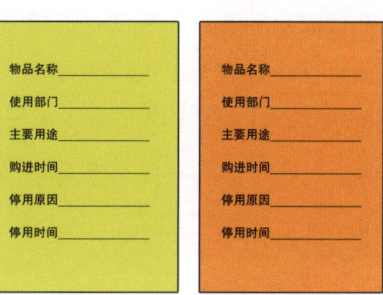

图 5-5

❷ 库存物料分类管理

库房按照物料的用途和特性可分为酒水饮品库、管家部前厅用品库、厨房物料用品设备库、冷库、危险品库五大类。酒水饮品库、冷库、危险品库一般都是单独设立，但有些储存量较小的餐饮企业也会合并使用，只是在库房做分区管理。

管家部前厅用品库将在本书第六章第一节进行专门讲解，在此仅对其他4类库房予以说明。

冷库管理区别对待

冷库分为冷藏库和冷冻库两种。

冷藏库一般用于存放三天之内使用的、需要保鲜的食品原料,以及定期内使用的肉类和海鲜等。在管理冷藏库时需要注意以下事项:

① 所有入库物料都要放在货架上,不得放在地上;

② 冷藏食品不要接触水和冰;

③ 确保库房温度,定期检查;

④ 确保库房卫生,定期打扫;

⑤ 所有入库物料要入库跟牌,标示清楚物料属性;

⑥ 做好所有入库、出库物料的登记和单据管理;

⑦ 熟食品在入库时要存放在带盖容器内,并标示清楚入库时间;

⑧ 气味浓的食品或原料要单独隔离存放在容器内,防止串味;

⑨ 固定开放时间,非开放时间应锁好门;

⑩ 工作人员不得在冷藏库内久留。

冷冻库是将集中购进来的畜肉、家禽、水产等控制在 $-23 \sim -18$℃范围内冷冻储存,需要时分批取出,放于冷藏库消冻后使用。管理冷冻库时需要注意以下6个事项:

① 冷冻库的温度确保在 $-23 \sim -18$℃范围之内;

② 所有入库后的冷冻食品遵照"先存先取"的原则;

③ 所有入库物料不要接触地面或靠墙摆放;

④ 定人定期检查保养,确保冷库设备运作正常;

⑤ 所有入库物料要入库跟牌(见表5-9),标示清楚物料属性;

⑥ 固定开放时间(见表5-10),非开放时间应锁好门。

表5-9 物品入库跟牌

物品入库跟牌				入库时间:	
物料名称	数量/重量	部门档口		入库人	备注

表 5–10 冷库开放时间

冷藏库开放时间（每天开放三次）	
早上 9：00	采购回来的菜品先取出厨房上午需要使用的，其余的入库 厨房取出上午需要使用的其他物料
下午 16：30	厨房取出下午需要使用的物料
晚上 21：00	厨房整理当天使用以及剩余物料，登记入库
冷冻库开放时间（每天开放一次）	
早上 9：00	厨房取出当天需要使用的物料
其他时间	购进大批物料需要入库时

作为库管人员，对于各类物料的冷藏温度（见表 5–11）、冷冻储藏期（见表 5–12）必须了如指掌，才能有效避免出现食物变质、超期储藏等问题。

表 5–11 各类物料冷藏温度

物料类别	储藏温度
新鲜肉类、禽类	0~2℃
新鲜水产品	−1~1℃
鲜果蔬	2~7℃
奶制品	3~8℃
普通冷藏物料	1~4℃

表 5–12 各类物料冷冻储藏期

物料类别	最长储藏期
猪肉	6 个月
牛羊肉	6~9 个月
香肠、鱼类	1~3 个月
禽类	6~12 个月
水产品	3~6 个月

常温食品的贮藏

库房常温下贮藏的食品包括罐头类、米面类、干果类、粮油类、酱汁类、调料类等。这些物料应储存在 10~24℃左右，通风良好，且能够防止鼠虫孳生的环境下。具体注意事项如下：

1. 库房要合理分区，装置货架，物料不接触地面、墙面，整齐且有间隙地存放在货架上，易于通风防潮；
2. 零散物料要盛放在容器盒内，并加以跟牌标注；
3. 根据物料的体积和重量分类放置，大的、重的放在下面，小的、轻的放在上面；
4. 常用的放在离门口近的区域，不常用的放在离门口较远的区域；
5. 所有食品类物料都要执行"先入库先发放使用"的原则；
6. 有保质期的食品，要用"保质期倒计时提示卡"予以特别标注；
7. 非领料时间，拒绝其他人进入库房。

饮品库重点对象要关注

饮品库往往和吧台设立在一起，便于拿取和销售。我们也经常看到许多饭店不设立饮品库，而是直接将饮品堆放在吧台附近。当然这和目前酒水供应商送货方便快捷有关系。在大城市一般两三天送一次货，小城市则可以天天送或者随时送，既不会压货也不会断货。

然而，对于比较高档或者比较贵的酒水，饭店往往是较长时间才采购一次。这类酒水是饮品库的重点保存对象，一方面要防止破损，另一方面要防止混入假冒品。

还有的饭店为顾客提供"存酒服务"。既然有了这项服务，那就要做好，否则就是给自己找麻烦。半瓶酒水的管理由此也成了饮品库管理的重点，一定要杜绝类似"找不到顾客的存酒"、"存酒的分量有争议"、"开瓶后酒水变质"的现象发生。（存酒服务可参阅本书第三章相关内容）

设备和家私定期精简

库房存放的设备主要包括备用餐具、备用工具、电器设备、备用餐桌和餐椅、装饰装点工艺品等。据我所知，很多饭店长期存放大量的餐具、用具，有的饭店开业时贮存的餐具，开业三年了还没有用完，反而增添了越来越多新的备用餐具；还有的饭店库房存放着大量的残缺餐具、用具,不知是等待修理,还是暂存库房,库管员也不知道该怎么处理,只能堆放在那里。

这类物料虽然没有保质期,但毕竟占成本,影响利润收入。所以,库管员对这些设备、家私要经常整理,使用红牌战略,让库房设备精简到最佳状态。

可燃品及危险品的安全管理

餐饮行业库房里的可燃品主要是火柴和打火机,危险品则包括液体酒精、固体酒精、液化气罐等。库管员在保存这类物品时,需严格按照以下要求执行:

1. 火柴、打火机与酒精、液化气切不可放在同一库内;
2. 固体酒精、液体酒精、液化气要设立专业库房,且分类摆放;
3. 设立专门的管理人员负责入库和出库;
4. 库房内及附近要杜绝火源,任何人不可以把打火机和火柴带进酒精、液化气库房内;
5. 库房要摆放灭火器材,且库管员能够熟练操作和使用。

❸ 库房物料合理存放

库房物料分类管理、合理存放代表着餐饮企业的综合管理水平。要达到此水平,"六大方法"一定要遵循,即:分区分类,合理规划;安家定位,登记造册;立牌立卡,倒计保质;高低限量,控制调配;五五摆放,定期盘点;红牌提示,有效贮存。

分区分类,合理规划

无论是冷库、常温库,还是家私设备库、危险品库、饮品库,都要合理规划,按照物料的大小、体积、重量以及常用或不常用分类上架,并绘制分区平面图(见图5-6)。这样,即使是一个不熟悉库房的员工,也能在很短的时间内轻松找到所需要的物料。

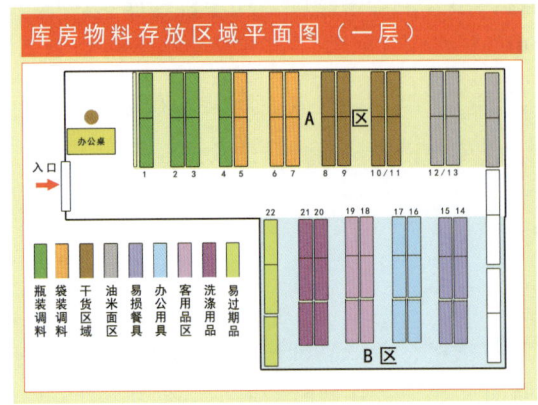
图 5-6a

图 5-6b

安家定位，登记造册

安家定位就是把每一种物料都锁定位置。其中一个简单便捷的方法就是采用"四号定位"法，即区位号＋架号＋层号＋位号，四者统一编号（见表5-13）。通过四号定位法，登记造册，让每一种物料都有自己的编号，有自己的身份。

表5-13　物料存放登记本

使用部门	物料名称	存放位置及编号 区域＋货架号＋层号＋位号	备注
中厨	生抽	A020305	李锦记
	豆腐乳	B220102	老干妈
	花生油	C330205	金龙鱼
……			

立牌立卡，倒计保质

对所有进入库房的物料，都要建立存货标签，注明名称、编号、入库日期、保质期、使用情况等信息（见图5-7），让所有物料都处于被监控状态。

对于物料保质期的掌控，是库管员非常重要的一项工作职责。库管员要及时清理即将到期或超期的食品，避免出现各种食物中毒事件。

图 5-7a　　　　　　　　　　　图 5-7b

高低限量，控制调配

由于保质期以及库房面积所限，因此，很多人都认为库存的商品越少越好，但是，由于各种物料都有不同的进货周期和使用周期，所以各种物料的数量控制并不能一概而论。对于库管员来说，通过控制最高存量和最低存量（见图5-8）来进行调配是最有效的方式。

图 5-8a

图 5-8b

五五摆放，定期盘点

根据物品的性质和形状，一般以"五"为计量基数摆放物料。长、宽、高都以"五"为计算单位，这样除了能使库房物品摆放整齐美观，最重要的是清点方便（见图 5-9）。当然并非所有的物料都可以使用这种方式处理，要灵活掌握。

图 5-9a

图 5-9b

图 5-9c

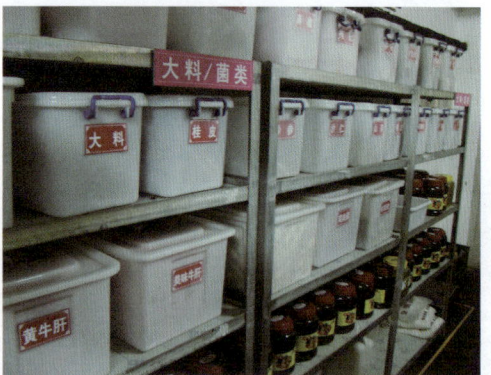

图 5-9d

红牌提示，有效贮存

我们在前面讲过，当一种物料在库房闲置一个月而没有任何用途的话，说明这种物料对饭店的经营已经不起作用了，应该给它发一张黄牌。如果三个月之内这种物料仍然没有任何用途，基本上可以说明这种物料应该被清理掉了（见图 5-10）。

这是企业废旧资产清理最有效的方法之一。

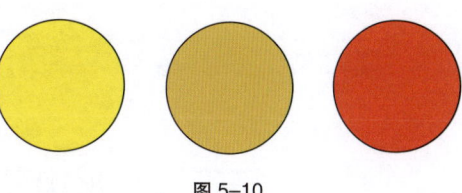

图 5-10

4 库房安全问题预防及改善措施

提到安全，很多人都简单地理解为消防安全。其实，库房管理的安全防范除了防火，还有防潮、防盗、防虫、防霉、防混淆、防拿错、防过期等。

库房安全问题预防措施

在库房安全问题上，库管要时刻留心，未雨绸缪，防患于未然。比如，要配置灭火器，不在库房吸烟或用火，易燃品和危险品分库隔离等；注意所有物料不可就地存放，必须放在货架上，离地面 15 厘米以上；物料使用的顺序必须遵循先进先出的原则；使用干燥剂等。

库房的安全工作要根据库房存放的物料类型来制定，并严格执行，相互监督，才能真正起到安全防范的作用。

库房问题改善看板

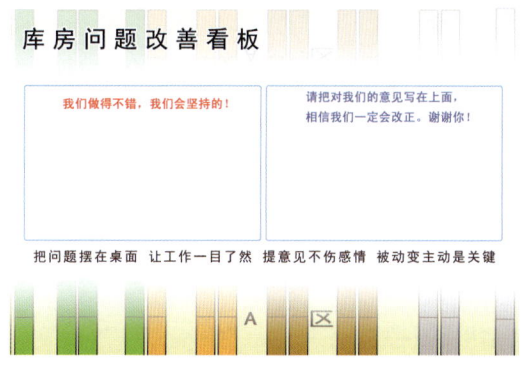

图 5-11

库管部是为厨房和前厅服务的。按照"二线为一线服务，后勤为前厅服务，上一环节为下一环节服务"的原则，库管部应该经常征求前厅和厨房人员对库管工作的意见和建议，不断改善工作（见图 5-11），确保一线员工和顾客的需求得到满足。

第三节 水电工重点非维修，而是维护

一台看似运转正常的设备，在运行期间没有人能预测出它什么时候会发生故障。我们能做的只有定期保养，尽可能确保设备正常工作，减少故障发生的概率。这也是后勤部门必修的功课。

对于饭店工程部的员工来讲，他们要做的正是这样一项工作。饭店也正像一台机器一样，需要定期保养，最大限度减少事故的发生。所以说，工程部人员的工作更多的应该是维护、保养，而非维修。

❶ 水电工岗位职责看板

饭店工程部的员工主要分为水工和电工两类。水电工一定要严格执行安全操作规程，确保人身财产安全。

水工岗位职责

【岗位名称】水工

【隶属部门】工程部

【直接上级】工程部经理

【直接下级】无

【可轮换岗位】库管、采购

【职务说明】在工程部经理的带领下做好店面用水系统和管道的维护工作。

【岗位职责】

1. 严格按照工作程序，及时、准确地清除各种故障。

2. 负责单店给排水系统管道、用水设备及其辅件的定期清理与保养。

3. 定期对前厅和厨房进行检查。

4. 统计店面用水和天然气的能耗日报表。

5. 完成上级交办的其他工作事项。

【岗位技能】

1. 水暖系统及设备、一般水力机械、各种阀门的维修与保养。

2. 给排水系统和辅件的维修与保养。

【任职条件】

1. 有强烈的事业心和责任感，行为举止文明礼貌。

2. 熟悉给排水系统和辅件的基础知识，掌握水暖系统及各种设备的结构和功用，并具有较强的实际操作能力。

3. 有行业从业资格证，从事给排水系统设备安装、维修工作 3 年以上。

4. 身体健康，精力充沛。

电工岗位职责

【岗位名称】电工

【隶属部门】工程部

【直接上级】工程部经理

【直接下级】无

【可轮换岗位】库管、采购

【职务说明】做好店面内所有电路和电器的管理与维护。

【岗位职责】

1. 密切监视配电柜内各种仪表的显示数据，正确抄录并填好报表。

2. 积极做好电路检修工作以及突发事件的应对工作。

3. 做好电子机房和电子线路防火、防潮、防静电工作。

4. 认真保管电子设备维修专用仪器、仪表，确保仪器正常工作。

【岗位技能】

1. 各种电路的检修与维护。

2. 各类电子设备、灯具的维修。

【任职条件】

1. 有强烈的事业心和责任感。

2. 掌握各类电子设备、电路的理论知识以及实操技能。

3. 有从业资格证，具有 3 年以上工作经验。

4. 身体健康、精力充沛。

"P"牌让问题永远处于可视状态

"P"牌管理（见图 5-12a）是全员参与安全督导的一个很好的管理工具。当员工发现店内有危险或者隐患，或者设备不能正常工作时，将问题和情况填写在"P"牌上，并将"P"牌粘贴在平面图对应的位置，管理人员或者工程部人员一眼就能看到店铺哪里有问题，有什么问题，及时展开维修和维护。工程部解决完问题后，便将"P"牌取下存放。这个方法使整个店铺处在安全监控之下，随时随地排除安全隐患，是所有企业不可多得的一个好工具。

"P"牌管理的具体流程可参见图 5-12。

图 5-12a

图 5-12b

隐形系统的维护与检修

防微杜渐是工程部人员主要的工作原则。为了让隐形系统，例如给排水、给排风、电路、天然气路能够正常使用，工程部需定期进行检查，排查或排除安全隐患，确保店铺运营安全。在本书第四章我们列举了厨房工作的安全系数，同样的做法，工程部也要对店铺所有部门的安全系数进行定期测试（见表 5-14），方可确保万无一失。

表 5-14　系统维护检修表

项目	上次维护时间	安全隐患	处理结果	本次维护情况	备注	管理员签字
门头照明						
大厅灯光						
大厅排风						
洗手间						
洗餐间						
厨房排风						
厨房设备						
厨房天然气						
厨房排水						
配电室						
吧台线路						
办公室网络						
员工宿舍						
内部电话						
空调系统						
……						

给危险设备配置提示牌

对于危险设备，要设立提示牌（见图 5-13），提醒非专业人员勿操作；同时还要标注安全操作方法（见图 5-14），用以提醒专业人员规范操作。总之，无论是专业人员还是非专业人员，都要遵照各种要求，方可避免很多人为失误带来的危险或隐患。比如我们前面讲过的厨房安全事故的发生，一方面是因为没有按照规范操作，另一方面则是没有采取硬件防范措施。所以，诸如绞肉机和压面机之类的设备，一方面应该有醒目的"危险"提示标识和安全操作提示标识，一方面应该添置相应的硬件防范设施，大力提高安全系数。

图 5-13

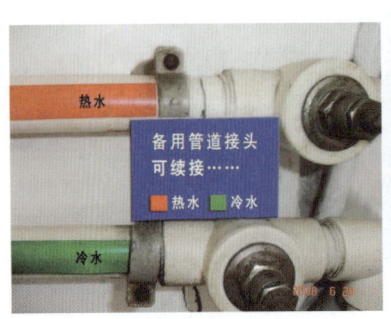
图 5-14a

图 5-14b

消防系统提示牌

火灾是饭店需要时刻警惕的危险之一。消防设备的定期检查和维修，消防标识提示牌（见图 5-15）的维护也就成了工程部可视化工作的重点之一。另外，饭店有多少灭火器，有多少消防栓，有几个疏散出口，有几个配电箱，分别在饭店的什么位置等，工程人员都要做到心中有数。

图 5-15a

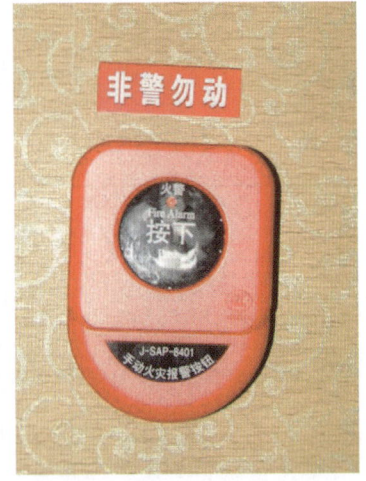
图 5-15b

工具归位

工具归位是工程人员抢修工作随时展开的保障。"形迹"可视化（见图 5-16）是确保工具归位最直接的方法。哪个工具在什么位置，哪个工具缺位，一眼就能看清楚，有利于工作的顺利开展。

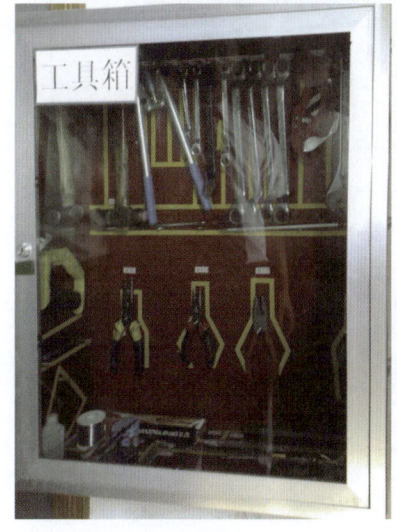

图 5-16a

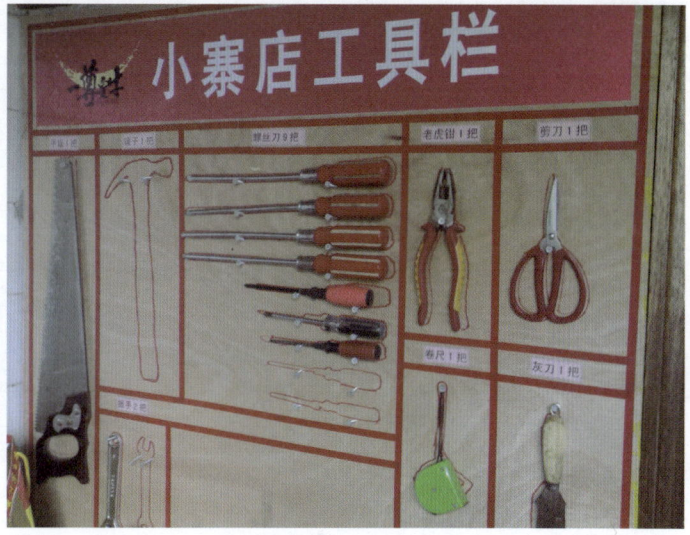

图 5-16b

❷ 工程图纸及维修资料的保存

在我经营饭店的这十多年中，经常发现有人遇到这样的情况：饭店经营 3~5 年后需要重新装修，或者根据经营产品的变化改造装修结构，然而进行二次设计时，却找不到房屋的原始资料了。由此可见，对物业装修等相关图纸的合理存放是工程部必不可少的一项工作（见表 5-15）。这有利于为工程部日常维护和紧急情况下的维修提供参照。

除了物业基础资料外，维修单位的联系资料也需要妥善保存（见表 5-16）。水系统出了问题应该找谁？电系统出了问题应该找谁？气系统出了问题应该找谁？排污、建筑主体、电梯、停车场、灯饰、广告牌、装饰、安保系统、厨房设备……任何一项物业项目或者任何一个设备出了问题，都应该知道找谁维修，确保在最短时间恢复正常工作，减少店铺损失。

表 5-15　工程部图纸存根明细

序号	图纸名称	有无	更新/更改
1	原始建筑测量图		
2	平面设计图		
3	施工监工图		
4	建筑改造图		
5	楼层平面图		
6	功能分布图		
7	配电系统电路图		
8	空调走线系统图		
9	给排水分布图		
10	给排风分布图		
11	电源插座分布图		
12	天花板吊顶施工图		
13	消防设施器材分布图		
14	消防逃生图		
15	……		

表 5-16　系统维修联络表

系统及设备	原始安装单位及供应单位	联络人	合作维修单位	联络人
水系统		××× 139××× ×4625		××× 139××× ×4625
电系统				
天然气系统				

· 254 ·

（续）

系统及设备	原始安装单位及供应单位	联络人	合作维修单位	联络人
安保系统				
网络系统				
门头广告系统				
厨房设备				
前厅灯饰				
……				

可视化推广指导第五步：

明晰可视化管理的九大功能

可视化的执行理念是可视、审视、透视。简言之就是让我们的管理透明化，让所有问题暴露在我们眼下。在推广的过程中，我们根据不同的内容采用不同的线条和颜色，让工作现场看上去非常有序。各档员工看到一个个的规范呈现在眼前时，自己每天的任务和目标就很明确了，努力的方向也就明确了，我们的管理工作也会相对变得更简单一些。在这样的环境下，员工的积极性和主动性大大提高了，产品质量和服务质量都得到了保障，企业效益水涨船高。除此之外，更重要的是可视化让我们的员工一个个都成为师傅，为传帮带新员工掌握了非常好的方法，复制了大量的一线人才，为企业的可持续发展奠定了坚实的人才基础。

如果总结可视化的好处，可以归纳为以下9点：

1. 它让我们的饭店更美观，增加员工对工作环境的喜爱度。
2. 它让我们的工作管理更简单，让员工更容易上手。
3. 它让我们的员工知道自己每天的工作目标，有的放矢。
4. 它使我们对成本的控制更有效，增加利润空间。
5. 它让我们的员工更有时间观念，工作效率大幅提升。
6. 它让我们的工作环境更安全，让员工和顾客更安心。
7. 它让我们的产品更有保障，增强饭店的持久力。
8. 它可以提升我们的服务质量，增加顾客回头率。
9. 它可以复制更多的人才，加快企业的发展速度。

可视化管理就是让管理者及员工有效掌握企业信息，实现管理上的透明化与可视化，这种管理效果可以渗透到企业人力资源、供应链、客户管理、成本管理、设备管理、安全管理、现场管理、物料管理、质量管理等各个环节。其目的是创建"一眼纵观全局"的效果，使整个状态一目了然，进而为提升企业管理水平做出重要贡献。

第六章

管家部可视化管理

  各个饭店都有不同的部门划分和分工，在酒店管理中，管家部是指高等级的客房服务，也被称为贴身服务。本书将管家部与员工生活列为一个章节，意在强调管家部的工作以服务员工为主。也就是说管家部一方面要做好店堂的清洁工作，另一方面要做好员工生活的服务工作。

第一节　保洁更要讲"专业"

在管理饭店的过程中，我们经常会发现这样一个问题，那就是为什么保洁公司的保洁工作要比我们的员工做得细、做得快、做得好呢？双方担任这一项工作的员工基本上都是 45~55 岁左右的大姐，到底差距在哪里呢？

说到底，还是"专业"两个字。我们缺少的是专业的培训、专业的工具，以及专业的用品。

保洁部是饭店的一个重要组成部分，不能忽视对这个团队的管理和培训。很多人认为只要是个正常的人就可以打扫卫生，没什么可学的。殊不知正是这样的思想导致饭店存在着一个又一个的卫生死角。

❶ 保洁部岗位职责看板

保洁人员在打扫卫生时，大致应该按照从大到小、从里到外、从角落到中央的顺序进行。在进行清洁工作之前，相关人员应该先明确以下内容：

① 清洁对象——明确清洁范围，包括车场、大厅、包间、厨房、卫生间等；
② 清洁责任人——小组、责任人；
③ 清洁时间——工作时间表、交接班；
④ 使用工具——拖把、扫帚、吸尘器、清洁剂、抛光机、打蜡机等；
⑤ 清洁标准——制定区域工作标准，并加以培训；
⑥ 清洁方法——清洁工具的使用方法。

保洁部六大工作区

保洁员的工作区域分为就餐区、洗碗间、卫生间、厨房、停车场和排污区、员工生活区 6 个部分。

(1) 就餐区的清洁工作主要包括：

① 迎宾厅及就餐大厅餐前地板清洁、抛光、打蜡等工作。

② 上客期间的地面维护、清洁。快速处理溅有汤汁的地面和打破的餐具，并帮助服务人员做好顾客的区域引导工作。

③ 下班后包间地毯的清洁、风干、修补等工作（见图6-1）。

图 6-1

④ 协助做好布草的收发、酒瓶的回收等工作。

(2) 清洗区的清洁工作主要包括：

① 餐具的清洗与消毒。

② 洗碗间地面水迹的清洁工作。

③ 整理洗碗间的工具。

(3) 卫生间的清洁工作主要包括：

① 卫生清洁。

② 清除异味。

③ 保障客用品。

④ 维护客用设备（见图6-2）。

图 6-2a

图 6-2b

(4) 厨房清洁工作主要包括：

① 排风口、油烟机清理。

② 下水道、明沟清理。

③ 垃圾桶、废弃物暂存容器清理。

④ 炉灶、水池清理（见图6-3）。

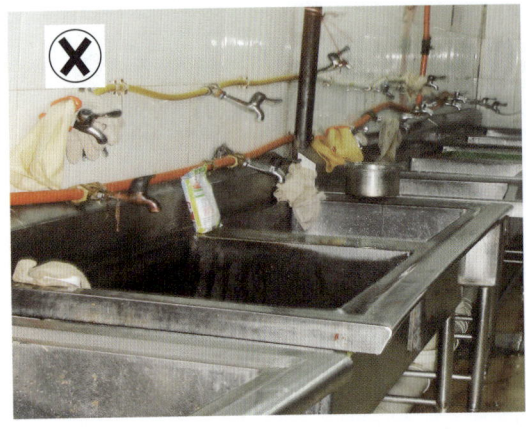 

图6-3a　　　　　　　　　　　　图6-3b

(5) 停车场及排污区清洁工作主要包括：

① 清洁车场、门头、大玻璃外立面。

② 定期清洗广告牌。

③ 每天清洗排污区及垃圾桶（见图6-4）。

图6-4a　　　　　　　　　　　　图6-4b

图 6-4c

图 6-4d

（6）员工生活区清洁工作主要包括：

① 清洗员工宿舍。

② 清洗员工床单。

③ 清洗活动室。

④ 清洗员工厕所。

⑤ 清洗更衣室。

保洁人员工作时间表

由于保洁范围内每个区域的交接班时间不一致，所以保洁人员要按照工作时间表（见表6-1）合理安排清洁工作，避免打搅客人用餐或者员工休息。

表 6-1　清洁工作时间表

工作小组	主要区域	工作时间及工作内容
就餐区	迎宾厅、大厅、顾客候餐休息区、过道、包间	9：00~11：00 地板清洁、打蜡
		11：00~14：30 餐中保持
		14：30~17：00 值班保持
		17：00~21：00 餐中保持
		22：00 地毯清洁
清洗区	洗碗间	12：30~17：00 午餐餐具清洁
		19：00~22：00 晚餐餐具清洁

(续)

工作小组	主要区域	工作时间及工作内容
卫生间	客用洗手间、员工洗手间	9：00~11：00 彻底清洁
		11：00~14：30 餐中保持
		14：30~17：00 值班保持
		17：00~21：00 餐中保持
		22：00 收尾清洁
厨房	厨房各档口	15：00~16：00 垃圾清洁、工作台整理
		22：00 整体清洁
停车场及排污区	车场、垃圾回收站	9：00~10：00 车场及垃圾场清洁
		15：00 车场及垃圾场值班清洁
员工生活区	职工餐厅、更衣室、活动室、员工宿舍	10：00~11：00 员工宿舍、活动室、更衣室、职工餐厅清洁
		15：00 员工饭店清洁

❷ 保洁工具要确保保洁效果

饭店清洁是一个长期且重复性高的工作。保洁员如果抱有"将就"的思想，久而久之饭店就会出现地面粘脚，异味大等现象，给顾客造成非常不好的印象，甚至导致顾客因反感就餐环境而拒绝来店就餐。保洁工作的重要性由此可见一斑。

俗话说"磨刀不误砍柴工"，保洁人员只有充分了解了各种保洁工具（见图6-5）及其用途（见表6-2），才能正确加以使用，确保饭店干净、整洁。

图 6-5a

图 6-5b

表 6-2　保洁工具的用途

序号	工具	用途
1	刀片	清除硬质表面的多余物料
2	静电拖	清除蜡面的污渍
3	水桶	装水或清洁剂
4	撮子	装垃圾
5	扫帚	清洁垃圾
6	百洁布	清除一般污渍
7	胶皮手套	用于清洁工作，防止酸性液体腐蚀皮肤
8	刷子	清除墙边角的污渍
9	镜布	擦拭镜子、玻璃餐具
10	拖布	清洁地面
11	玻璃刮	清洁玻璃
12	铲刀	清除多余的水泥质及胶质
13	榨水器	压榨地拖中的水分
14	垃圾袋/垃圾桶	装垃圾
15	湿地牌	提示路人"小心地滑"，绕道而行
16	马桶刷	清洁马桶
17	钢丝棉	清洁顽渍及蜡渍
18	喷壶	喷清洁液
19	水鞋	清洁湿滑地面时使用
20	马连根刷	除地面顽渍
21	抹布	擦拭物体表面
22	废床单	保护清洁过的地面
23	水推	推干地面多余水分
24	抛光器	用于边角及小台面的抛光
25	海绵块	清壁纸、浴盆、浴缸用
26	清洁桶	装水或清洁剂
27	水瓢	配制清洁剂
28	胶皮管	用于浇水
29	加长接线板	用于延长线路
30	地拖	用于拖地

饭店可视化管理操作实务

除了简单易用的保洁工具，如扫帚、抹布、拖把外，对于一些具有使用难度和使用技巧的保洁工具，饭店管理者要对保洁人员及时培训和指导（见图6-6），在提高保洁效率的同时，可避免因操作不当等带来的危险或损失。

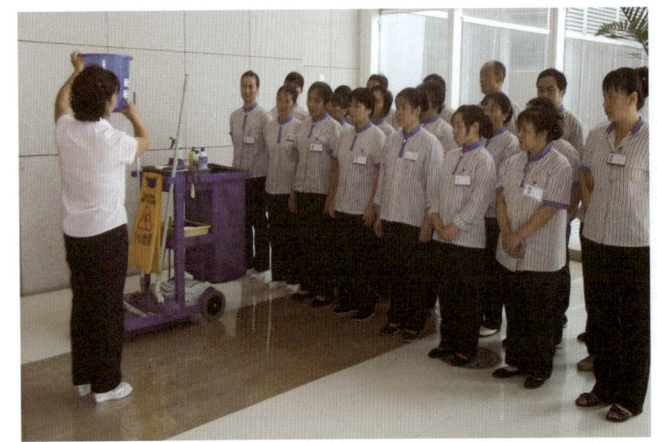

图6-6a

图6-6b

阅读链接：部分保洁工具的使用方法

1. 推尘器

推尘器又称为万向地推，主要用于光滑地面的清洁与保养，可以带走地面上的尘土、沙砾等，以减轻磨损。为了使推尘效果更好，需要蘸上一些吸尘剂，或者选用可产生静电的合成纤维制作的推尘头。推尘头要经常换洗，以保证清洁效果，延长使用寿命。

2. 擦地吸尘吸水机

这种擦地吸水机装有双马达，集喷、擦、吸于一身，可将擦洗地面的工作一步完成，适用于大厅、走廊等大面积的地方。

3. 洗地毯机

饭店用于清洗地毯的机器主要是转刷式干泡洗地毯机。使用前只要按要求用温水把按一定的比例配置的起泡式地毯香波装入容器内即可。需要注意的是，洗地毯前要将地毯彻底吸尘及去渍，洗完后先用吸水机把地毯吸干或等地毯自然变干后再用吸尘器清洁一遍，这样可以将洗出的蓬松污垢吸干净。对不是很脏的地毯来说，这种方法清洗效果非常好，而且对地毯损伤较小。

4. 刮水器

又被称为玻璃刮，有清洁墙面与地面的作用。刮水器通常用于刮去平滑物体表面的水而不留下水迹，根据工作要求可选用不同宽度的刮头和不同长度的手柄。

使用刮水器应按从上到下、左右有序的原则进行，而且要经常用抹布擦去刮条上多余的水分。

5. 高压喷水机

这种机器通常有冷热水两种设计，使用时可加入清洁剂，主要用于垃圾房、外墙、停车场等处的冲洗工作。附有加热器的喷水机水温可高达沸点以上，适合于清除有油脂的场所和屋内边角。

6. 吸尘器

吸尘之前要除去地面上的针尖、图钉等尖锐的物品，否则会损伤尘袋或吸头、吸管等。应注意防潮，使用过后一定要按规定进行清洁保养。

吸尘器使用注意事项：

① 使用前检查机械是否正常；
② 有水分的地面不可吸尘；
③ 正在燃烧的烟头不可吸入；
④ 大团垃圾不可吸入，如大团纸等；
⑤ 大块的硬物不可以吸，如铁钉、牙签、大头针等；
⑥ 不可把电线绞到滚刷中；
⑦ 带载情况下不可工作；
⑧ 发现有异声、异味时立即关机；
⑨ 不可用喉管、电线牵拉吸尘器；
⑩ 吸大理石地面灰尘要打开吸扒上的刷毛。

3 保洁安全守则20点

保洁员对饭店的每一个角落都要进行清扫，爬高下低，整天与水打交道，稍有不慎就有可能滑倒摔伤。加强保洁员的安全意识就显得尤为重要。

保洁员在工作中需要注意以下事项：

(1) 留意是否有异常情况，如有发现立即向主管报告。

(2) 高处拿取物品必须使用梯架。

(3) 如工作地有湿滑或油污应立即抹去，以防滑倒。

(4) 不要用损坏的器具，以免发生危险。

(5) 发现用具出现损坏时不可私自修理。

(6) 发现有不稳的台椅尽快报修。

(7) 公共区域的走廊或楼梯如照明度不足需立即向上级汇报，免生危险。

(8) 在过道处放置吸尘机、洗地机等需尽量靠角落放置，留意有无电线绊脚的可能性。

(9) 发现玻璃镜子破裂，马上向上级报告，立即更换，未及时更换的也须用强力胶纸贴上，防有坠下的危险。

(10) 清洗地面和地毯时留意是否弄湿插头、电掣，小心触电。

(11) 发现家具或地毯上有尖钉，马上拔去，以防刺伤自己或他人。

(12) 高空抹窗或地板打蜡，必须放警示牌，提醒路人注意安全。

(13) 员工制服裤不要太长，以免绊脚。

(14) 使用腐蚀性液体时要提前做好防护措施。

(15) 不可把手伸进垃圾桶或垃圾袋内，以防碎玻璃、刀片刺伤手部。

(16) 鞋底过于平滑时必须更换。

(17) 尽量将笨重的物品放置在较低的位置。

(18) 清理碎玻璃或碎瓷片时需用扫帚、垃圾铲清除，勿用手。

(19) 开关门时必须手按门锁手柄，勿用手按门旁位置。

(20) 手湿时切勿接触电器。

第二节　善待员工，就是善待顾客

没有感觉到被公司重视的员工是不会重视顾客的。我们讲企业要遵循"顾客第一"的文化理念，得不到顾客认同的企业是不会长久的。员工恰恰是企业的第一顾客，也被称为内部顾客。

员工不是长工，他们和顾客一样，和企业也是一种合作关系。既然是合作，就是双向的。企业可以通过"价格定位"选择自己的顾客群，顾客也可以选择自己喜欢的饭店。员工也是一样，和企业是一种相互信任、相互依赖的双向选择关系。这种选择犹如顾客在商店买东西一样，只要有一次买到假货，这种依赖就会被打破，商店就会失去这位顾客。

所以说，企业善待员工就是善待顾客。因为内部顾客的反应会直接传递给外部顾客。

❶ 管住双手，最好解放大脑

管理员工有三个境界。

最低层次的管理是用员工的双手工作。这种管理让员工认为自己是在为老板干活，老板让干什么就干什么。

其次是用员工的大脑工作。这种管理会让员工认为是在为自己干活，从"要我干"主动变为"我要干"。

最高层次的管理是用员工的灵魂工作。让员工认为自己是在与老板共同为顾客工作，顾客需要什么就做什么。因为顾客才是企业的灵魂，没有了顾客就没有了企业，当然也就没有了员工。

所以，要管理好员工的双手，首先要解放员工的大脑。唯有让员工觉得自己是在和企业共同做一件有意义的事情，最终实现的是共赢，才会爆发出持续的能量。

因此，如果企业老板觉得自己需要什么，首先就应该考虑员工需要什么。

做好员工的后勤保障工作，不要让员工天天为吃饭、住宿、安全而担忧。这是人最低层次的基本需求，如果我们连这些都不能满足，员工必然会选择离开。

我曾针对一千多名员工做过调查，发现他们离开原单位最直接的原因，排在第一位的就是吃的、住的不好。第二是直接领导处理问题不公平，对自己有成见，对自己的发展设置了天花板。第三是各种待遇和招聘时的承诺不符，企业没有信誉。

由此可以看出，做好员工吃饭、穿衣、住宿等后勤保障工作是留住员工的第一件事情。后勤保障工作其实质就是为员工更好地开展顾客服务工作做保障，是服务顾客的基础，也是为员工营造轻松快乐的工作环境的基础。

合理管理职工饭店

吃饭是人的第一生存需求。随着社会经济的不断发展，大家对吃饭的要求越来越高。集体伙食虽然不能和自己家里的相比较，但如果太差也无法满足员工的基本

图 6-7a　　　　　　　　　图 6-7b

图 6-7c　　　　　　　　　图 6-7d

需求。因此，饭店要合理安排"一周食谱"，不要让员工因"吃不好"、"吃不饱"而影响工作。

合理管理职工餐厅，还要对员工就餐的环境和气氛进行装点。吃饭时间是员工放松的时候，相互之间开一些玩笑，放松一下神经是必然的。然而，我曾到一家大型餐饮公司做指导，和公司的店长一起在职工餐厅吃饭时，我发现他们的员工在吃饭的时候没有一个人说话。我问店长原因，店长告诉我，他嫌太吵，所以不让大家讲话，谁讲话，罚款10元。后来员工在和我聊天的时候，说在这里工作像是坐监狱，要不是觉得工资还可以，早就不干了。

再则就是员工餐具的管理。有很多企业的职工餐厅用的是公用餐具，吃完饭后由清洁人员统一清洗消毒。但还有很多员工用的是饭盒。如果饭盒不能有效管理，就会到处乱放，有的直接带到厨房，放到洗碗间，或者藏在备餐柜里，甚至会发生员工吃饭的时候找不到自己餐具的现象（见图6-7a、图6-7b）。这多少都会影响员工的情绪，接下来的工作效率自然不会高。所以，饭店最好让员工使用公用餐具，吃完饭后统一清洗消毒。否则，就安排专门放置餐具的地方，统一管理（见图6-7c、图6-7d）。

不要让更衣室吓跑员工

看到图6-8a和图6-8b中的负面图片，不得不让我们觉得心寒。我不知道这样的企业如何能管理好。我们经常讲"行政弱的，业务强不了"。员工生活管理成这样，不知道业务能管成什么样。

再则，物以类聚，人以群分。招进来的优秀员工，看到这样的更衣室后，我想他会扭头离开的。

图6-8a

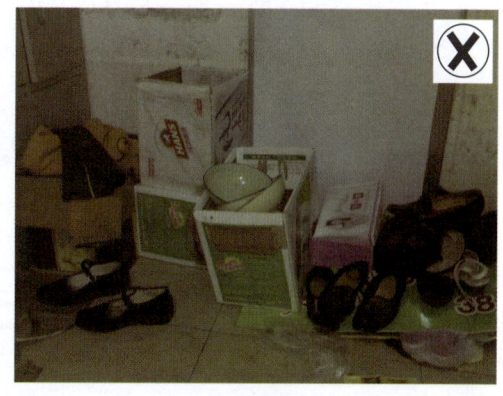

图6-8b

一个人的气质是从内往外散发的。对于生活上邋遢的人，人们是可以通过他的各种行为习惯察觉出来的。企业也一样。

员工代表企业的形象，良好的仪表仪容能给企业赢得更多的顾客。让我们从培养员工养成良好的生活习惯开始吧（见图6-9）。

图6-9a

图6-9b

宿舍管理制度

我们在家里可以随时洗澡。虽然饭店安排的住宿可能达不到这样的要求，但也有很多饭店通过给员工每星期发放一次澡票来解决这个问题。另外，许多饭店都会给员工配置电扇甚至空调。这些通过花钱就可以办到，而管理却不仅仅是钱的问题。

同样的住宿条件，如果没有良好的管理，两个星期后可能宿舍就无法落脚了（见图6-10a）。这会严重影响员工休息，以致有的员工宁愿在网吧通宵上网，都不愿意回宿舍。

有些管理特别差的宿舍还经常出现丢东西的现象，让员工对这个集体没有信任感，慢慢地就会越来越不喜欢这家企业。

而做得好的饭店，不仅为员工提供在宿舍洗澡的条件，还设立专门的吸烟区、上网区和会客区。甚至设立专人为员工打扫卫生，洗床单等。

要让员工宿舍每天都保持干净、整洁（见图6-10b、图6-10c、图6-10d），管理人员必须制定《宿舍管理制度》，并督促员工严格执行：

图 6-10a　　　　　　　　　　　图 6-10b

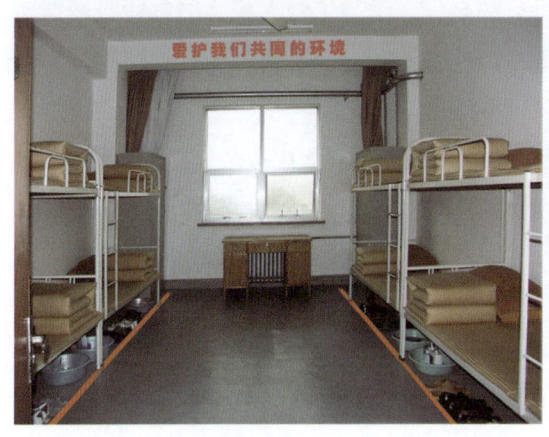

图 6-10c　　　　　　　　　　　图 6-10d

① 保持宿舍环境卫生。严禁随地吐痰，乱扔果皮纸屑、烟头。

② 宿舍内严禁大声喧哗，休息时间勿扰他人。

③ 宿舍内不得留宿非本店人员，不得在宿舍内会客。

④ 宿舍内严禁喝酒、赌博及传播不健康思想。

⑤ 宿舍内注意防火、防盗等，个人保管好个人物品，宿舍内不要放置贵重物品。

⑥ 休息时间外出要经值班人员报经理同意后，方可离开。

⑦ 宿舍内个人物品摆放整齐、被褥整齐、床面平整。

⑧ 严格执行作息时间，上午9：00集合点到，晚22：30准时熄灯。

另外，员工宿舍还要安排值日人员，保证责任到人，分工明确。宿舍值日员岗位职责具体包括：

① 每日9：00前要对宿舍开窗通气。

② 负责宿舍内地面卫生，保证地面洁净无杂物。

③ 值日员每日必须最后离开宿舍，并关闭所有电器，锁好门。

④ 值日员要负责宿舍外过道的环境卫生。

⑤ 值日员晚上 22：30 准时熄灯。

⑥ 休息时间如有人外出，值日员必须向经理请示。

⑦ 值日员两人一组，所有人轮流值班一天。

② 不组织就不叫组织

组织是对团队的另一种称呼，更是一种行为名词。作为年轻人居多的餐饮行业，如果不能有效地组织这些年轻人，员工的流动率就会增大。况且，企业应该是一所大学，让员工在企业的组织中成长，正是企业的社会责任之一。

建立学习型组织是很多企业喊在嘴边的口号，然而并不是仅仅给大家进行"填鸭式"的培训才叫学习，组织活动，比如爬山、讲故事、分享心得等，都是帮助员工成长的一种方式。

总之，组织就应该行动起来，让大家在各种碰撞中得到心灵上的成长，同时更能增强组织的凝聚力。

员工活动区

组织活动是增强团队凝聚力最有效的方法之一。饭店建立自己的活动区，但不仅仅局限于下棋、上网、打乒乓球等室内活动（见图 6-11），还可以组织拔河、爬山、演讲、郊游、书法比赛、绘画比赛、慰问员工家属等活动。

图 6-11a

图 6-11b

组织活动可以增强团队的活力,还可以在活动中发现员工平时没有机会表现出来的优势和特长。这也是帮助个人成长的又一渠道,可以增强员工的自信心。

员工看板和学习园地

设立员工看板和学习园地(见图6–12)是丰富员工交流的平台,更是企业信息传递的一个媒介。比如,好人好事、优秀员工事迹描述、优秀书画展、优秀诗歌展、活动照片展、精彩瞬间分享、幽默故事分享、月度优秀员工评选、通知、通告、新制度出台等,都可以通过员工看板和学习园地公布开来。

我在一家企业的员工园地上还看到过"道歉信"。员工或者管理者能将自己的道歉信在公告栏中贴出来,这不仅是一种勇气,更是一种态度,是团队成员相互信任的态度,是道歉者积极进取的态度。

图 6–12a

图 6–12b

我觉得,这才是企业最需要的文化园地,更是可视化管理所倡导的最高境界。

员工意见箱要名副其实

牛根生曾经说过,企业80%的矛盾和误会都来自于沟通不畅。对于管理来说,信息不畅则有可能给整个团队带来无法估量的灾难。员工的心理症结得不到疏导,或者是与管理者之间有矛盾,为了发泄自己的情绪,他们可能会故意伤害顾客或者恶意拒客,甚至是罢工。久而久之,会严重影响企业的凝聚力和战斗力。因此,了解员工的心声,使企业上下信息畅通是团队管理的关键。

管理者与员工沟通的方式有很多种,比如开会、讨论、谈心、聊天、打电话、发短信、设立员工意见箱、提交工作汇报单等。其中,设立员工意见箱(见图6–13)

就是许多企业收集信息的一种常规做法。

在此,我认为关键不是有没有设立意见箱,而是如何用好意见箱。多数企业都设立了意见箱,到最后却都成了摆设。员工的意见和建议仍然不能得到很好的传递,起不到沟通的效果。

究其原因,是因为管理者居高临下的态度,堵塞了信息传达的通道。所以,管理者只有真正将员工与自己平等对待,一视同仁,才能与员工进行有效沟通。给孩子讲话之前,请你先蹲下来,说的就是这个意思。

图 6–13a

图 6–13b

问题项目改善看板

虽然"忠言逆耳,良药苦口"这句古话我们谁都不会否认,但我认为逆耳和苦口的程度要看接受者的态度。愿意接受或不愿意接受是关键。

你和你最好的朋友在一起,对方指出你有一件事情做得不对,你也不会觉得特别逆耳。因为你愿意接受朋友给你指出缺点。或者,如果是你主动让朋友提提意见,指出自己有哪些事情需要注意和改进,

图 6–14

那么，即使朋友指出你犯过的很严重的错误，你也不会觉得逆耳。

所以，我们唯有以"开放的心态"和"修己之心"来让自己进步，才能听进去别人的意见和建议。企业里的问题改善看板（见图6-14）正是基于这样的态度而设立的。

③ 开放管理，"三心"合一

修己之心，成人之心，成事之心，"三心"合一，方可实现可视化管理。

作为管理者，首先要有一颗"修己"之心，唯有保持"让自己不断成长"的心态，才能真诚地接受他人的意见，也才能真心地改进自己的不足。其次要有一颗"成就他人"之心。如果你做决策时不能抱有让员工进步的心态和成就员工的心态，就有可能发生公报私仇的事情，伤害员工。比如你经常抓住员工的小缺点不断放大，再放大……结果就是害了员工。反之，如果你能发现员工的优点，用优势成长策略，不断地放大员工的优点，则是在帮助员工成长，也就是成就他。所以作为管理者一定要有一种"成就员工"的心态。第三是要有一颗"成事"之心。无论遇到任何事情，都要有积极的心态，不断努力，而不是只看到事情的反面，不断地给团队泼冷水。

因此，管理者只有切实做到"三心"合一，在工作中才能把事情办好，甚至变坏事为机会。

好事要办好

对于员工来说，企业给员工举办生日聚会和离职欢送会，发放奖金，提拔基层员工当领导，提供培训机会，发福利等，应该是一件好事。

然而，为什么给员工过生日，员工却没有感动，甚至有的员工在生日当天故意请假，不愿意让店里给自己过生日？

为什么不发奖金大家没意见，一发奖金团队却会有意见呢？为什么会因为发奖金的事情而导致优秀员工离职呢？

把原本很优秀的基层员工提拔成管理干部，不但没有发挥好的带头作用，反而把这位优秀员工给害了，上也不行，下也不行，最后以流失告终。

都说培训是给员工最大的福利，可是为什么员工却不愿意培训，一提起培训都

说头疼？

发福利是一件好事,为什么员工拿到福利之后,抱怨满腹?

……

众多好事没有办好,究其原因是什么呢?

原来,管理人员只是按照自己的想法,想当然地给员工做一些"好"事情,完全没有考虑到员工的感受。难怪员工不但不会感动,反而牢骚满腹。

我们说管理要以人为本,到底这个人指的是谁呢?对于企业管理来说,这个"人"指的就是我们的员工。因此,企业给员工办"好事",一定要从员工的角度考虑,只有员工认为是好事,才能把好事办好。

坏事变机会

在团队管理中,经常会有员工说管理者坏话,抱怨、发牢骚,甚至组织其他员工罢工;管理者也会相应地使用辞退和开除等管理手段予以应对。很显然,发生这样的事情会严重影响团队气氛和工作质量。

面对这些事情的时候,管理者以什么样的心态和使用什么方法处理,会直接影响到处理的结果。处理得好,坏事能变成好事。在这种冲突中,能发现有能力的人才,能够彻底化解员工和管理者之间的矛盾。反之,处理得不好,则可能让事态发展到不可收拾的地步。

但凡碰到类似的事情,管理者都要以一种积极的心态面对,时刻想着是否有机会将这一件坏事情变为好事。以这种心态和方式解决问题,事情往往会向好的方向发展。

改革要铺垫

企业在经营过程中,根据发展需要,经常会颁发新的管理制度,制定新的工作流程,或者更换店铺领导人等,这些都可以称之为企业的改革措施。然而,在这些关键时刻,团队管理也往往会出现问题。如果过渡措施不到位,可能会导致出现比较严重的团队对抗,乃至新制度流产,或新领导下岗。这些都不是我们所希望看到的。

所以,无论是推行新模式,还是颁发新制度,执行新流程,更换领导人,都要充分考虑到员工的想法,做好事前铺垫工作。

综上所述,我们可以看出,管理团队重在拥有开放的心态,以"修己之心"、"成人之心"和"成事之心"三心合一,方可与员工融为一体,增强团队的凝聚力和战斗力。

可视化推广指导第六步：

牢记可视化推广流程

可视化推广分为 12 个步骤，分别是：概念导入、分享理解、找出问题、成立小组、试点推广、现场学习、全面推广、逐个验收、交流评比、理念渗透、邀请参观、维护改进。

一、概念导入

这一阶段由可视化推广人，又被称为指导员，为全员讲解可视化的概念，分析可视化的好处，剖析可视化的九大功能、五大系统以及"七定"原则。

讲解时间不得少于 4 小时。

二、分享理解

指导员讲解完毕后，要给员工留出讨论的时间，并让员工把自己的理解讲出来与大家共同分享。通过分享，指导员可以根据员工掌握的状态适时进行可视化概念的加深和引导。

三、找出问题

员工充分理解了可视化概念以后，基本上能够结合自己的工作现状，找出工作中可以通过可视化改善和解决的项目列点。

四、成立小组

采取管理人员和员工自愿报名的方式成立可视化第一小组，选举组长、副组长、记录员以及小组生活委员；成立可视化委员会，建立委员会例会制度。

五、试点推广

选择第一试点部门进行可视化推广，其流程如下：

1. 现场可视化推广

① 组织部门全员列出部门的改善点，指导员加以补充和引导；

② 定点拍照；

③ 部门工具列单（表）；

④ 工具合理摆放与定位；

⑤ 用线条及名家卡、标签进行视觉定位；

⑥ 再次定点拍照；

⑦ 建立对照看板。

2．建立制度

① 建立执行人责任卡；

② 实行检查人制度，制定检查表；

③ 规范工作流程及细则；

④ 建立奖罚制度。

3．完善提升机制

① 建立问题改善看板；

② 设立可视化维护日。

六、现场学习

在第一个可视化试点建成之后，组织全员现场参观学习，由部门负责人讲解，部门其他成员分享学习感受，指导员现场进行辅导。

七、全面推广

向第一个试点部门学习完以后，所有部门按照试点部门推广流程进行推广。

八、逐个验收

在各个部门推广过程中，指导员随时加以指导。部门自检后，向委员会申请验收，直至合格通过。

九、交流评比

所有部门都完成后，组织各部门进行效果评比，并奖励完成出色的部门。

十、理念渗透

第一阶段叫做视觉冲击，这一阶段所有的规范都已建立。第二阶段是严格按照规范落实执行，在执行过程中要不断加深全员对可视化的理解，并以理念渗透的形式加以巩固，其具体做法有：入职宣誓、例会仪式、分享故事、层层演讲、榜样引导、案例分析、理念沟通、可视看板、问题警示、只奖不罚、重复演练、养成习惯。

十一、邀请参观

在实施两个月之后，员工已经积累了一些经验并看到了可视化的效果，此时可以组织一些顾客、同行或者政府部门进行参观，增强员工执行可视化的信心和自豪感。

十二、维护改进

在日常工作中，可视化斑马线或者标签经常会遭到损坏，对此一定要及时更新和维护。

当员工真切地理解和感受到可视化管理的功能后，自然会根据各部门工作提出许多改进的措施。当员工享受到可视化带来的喜悦和成果时，可视化将成为企业不可缺少的文化理念，并最终成为企业发展中的 DNA。

第七章

办公区域可视化管理

饭店的办公区域一般设置有店经理办公室、财务室和综合办公室，是饭店管理的行政中心和数据分析中心。系统有效的行政管理是一家饭店井然有序的保障，是饭店按照计划完成经营目标的保障，是员工工作激情的保障，更是实现饭店价值的保障。

第一节 店经理办公室可视化管理

店经理办公室是整个饭店的神经中枢和指挥中心。一个成熟的店经理，不仅要有销售、服务顾客、内外联络的能力，还应当掌握财务、文案以及应急、防火等方面的专门知识。从经营规划、出品品质、成本控制，到员工出勤、店面卫生，店经理都必须身体力行，督促落实。这些工作如果不能合理有效安排，店经理要么会成为天天救火的"消防员"，要么会成为员工天天使唤的"保姆"。

店经理所关注的工作内容虽然很广，但最主要的关注点还是"人"。把人用好了，工作自然就能做好了。店经理的工作就是通过计划、组织、协调、控制和激励等管理手段，努力来实现"人人有事做，事事有人管"的工作状态。

所以，合理安排，有效计划自己的工作，使其可视化，是一名店经理最基本的工作素养之一。

❶ 一切从"修己"开始

要安人必先修己，不修己无以安人。管理的起点是"修己"，终点却是"安人"。用通俗的话讲，就是说如果连自己都管不好，怎么管别人？

用"名家管理"的方式管理办公用品

办公室物品可视化管理是店经理管理自己最直接的表现。按照"名家管理"的方式，店经理办公室的每一样物品都要有名称，还要有一个固定的"家"。

在安家之前，店经理首先必须罗列出自己都要使用哪些工具，也就是把所有要使用的工具都先列成一张表单（见表7–1）进行登记管理。另外，可视化要求每一件物品都要以"一套"为基准，而且确保完好有效。

表 7-1 "一套"文具列表

序号	文具工具	品牌	数量	位置
1	台式电脑	联想	1台	桌面
2	打印机		1台	桌面
3	电话		1台	桌面
4	传真机		1台	桌面
5	计算器		1个	桌面
6	笔筒		1个	桌面
7	胶水		1支	桌面
8	订书机		1台	左抽屉
9	便签纸		1盒	桌面
10	壁纸刀		1把	左抽屉
11	红色笔		1支	笔筒
12	黑色笔		1支	笔筒
13	剪刀		1把	左抽屉
14	打孔机		1个	左抽屉
15	直尺		1把	左抽屉
16	……			

我们经常可以看到许多管理者在需要签字的时候，到处找笔，笔筒里放了好几支笔，然而却都写不出来，很是让人着急。

图 7-1a

图 7-1b

这也正说明了店经理的管理是无序的（见图7-1a），也更需要改正自己的工作习惯（见图7-1b），为员工做好表率。

文件管理看出店经理的工作素养

有些店经理的文件柜里，文件一堆一堆的；抽屉里，名片随便放置。有用的，没用的，过期的，作废的，近期的，刚发的……都混在一起，难以分辨，有时费半天劲还找不到要用的资料（见图7-2a、图7-2c）。所以店经理把文件分类管理非常

图7-2a

图7-2b

图7-2c

图7-2d

有必要。我们应该把一个星期前的文件和一个月前的文件分开放置。名片、书籍、文件、制度、检查表、合同、保密文件等都要分类存放，从而节约时间，提高效率（见图7–2b、图7–2d）。

有一家饭店，员工因为交照片一事跟经理吵得不可开交，最后竟然导致管理人员和员工之间打起了群架。事情的导火线是因为管理人员开业没几个月就让员工上交了三次照片，每一次都是一整版，而且要得都很急。第一次说是建档案，第二次说是办暂住证，第三次说是前两次的照片都找不到了，又要建档案。员工实在无法接受了……

我们不是把这件事情当成笑话来传播，而是想说这家饭店管理人员的管理水平确实需要提高，也借以告诉所有的店经理，一定要管理好自己的各种文件资料。

公章、钥匙不能随意放

我曾指导过的一家饭店刚开业半年，包间的锁就已经坏了一半。原因很简单，就是因为钥匙丢了，或者不能立刻找到，情急之下只能破坏门锁。当然，现在很多饭店的包间都已经不再使用门锁了，而是换成活扣，随时可以推开。但除了包间门上有锁，文件柜上也有锁。如果不能有效管理，则可能像上面这家饭店一样，几个月后，文件柜上的锁也就都被撬开了。

钥匙不能随意放，公章更不能随意放置和使用。对于公章，不但使用时需要登记，而且不允许拿离办公室，如确有必要也要在店经理的监督之下使用。

图7–3a

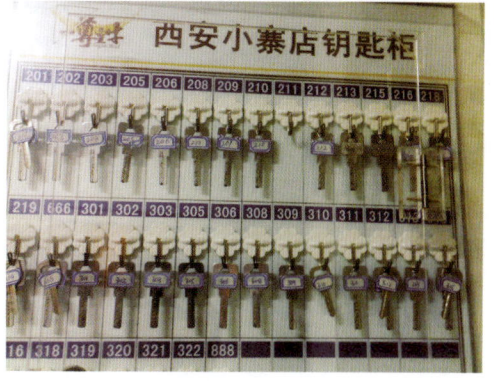

图7–3b

管理不漏项的秘密——工作看板

表 7-2a 和表 7-2b 中的两个看板是指导店经理开展日常管理工作的重要参考。

表 7-2a 是各岗位所使用检查表的汇总。日清系统代表每日需要检查的表单，周清系统是周末要检查的表单，月清系统则是月末要检查的表单。通过"日清"、"周清"和"月清"检查表单，店经理可以轻松掌握每一天每一阶段的工作进展和落实情况。

表 7-2a

表 7-2b

表 7-2b 是对各部门阶段工作的规划。按照日、周、月、季和年度周期对各部门的工作予以量化。这能够让每一个部门都明确什么时候需要做什么工作，什么是不可变的硬性工作内容，什么是可变的弹性工作内容。从而实现全店工作的自动化运转，使店经理的管理工作不会出现漏项现象。

给记不住的信息弄个备忘系统

我们无法预测饭店在什么时候会发生什么突发事故。24 小时不关机也就成了很多企业对管理人员的必然要求。作为店经理，一定要安排人员建立管理人员通讯录，保证值班人员人手一份。

除了管理人员通讯录，电费、水费、天然气费、房租、供货商结账、银行还贷等费用缴纳时间表，以及供货商资料档案，店经理都要组织人员调查后做成备忘录，提醒各部门提前做好工作。否则，不但会造成经济损失，还可能给企业带来负面影响。下面这个案例就值得我们警醒。

有一天晚上，我正在一家大型餐饮企业吃饭，突然停电了。出于职业敏感，我没有像其他顾客那样立刻换地方吃饭，而是想留下看看到底怎么回事。我就坐在大厅的沙发上故作等待状，并留意店经理和管理人员他们在干什么。最后得知，这家饭店用电都是提前购买后储存在购电卡里的。这不，因为卡里电量不足而导致停电。可是现在是晚上8点，附近的银行无法进行电卡充值，饭店只能通知我们"今晚无法营业了"。

这个案例告诉我们，如果不建立电费、水费、天然气费的缴纳备忘录，提前做好工作，就有可能导致像这家饭店一样的后果。

其他工作也是一样。店经理要按照事情发生的时间和紧急与否建立可视化备忘看板。如图7-4b，外部事宜、紧急事宜、等待处理等事项都要建立可视化的看板，让问题一目了然，让店经理能够随时随地了解事情的发展情况。

图7-4a

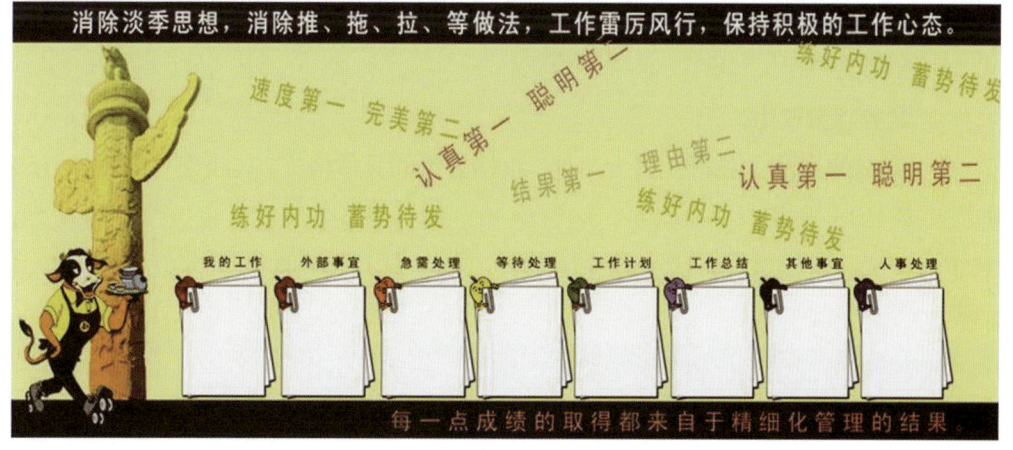

图7-4b

❷ 让每个人都明确工作目标

每个人只有明确了自己的工作目标,其工作的积极性和主动性才能充分调动起来。否则,每天都浑浑噩噩,当然无效率可言。

店经理行政管理制度

(1) 管理权限:
① 人员管理。
• 直接负责对后勤人员及经理级人员考勤、考绩,负责对前厅经理、厨师长、会计、出纳、保管、采购、文秘的日常管理。
• 有权任免店内主管级以下员工,并报公司备案。
• 有权向公司建议任免经理级管理人员。
• 根据生产经营实际情况增减员工、调整店内所有员工的岗位,可批准录用和辞退经理级以下的员工,并报公司备案。
② 奖惩管理。
• 对于优秀的员工,要及时进行口头或物质奖励。
• 对于违反公司制度的员工,要及时处罚。
• 对于奖惩的处置,店经理应及时和上级沟通,以得到上级支持。
• 确保奖惩及时、公开、公平、公正。
③ 财务审批权限。
• 妥善处理顾客的投诉及突发事件,根据客诉的具体情况,店经理具有赠送(50元以下菜品)、打折(全单八折,客诉例外)和免单(免单要汇报上级)的权力。不能够在第一时间以打折方式处理的事件,要在第一时间向公司报告,以免事态扩大。
• 根据财务规定履行相关财务监管、审核、签字等工作。
④ 物品管理。
• 对低值易耗品有报损的权利。
• 对固定资产的报损有建议权。
• 是店铺所有资产的第一负责人。
• 对店内1万元以内的设备申购、更换、维修具有审批权。

(2) 仪表要求：

① 男士需着正装上班，女士着深色职业套装（要求剪裁得体，佩戴饰物简单、大方）。

② 店经理需佩戴由公司统一配发的店经理工牌。

③ 凡在公共场所，店经理应体现企业形象，举止优雅，风度翩翩。

(3) 语言规范：

① 谈吐大方、谦逊、得体。

② 遇事不急不躁，不在公共场合发火。

(4) 作息时间：

① 根据店铺营业时间，每天提前10分钟到达店铺。

② 收市后待客人走完，与值班经理做好交接，方可离店。

③ 正餐期间不得随意离店，值班期间对各项工作进行周密安排及不定期抽查。

④ 休假要提前书面呈报区位经理；每月定额休假4天，不得跨月累计。

⑤ 每年享有带薪假期7天，如休年假需提前15日上报区位经理。

(5) 成本管理：

① 店经理时刻对电、水、气、电话的使用进行有效控制。

② 合理调配店内各部门人员，控制人力成本。

③ 对于办公用品、低值易耗品要严格控制、专人保管。

④ 对厨房出品加工环节进行监督，杜绝浪费。

(6) 安全管理：

① 店面安全：防火、防水、防盗窃。

② 人员安全：防止店员和就餐顾客意外受伤。

③ 财产安全：根据经营时间，安排专人24小时负责安全事项，保证公司财产安全。

(7) 流通物资管理：

① 对库存商品登记造册，做好限量及"四防"（防火、防盗、防霉、防过期）管理，做好月底的盘点工作。

② 对配送部配送的商品进行严格检查，对当日使用商品予以登记。

③ 对已使用的商品和物品进行月底盘点和及时补充；

④ 对吧台商品做好每日交接登记，执行先进先出原则，防止过期，及时补货。

(8) 保密管理：

① 对店面的营业额、房租、薪资等要严格保密。

② 对本店的店经理手册须严格保密。

③ 对本店的经营状况和趋势要严格保密。

④ 对本店产品的生产过程要严格保密。

⑤ 对本公司的内部信息、资料严格保密。

⑥ 保密工作应以警觉为宗旨，一切不利于店面发展和经营的信息都应保密。

(9) 出品管理：

① 严格按照公司出品要求进行产品加工。

② 严格控制出品速度，确保顾客就餐服务。

③ 每日对出品质量进行检查。

④ 每 10 天分析一次出品毛利。

⑤ 每月对出品毛利进行一次总结。

(10) 目标管理：

① 分解年度经营指标，并制定详细的执行方案；

② 及时跟进分解目标和执行方案，并适时做出调整；

③ 根据管理需要，制定相应的非利润目标，以及详细的执行和跟进方案。

(11) 员工生活：

① 员工活动：每月组织一次有意义的员工集体活动，丰富员工业余生活。

② 员工宿舍：每周走访一次员工宿舍，放下架子与员工面对面沟通，时间不得低于 1 小时。

③ 员工餐：每天都要关注员工餐的质量和供应，每周陪同员工就餐天数不得少于 3 天。

(12) 员工培训：

① 培训计划：亲自制订员工培训计划，并对培训过程和结果进行跟踪。

② 亲自确定培训时间：根据管理缺陷，每周培训时间不得低于 60 分钟。

③ 支持和鼓励员工参加各种社会培训和国家认证培训。

④ 对服务经理、厨务经理和行政主管进行重点培养，做好店经理储备工作。

(13) 组织会议：

① 每月召开一次领班级以上的店经理办公会，分析月度经营情况。

② 每月召开一次全店员工大会，表彰优秀员工，部署下月工作。

③ 每周召开一次领班级以上的例会，会议内容包括：传达上级指示，检查和总结上周工作落实情况，听取各部门反映问题并商讨解决办法，协调各部门的工作

及安排本周工作等。

④ 参加并督查前厅和后厨每天的例会，重要事项在例会上做出指示。

（14）店铺环境：

① 在巡查过程中，发现店内有被损坏的物品要及时给予修复。

② 根据时令节气和店内营销推广，对店铺环境做合理布置。

③ 根据营业情况，专人负责声、光、温的管理控制。（各店自行制定控制方案）

（15）设施设备：

① 店面设备要实施专人管理，保持清洁，注重日常维护，并做好维护记录。

② 确保设备的正常使用，发生故障需立即修理，不得推延。

（16）市场调查：

① 密切关注商圈内同行的经营动向，并及时汇报。

② 关注商圈内大型营业场所的商业活动及各职能部门的政务活动。

③ 关注商圈内消费群体的消费动向变化。

④ 随时收集顾客意见，及时汇总给上级，以便让上级据此调整经营策略。

（17）促销管理：

① 单店没有自行推广促销活动的权利。

② 对于公司推行的各项促销活动，要积极配合，深入贯彻，并做好顾客反馈意见的上报工作。

（18）突发事件应急处理：

① 出现突发事件，店经理应保持冷静。

② 以安全第一的原则，阻止事件的发展及事态扩大。

③ 不能以打折处理的事件，要在第一时间通知上级领导和有关部门。

④ 尽店经理职责，维护店面形象和公司利益。

⑤ 在力所能及的范围里，第一时间果断处理。

（19）对外公共关系处理：

① 单店没有处理对外公共关系的专项资金。

② 积极维护好对外各单位的合作关系，对非政府部门或个人提出的异议，或对菜品服务等提出的投诉，要有预见性处理方案。

③ 积极配合各职能部门的检查，并及时上报。

（20）店铺管理人员紧急通讯录：

① 建立店铺管理人员紧急通讯录，放置于前台，以保证在任何时间均能够找

到相关管理人员。

② 建立公司管理人员紧急通讯录。

③ 店经理手机保持 24 小时开通状态。

项目管理员让"事事有人管"

饭店管理的最终目标是"人人都管事,事事有人管"。通过计划、组织、协调、控制和激励等管理手段,让所有员工都参与项目管理,实现"从无序到有序,从有序到体系"的管理目标。

让员工参与项目管理的方式即让员工之间相互监督,相互服务,形成互动和自检的良好工作习惯。一改过去"垂直"管理的简单管理结构,形成横向督导模式(见图 7–5),让工作进入自动运转状态。

比如,卫生检查,以往都是由管理者检查员工,而实施项目管理方式后,卫生检查就不仅仅是管理者检查员工的事情,而是推选员工作为卫生管理员,由卫生管理员和管理者共同来完成这一检查工作。同样,仪容仪表、纪律、花草、台布、考勤、餐前准备、值班、收尾等,都让员工参与检查和监督,确保管理者和每一个员工之间都有一个共同的合作项目。

项目管理方式一改以往只是上级对下级的对立管理,在管理者与员工之间建立共同完成一项管理项目的工作关系,大大提高管理和工作的效率。

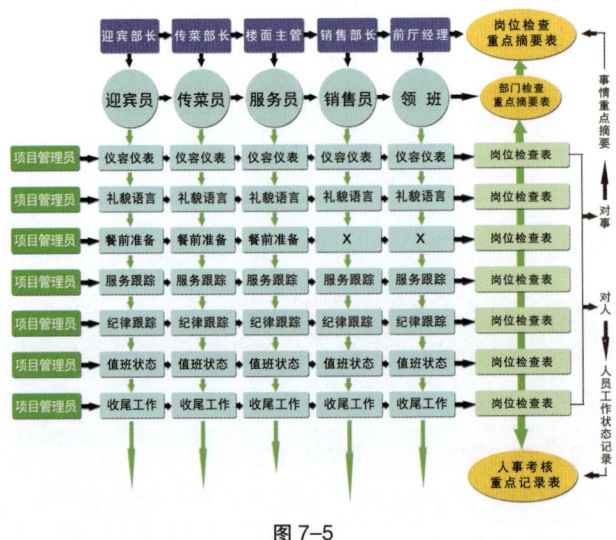

图 7–5

做管理就是做检查

管理者的任务只有一个,那就是完成目标。

完成目标的方法只有一个,那就是不停地做检查。

将复杂的管理理论简单化,"做管理"说白了就是"做检查"。

表 7-3a 是根据每一个部门的工作重点列出的检查项目,管理者按照此表定期检查,既能保证管理不漏项,又能起到持续管理的效果。表 7-3b 则对存在的问题给出了合理的解决建议,有助于管理人员理清思路,高效解决难题。

表 7-3a　工作诊断表

部门	项目	问题	改进计划	负责人	时间期限
迎宾部诊断表	预订与迎客				
	候餐与返台				
	送客与收尾				
	老客户档案管理				
	值班与临时接待				
楼面服务诊断表	餐前准备部分				
	席间技能展示				
	席间上菜介绍				
	返台与二次服务				
	收尾部分				
	协调与合作				
	客诉矛盾处理				
洗手间诊断表	设施				
	卫生				
	气味				
	客用品				
收银台诊断表	准确率				
	效率				
	库存				
	票款				
	态度				

(续)

部门		项目	问题	改进计划	负责人	时间期限
厨房诊断表		卫生				
		标准				
		特色				
		创新				
		文化				
		速度				
后勤部诊断表	采购	成本				
		质量				
		效率				
	工程	防范				
		效率				
	库管	限量				
		存放				
传菜部诊断表		快				
		准				
		稳				
财务部诊断表		目标分解				
		流程设置				
		成本控制				
		利润分析				
员工生活区诊断表		安全				
		卫生				
		娱乐				
		自由				
		制度				

表 7-3b　　问题解决建议表

谁能解决？谁来解决？						
序号	部门	重点解决问题	自己部门解决部分	求助上级解决部分	求助专业机构解决	聘请专业人才加入
1	迎宾					
2	楼面					
3	洗手间					
4	收银台					
5	厨房					
6	传菜					
7	后勤					
8	财务					
9	生活区					

非利润工作目标

非利润工作目标是指除经营利润目标以外必须完成的其他管理目标，包括阶段目标、过程目标和终极目标。阶段目标和过程目标正是为了完成终极目标而设立的。比如，员工技能比赛，交流学习，新菜品开发目标，培训目标，员工招聘和培养目标，以及日常工作中的投诉目标，设备维护目标，VIP顾客的服务目标等（见图 7-6）。

非利润工作目标的设定是为经营利润目标服务的，唯有按照阶段目标和过程目标逐步推进落实，才有可能完成最终的经营利润目标。

目标项目	执行时间	参加成员	主负责人
前厅技能大赛			
后厨技能大赛			
可视化评比			
营销计划			
环境布置计划			
演讲大赛			
交流学习			
集中培训			
旅游考察			
晚会活动			
新店考察			
店长人选培养			

每项工作目标的主要负责人必须按执行时间提前两个月写出详细计划。

图 7-6

> **阅读链接：**
> **组织结构图及职责表述**

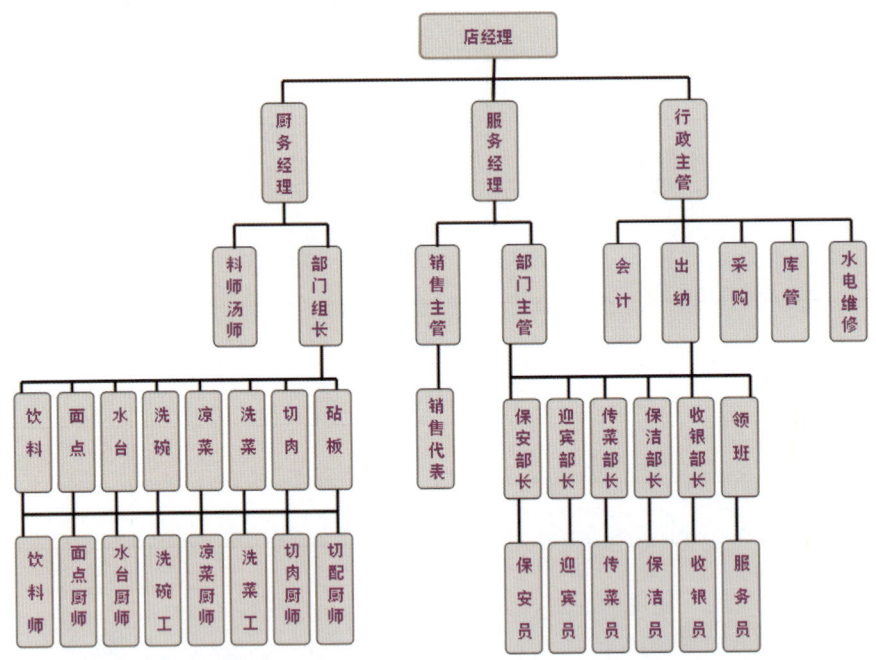

图 7-7

1. 保安员：对单店安全负责，指挥、巡视车场车辆停放。

2. 保安部长：负责保安部工作，指导保安人员做好酒店消防、车场安全等工作。

3. 迎宾员：负责迎送客人，安排就座、候餐、代金券返赠服务。

4. 迎宾部长：负责迎宾部工作，指导本部门人员做好客人就座、候餐、返券等工作。

5. 服务员：负责所有客人的接待服务及消费结算。

6. 领班：带领自己班组和区域服务人员为客人做好服务工作。

7. 收银员：负责顾客消费的结算及与财务部的数据核对，负责吧台商品的销售结算及与财务部、库管的核对。

8. 收银部长：带领自己班组人员为客人做好消费结算、数据核对、物品销售和统计工作。

9. 保洁员：负责店内所有区域的卫生清洁及保持。

10. 保洁组长：负责带领自己班组成员做好环境卫生清扫和维持工作。

11. 传菜员：负责菜品传送服务和本区域卫生打扫。

12. 砧板：按照客人单据做好菜品切配工作，以及本区域卫生打扫和原材料保存工作。

13. 砧板组长：负责带领自己班组成员做好菜品供给、卫生打扫和原材料保存工作。

14. 肉档：负责按照客人单据做好肉品切配和出品、器材养护和原材料保存工作。

15. 肉档组长：负责带领自己班组成员做好菜品出品、区域卫生打扫及原材料保存工作。

16. 凉菜：按照客人单据做好出品以及本区域卫生打扫工作。

17. 凉菜组长：带领自己班组成员做好菜品出品、区域卫生打扫，以及原材料的保存工作。

18. 洗碗员：按照清洗要求做好餐具清洗工作，并维护好自己区域的卫生。

19. 清洗组长：带领自己班组人员做好餐具清洗和卫生维护工作。

20. 洗菜工：按照蔬菜清洗要求进行清洗，保障蔬菜卫生。

21. 洗菜组长：带领自己班组成员做好蔬菜清洗和菜品保存工作。

22. 水台：按照单据供给海鲜，做好海鲜饲养和区域卫生维护工作。

23. 面点师：按照客人单据做好出品、原材料保存，以及区域卫生打扫工作。

24. 面点组长：带领自己班组成员做好出品、物品保存、卫生打扫工作。

25. 饮料师：按照卫生要求及标准做好饮料的出品工作。

26. 汤房师傅：按照高汤的出品要求熬制高汤，保证高汤质量。

27. 汤房组长：带领自己班组成员做好高汤熬制和出品、原材料保存、卫生保持工作。

28. 前厅主管：负责服务培训和人员调配，保证服务质量，并征求客人意见。

29. 服务经理：对店铺的服务质量负责，做好前厅人员的服务培训和现场管理。

30. 行政主管：负责店内管理人员考勤和各种表格的检查，以及人员招聘、入职培训等工作。

31. 厨务经理：确保出品质量，做好厨师日常管理。

32. 库管：负责物料保管、发放及限量控制。

33. 会计：财务核算、成本核算及经营数据分析。

34. 店经理：做好店铺的营运和管理工作，对店铺整体负责。

第二节　综合办可视化管理

综合办是饭店所有部门的协调中心，包括办公室主任、会计、出纳、人力资源干事、客户销售经理、前厅经理和厨房经理等，是集员工招聘、培训、考核、工资结算、供货结账、通知、客户信息管理为一体的综合性管理中心。

❶ 财务室工作项目管理

财务部主要由会计和出纳组成，是整个饭店的利润结算中心，下辖吧台、采购、库管、供货商等涉财部门和人员。其主要责任除了账务管理、现金管理外，还包括对店铺的利润目标进行分解，设置和优化工作流程，各部门成本控制和利润分析4个方面。

说到"目标分解"，让我们先来看一则关于日本著名马拉松运动员山田本一的故事。

山田本一曾在1984年和1987年的国际马拉松比赛中，两次夺得世界冠军。当记者几次问他如何取得如此出色的成绩时，他总是斩钉截铁地回答道："凭智慧战胜对手，取得胜利。"人们都知道，马拉松比赛主要是对运动员体力和耐力的考验，爆发力、速度和技巧都还在其次，因而对山田本一"凭智慧取胜"的回答，许多人都不相信，总觉得他是在故弄玄虚。然而10年后，人们终于从山田本一的自传中，验证了"凭智慧取胜"确实是他获得成功的经验所在。他在自传中写道："每次比赛之前，我都要乘车将比赛的路线仔细勘察一遍，并把沿途比较醒目的标志画下来，比如第一个标志是一家银行，第二个标志是一棵大树，第三个标志是一座公寓……这样一直到赛程的终点。比赛开始后，我以百米冲刺的劲头向第一个目标冲去；到达第一个目标后，又以同样的速度向第二个目标冲去……40多公里的路程就这样被我分解成若干个小目标，跑起来就轻松多了。起初，我并不是这样做的，而是把目标一下子定在终点线的那面旗帜上，结果跑到十几公里就觉得疲惫不堪了，因为我被前面那段遥远的路程吓倒了。"

山田本一的事迹告诉我们，目标被清晰地分解后，其激励作用就显现了。每当我们实现一个目标的时候，就及时地得到了一个正面激励，这对于培养我们挑战目标的信心有着巨大的作用。

对于饭店管理来说，"月度目标跟踪表"（见图7-8b）对于店铺所有人员都是一种有效的可视化激励。把每月的目标按照往年月度曲线分解到每个月份，当月离目标有多远，或者超出了多少，目前累计差额或者累计超额多少都一目了然。员工可以随着目标的完成情况调整工作的重点。店经理也可以根据月度目标完成情况进行当月奖励，这要比完成年度总目标之后的奖励直接得多，也更能激发员工的积极性。反之，如果拖到年度之后，完成或者没有完成，都是鞭长莫及的，激励的因果关系也太长，不能及时调整经营重点，也达不到有效激励的效果。

图7-8a

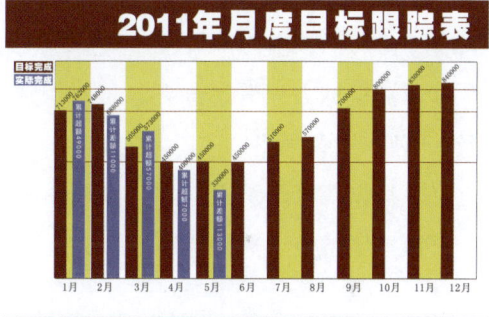

图7-8b

❷ 客户销售经理工作项目

作为客户销售经理，要全面协助店经理完成饭店的各项经营目标，做好所有协议客户和会员的跟踪回访，监督所有对客服务的运作，确保服务质量和宾客的满意度，保证饭店完成预算目标。

由工作职责所限，客户销售经理的工作场所有三个：第一是营业期间在店堂接待顾客，为包间顾客服务；第二是在外拜访重点顾客和陌生顾客；第三就是在办公室进行电话营销和电话回访。具体说来，客户销售经理的主要职责有：

（1）对总经理直接负责，及时制订当月的销售计划，努力完成和超额完成预算目标。

（2）对于饭店发展和营业额的提高提出可行性操作建议，最大限度增加饭店利润。

(3) 详细了解饭店的服务项目和营销细节。

(4) 清楚各个房间类型、位数以及包价产品和折扣规定等方面的知识。

(5) 监督做好会员卡、协议客户资料的电脑登记、整理和存档工作。

(6) 做好客户日拜访记录、周拜访记录并存档，迅速、高效、礼貌地解决客户提出的问题。

(7) 参与解决一切引起顾客不满的事件，争取在饭店政策范围内使其重新获得满意感。

(8) 做好预订工作和每日预订流量的统计工作。

(9) 协助做好候餐顾客中需要优先安排的工作。

(10) 及时做好和同到期的协议客户的续签工作。

(11) 透彻了解信用卡和支票兑现方面的知识，知道如何操作并能严格遵照执行，及时、有效地做好协议公司应收款项的收回工作。

(12) 根据公司营运部要求按时报送会员卡资料汇总、协议客户资料汇总、周销售计划、销售周报，同时抄送店经理。

(13) 起草部门培训工作，按时参加饭店的各种会议和培训。

(14) 保持饭店热情待客的服务水准。

❸ 办公室主任工作项目

很多饭店的办公室主任会兼任人力资源经理，也有不少企业不设办公室主任，而设立文秘或者培训经理等职位。由此可以看出，办公室主任其实是集文秘、培训师、人力资源经理等多功能于一体的综合性职务。其工作琐碎，项目头绪繁多，且需要条理清晰，不漏项，不推延，及时有效协调各岗各员工的行政事务。对于办公室主任来说，表7-4可以起到备忘录的作用，有利于提高工作效率。

表7-4 办公室主任工作自查跟踪表

工作项目	序号	工作内容	注意事项	自查
人事管理制度	1	招聘制度	招聘、录用、报到的程序	
	2	培训制度	培训内容，培训期间的工资，培训纪律	
	3	体检	程序，证件保管	

(续)

工作项目	序号	工作内容	注意事项	自查
人事管理制度	4	试用制度	试用期注意事项讲解	
	5	转正制度	转正流程，签订劳动合同	
	6	调动制度	调动流程	
	7	晋升制度	晋升审批流程	
	8	任免制度	任免流程	
	9	离退制度	离退流程，离职审查	
	10	宿舍制度	入住、搬离宿舍流程及相关制度	
	11	员工用餐制度	制度讲解及执行	
	12	更衣柜管理制度	制度讲解及执行	
	13	工牌管理制度	制度讲解及执行	
	14	制服管理制度	押金征收制度，服装折旧制度	
	15	人事档案管理制度	制度细节执行	
工资制度	1	工资制定的原则		
	2	工资构成	基础工资，岗位工资，技能工资，全勤工资，工龄工资，各类津贴，加班补助	
	3	岗位定级	A、B、C定级	
	4	工资定级	职务定级	
	5	工资计算	标准统一的计算方式	
	6	考核标准	参加考核人员的考核标准	
	7	奖金及休假	奖金、休假标准	
	8	绩效工资	销售提成制度	
	9	工资发放	工资发放规定与执行	
财产物资管理	1	财产管理制度	财务部门相关制度落实	
	2	固定资产分类	登记造册，编号贴标签	
	3	新增财产制度	新增物质上报流程	

(续)

工作项目	序号	工作内容	注意事项	自查
财产物资管理	4	闲置物资处理	闲置物资处理流程	
	5	财产盘点制度	各岗盘点制度	
行政沟通	1	早会制度	主持人，流程	
	2	例会制度	固定安排，临时安排，记录	
	3	集体活动规则	活动规则及流程	
	4	户外活动	安全注意事项，规则须知	
	5	上交计划总结	格式，时间节点	
	6	通知，文件	撰写，打印，报送，下发	
	7	检查	检查记录，复查，二次留底	
	8	作息时间	夏冬季变更	
办公室人员	1	人事文员职责		
	2	司机职责		
	3	后勤保管员职责		
	4	宿舍管理员职责		
	5	食堂师傅职责		
	6	水电工职责		
其他	1	水、电、气费		
	2	邻居关系协调		
	3	订餐订房订票		
	4	……		

总之，无论是菜品还是环境，无论是前厅还是后厨，无论是销售部还是后勤，都是饭店为顾客提供服务的一种载体。而饭店所有的载体就像一个接力赛，没有哪一个部门，哪一个人可以从头到尾，从前到后独自为顾客服务。所以，饭店的每个

部门，每个员工都是在为顾客服务的。顾客就餐过程中进行到哪一个环节，哪一个环节的服务人员就要确保不能出问题，而且要尽可能给顾客留下好印象，创造正面的关键时刻。

所以，办公室的工作人员也是在为顾客提供服务。他们通过改善员工的工作环境和生活环境，丰富员工活动、愉悦员工心情来确保顺利完成工作目标。从某种意义上说，他们是为顾客提供服务的基础部门。

可视化推广指导第七步：

可视化推广项目自检表

可视化是一个管理理念，是一个工作指导方针，是一套能让企业自动化运转的系统，是精细化管理项目的集结。它是由一个个解决问题的工具集结而成，是由一项项确保顾客消费感受的措施集结而成，更是由让员工简单、快乐、自然工作的方法集结而成。因此，只有将可视化的项目由一个部门扩展到整个店面，由一个措施扩展到一系列措施，由解决问题扩展到预防问题，由管理人员扩展到全员，由后台扩展到前台，由员工扩展到顾客，才能形成从上到下、从里到外的改变。"可视化推广项目自检表"（见表7-5）只是我给大家的一些参考。任何一个解决问题的工具及方法都是有限的，只有掌握问题发生的规律，工作起来才能游刃有余，做到有的放矢。

表7-5 可视化推广项目自检表

部门	序号	可视化项目	自检		完善措施
			有	否	
保安部可视化自检表	1	店铺招牌			
	2	路线引导牌			
	3	车场引导牌			
	4	车场停车线			
	5	代驾服务牌			
	6	保安工作职责卡			
	7	打火机，火柴			
	8	订餐卡			
	9	餐巾纸			
	10	乘车服务卡			
	11	保安仪容仪表对照图			

（续）

部门	序号	可视化项目	自检		完善措施
			有	否	
保安部可视化自检表	12	保安作息时间表			
	13	保安指挥动作分解图			
	14	保安单车作业流程图			
	15	保安工具悬挂架			
	16	保安工具配置表			
	17	车场巡查表			
	18	安全巡检表			
	19	夜班巡检表			
	20	车辆进场登记表			
	21	服务传递卡			
	22	区域消防责任人卡			
	23	消防逃生示意图			
	24	消防器材责任人卡			
	25	设备使用责任卡			
	26	智能消防报警可视系统			
	27	火灾疏散预案			
	28	消防演习流程看板			
	29	出入口视频监控系统			
	30	员工出入打卡系统			
	31	保安问题改善看板			
迎宾部可视化自检表	32	迎宾接听电话标准卡			
	33	订餐表，订餐卡			
	34	服务传递卡			
	35	顾客以往就餐信息卡			

(续)

部门	序号	可视化项目	自检 有	自检 否	完善措施
迎宾部可视化自检表	36	顾客就餐信息完善卡			
	37	迎宾餐前准备检查表			
	38	迎宾迎客细则			
	39	迎宾员仪容仪表看板			
	40	前台优秀员工看板			
	41	门上推拉牌			
	42	吧台、洗手间指引牌			
	43	包间大厅区域分布图			
	44	温馨提示，民警提示牌			
	45	促销告示牌			
	46	礼品/促销品展示台			
	47	候餐卡			
	48	赠券兑换卡			
	49	雨伞/打包盒			
	50	值班责任卡			
	51	来访来电登记本			
	52	失物招领本			
	53	来访来客接待流程图			
	54	问题改善看板			
	55	周工作总结表			
	56	岗位责任卡			
服务部可视化自检表	57	服务员仪容仪表检查表			
	58	服务员技能培训提纲			
	59	大厅、包间灯光管理卡			

（续）

部门	序号	可视化项目	自检		完善措施
			有	否	
服务部可视化自检表	60	花草盆景管理登记本			
	61	POP 吊旗广告			
	62	水果台、调料台布置			
	63	台面促销卡			
	64	摆台标准流程图			
	65	折花标准图			
	66	餐前检查表			
	67	台布更换使用登记			
	68	餐中必做检查项目			
	69	餐后必做检查项目			
	70	菜单管理制度			
	71	促销计划表			
	72	音乐播放流程图			
	73	大厅噪音分析表			
	74	祝福语汇总			
	75	包间服务开场白模板			
	76	服务人员信息备忘卡			
	77	点菜流程/细则			
	78	下单流程			
	79	撤换餐具对照表			
	80	结账模板			
	81	单桌服务流程/细则			
	82	各类顾客服务预案			
	83	个性服务用品看板			

(续)

部门	序号	可视化项目	自检 有	自检 否	完善措施
服务部可视化自检表	84	瞬间捕捉对照图			
	85	案例分析模板			
	86	服务用具可视化			
	87	前厅不透明容器可视化			
	88	返台流程图/细则			
	89	传菜不出档看板			
	90	上桌小印章可视化			
	91	当日销售统计表			
	92	洗手间导视牌			
	93	洗手间检查表			
	94	吧台商品价格可视化			
	95	吧台工具用具可视化			
	96	存酒卡/流程			
	97	VIP贵宾卡/折扣卡			
	98	折扣优惠登记表			
	99	礼品菜品赠送登记表			
	100	吧台商品销售日报表			
	101	供货商联络卡			
	102	吧台交款单			
	103	顾客回访表			
	104	投诉流程图			
	105	金卡办理流程图			
	106	退换菜登记本			
	107	顾客意见卡、意见本			
	108	主管、经理名片			

(续)

部门	序号	可视化项目	自检 有	自检 否	完善措施
厨房可视化自检表	109	厨师洗手规范图			
	110	厨师仪容仪表标准			
	111	健康证可视化			
	112	档口责任人卡			
	113	各档口工具列表			
	114	海鲜档价格标签			
	115	砧板档工具可视化定位			
	116	厨师个人用具可视化			
	117	调料可视化标签			
	118	菜品初加工标准			
	119	所有工具用具名家管理			
	120	厨房不透明容器可视化			
	121	设备责任卡			
	122	厨房值班吊牌			
	123	设备保养责任人/细则			
	124	原材料采购标准			
	125	出档成品检验制度			
	126	配汁菜品调配单			
	127	菜品档案卡			
	128	出品标准对照看板			
	129	菜品服务配套表			
	130	估清/催菜可视化			
	131	菜品留样可视化			
	132	食物中毒警示看板			
	133	杀虫灭鼠记录本			

(续)

部门	序号	可视化项目	自检		完善措施
			有	否	
厨房可视化自检表	134	冰箱除霜记录本			
	135	厨房卫生操作手册			
	136	厨房安全自检表			
	137	意外伤害防范看板			
	138	火灾预防措施看板			
	139	天然气使用责任人卡			
	140	天然气漏气报警器			
	141	油烟机清洗记录本			
	142	厨房安全指数分析表			
	143	违规操作后果警示看板			
	144	淡旺季用人配置表			
	145	菜式销售统计报表			
	146	菜品毛利排行榜			
	147	厨房工具用具盘点表			
	148	设施设备保养登记本			
	149	水电气使用对比分析表			
	150	菜品用料对比分析表			
	151	剩品保鲜流程			
后勤部可视化自检表	152	采购员职责卡			
	153	报货单/请购单			
	154	订购单			
	155	供货商档案信息			
	156	菜品价格对比表			
	157	采购部工作流程			
	158	直入厨房货物流程图			

(续)

部门	序号	可视化项目	自检		完善措施
			有	否	
后勤部可视化自检表	159	菜品采购标准			
	160	设备用品档案			
	161	采购问题改善看板			
	162	库管员职责卡			
	163	库房收货凭证			
	164	库房出库凭证			
	165	最低存量请购单			
	166	保质期警戒通知单			
	167	月库存汇总报表			
	168	闲置物品红牌可视化			
	169	库房物品"名家"可视化			
	170	冷藏库注意事项			
	171	冷冻库注意事项			
	172	物品进库牌			
	173	各类物品冷藏期			
	174	危险品储藏注意事项			
	175	库房货架分布图			
	176	物料存放登记本			
	177	保质期卡			
	178	库房问题改善看板			
	179	水电工职责卡			
	180	维修P牌可视化			
	181	系统维护检修表			
	182	危险提示牌			

(续)

部门	序号	可视化项目	自检 有	自检 否	完善措施
后勤部可视化自检表	183	消防系统提示牌			
	184	工具箱可视化列表			
	185	维修联络表			
	186	原始装修图纸列表			
管家部可视化自检表	187	保洁工具列表			
	188	保洁工具使用卡			
	189	保洁工具悬挂可视化			
	190	清洁剂使用说明卡			
	191	清洁工作时间排列			
	192	各材质清洗标准			
	193	"四害"防疫措施可视化			
	194	保洁工作注意事项			
	195	员工饭盒可视化			
	196	员工更衣室可视化			
	197	员工宿舍可视化			
	198	员工活动室可视化			
	199	员工学习园地			
	200	意见卡/意见箱			
	201	天使关注看板			
办公区可视化自检表	202	办公区组织结构图			
	203	岗位设置及职责看板			
	204	店经理工作项目			
	205	横向监督系统图			

(续)

部门	序号	可视化项目	自检 有	自检 否	完善措施
办公区可视化自检表	206	项目管理员分工看板			
	207	各岗位检查表			
	208	非利润目标看板			
	209	办公室工具列表			
	210	办公区工具用具可视化			
	211	文件管理可视化			
	212	钥匙管理可视化			
	213	店经理检查表看板			
	214	工作备忘看板			
	215	利润目标跟踪图			
	216	销售经理职责卡			
	217	办公室主任工作明细			
	218	……			

可视化推行是一个循序渐进的过程，更是全员参与的过程，要调动和提高全员发现问题及解决问题的能力。可视化不是指店里画了多少线条，贴了多少表格，关键在于员工是否明白工作的最高目标及解决问题的方法；在于员工是否在统一一个理念，追求一个目标，执行一个系统，参照一套标准的基础上开心地解决问题。

如果大家都能抱着"可视化的目的是为顾客创造更多价值"的理念，抱着"要做就做最好"的目标，抱着"把问题摆在桌面，让工作一目了然"的心态执行同一套工作标准，工作就能走向轨道，让人力资源自动化运转，并发挥其最大的能量。

本书的字里行间都能透漏出这样一个观点：可视化不是约束员工的工具，不是仅仅对物品和现场的整理，更重要的是发挥人力资源的最大能量，为顾客创造更多的价值。要发挥人力资源的最大能量，首先要处理好管理中的三大基础问题：一是员工会不会干的问题，即培训到不到位，员工技能过不过关；二是员工愿不愿意干的问题，即激励到不到位，员工能否感受到企业的尊重；三是企业允许不允许干的问题，也就是管理授权到不到位的问题。记住，很多事情不是员工干不了，而是管理者不善于授权。这是可视化推行的前提，更是管理者心态可视化的基本要求。

当"可视化"成为员工的一种工作习惯之后，企业中所有的问题便不再是问题。组织中随之会形成强大的免疫功能，而这种免疫功能正是开放的企业文化所带来的。这种弘扬着正气的积极心态，就是一种精神。无论对于企业还是个人来说，这都是一种相互影响和激励的精神，一种人性中真、善、美的行为体现，一种让团队实现自动化运转的基因系统。

后记

在写这本书的这段时间里，发生了很多事情。一件一件，都需要我们将真相"可视化"。

也许是在可视化里沉得太久了，也许我们确实需要可视化。在这里，我把可视化理解为"开放"。中国因为改革开放，造就了新的一代人；市场经济因为开放，铸就了无数的企业神话；互联网因为开放，开创了人们新的生活方式……在这样一个开放的时代，如果谁还想把消费者当白痴，把人民当傻瓜，那么他就是世界上最大的傻瓜。

我们的行业不也一样吗？消费者的要求越来越高，优秀员工越来越难招。原来糊里糊涂挣到钱的时代已经一去不复返了。迎接我们的是一个精细化管理的时代，每一分钱都是精打细算的结果；是一个真正把员工当合作伙伴的时代，想糊弄员工的老板是不可能得到员工的忠诚的；是一个真正研究顾客的时代，只有用诚信接待消费者，消费者才可能信任你。无论对于消费者还是员工，企业必须把一件一件的事情做漂亮了，消费者和员工才会把心交给你。古往今来，诚信一直都是华夏民族的崇高追求，故而有"民无信则不立，商无信则不兴，国无信则不威"的言论。真心希望我们的国家、我们的各行各业都能以开放的心态，以可视化的方式与老百姓、消费者之间建立起最基本的信任，因为这是一个社会赖以生存和发展的基石。

可视化是一个心态，一个遇到事情坦荡荡的阳光心态；可视化是一个理念，一个可以把问题摆在桌面的开放理念；可视化是一个系统，一个可以让工作自动化运转的系统；可视化是一个基因，一个不受员工流动影响，可以传承与复制的文化基因。

可视化的想法和理念是好的，可视化的效果总归要通过一个个的小工具来实现。这也正是我为什么给这本书起名叫"管理操作实务"的原因，意在让读者朋友们拿到这本书之后不会觉得这是一本理论方面的书，讲得虽然很有道理，却很难实现。所以，这本书最大的特点就是图片多、工具多。甚至有的图片和表格不需要文字介绍，您一看就知道怎么用。当然，作为作者，我还是建议您先从字里行间去真正理解"可视化"，从以一种阳光的心态面对员工、面对顾客开始。

由于书中图片、表格比较多，再加上作者本人并非专职写作，还要经常奔走在全国各地工作，所以这本书用了一年时间才完稿。要不是在策划编辑韩卫东一再的"催逼"下，不知道还得多长时间才能完工，然而我真的要感谢我这位"冤家"韩卫东。由于图片资料比较多，有时为了使图文结合得更贴切，我使用了一些网络和同行业店铺的照片，还望各位同行能够谅解。但更多的图片资料来自"一尊皇牛"，在这里我要感谢我的领导——一尊企业董事长曹万勤先生的大力支持。这本书能够这么漂亮，更少不了责任编辑梅秋慧的辛勤工作。还有那些默默支持我的各位网友，《餐饮店就该这样管》、《餐饮旺店的秘密》的各位读者，是你们的支持给了我更大的信心，在这里一并送上我的感谢。

最后，我衷心地希望"可视化"能为随意性较大的餐饮企业带来一些可参照的科学方法，也衷心地祝福餐饮行业不再是所谓的"短命"行业。

王心广
写于古都长安